Betriebliches Personalwesen

von

Erich Potthoff

Mit 11 Abbildungen

Sammlung Göschen Band 6005

Walter de Gruyter
Berlin · New York · 1974

Dr. rer. pol. Dipl.-Kfm. *Erich Potthoff*
ist Hon. Professor an der Universität zu Köln

Die vorliegende Schrift
ist meiner lieben Frau gewidmet

ISBN 3 11 003891 9

Printed in Germany.

Satz und Druck: Max Schönherr, 1 Berlin 65

Vorwort

Der Mensch im Betrieb steht im letzten Viertel unseres Jahrhunderts mehr denn je im Blickpunkt von Wirtschaft und Gesellschaft. Neben dem Erkennen der Bedeutung des Funktionsbereichs Personalwesen in Theorie und Praxis spielen die Forderungen nach Mitbestimmung der Arbeitnehmer eine wachsende Rolle. Für die Gegenwart und die Zukunft kommen hinzu, daß sich die Vorstellungen von einer „höheren Lebensqualität", z. B. durch „umweltfreundliche" Produktion und Produkte, auch auf die Arbeitswelt des Betriebes auswirken können. Wie sich immer wieder zeigt, sind die Arbeitsbedingungen — der Arbeitsstandard — abhängig vom Lebensstandard.

Die Schrift ist aus meinen Vorlesungen über Personalwesen und Unternehmensorganisation hervorgegangen. Sie wendet sich daher zunächst an den Studenten der Wirtschafts- und Sozialwissenschaften, der sich für den Bereich des betrieblichen Personalwesens interessiert. Sie soll ferner auch den in der betrieblichen Praxis Tätigen ansprechen. Ich habe versucht, nicht nur die fachwissenschaftlichen Grundlagen aufzuzeigen, sondern ebenso Erfahrungen aus der Praxis zu verarbeiten. An dieser Stelle möchte ich meinem Mitarbeiter, Herrn Diplom-Kaufmann Elmar Stork, für die mühevolle redaktionstechnische Betreuung dieser Schrift danken.

Das Buch soll die Probleme des betrieblichen Personalwesens in seinen verschiedenen wissenschaftlichen und praktischen Aspekten aufzeigen. Der Betrieb faßt die Menschen nicht nur in Arbeitsprozessen zusammen, sondern schafft gleichzeitig mannigfaltige zwischenmenschliche Beziehungen. Er kann als wirtschaftliches, technisches und soziales Gebilde analysiert werden, die aber nicht getrennt nebeneinander stehen, sondern in Wirklichkeit unlösbar miteinander verbunden sind; sie bilden eine Ganzheit, deren verschiedene Teilbereiche wechselseitig ineinandergreifen.

Der Leser wird sicher nicht alle Antworten finden, die er erwartet. Der Studierende vermißt vielleicht Hinweise, welche Fächer er studieren soll, wenn er sich beruflich dem Personalwesen widmen will. Der Praktiker findet wahrscheinlich nicht genügend eindeutige Verhaltensregeln. Ich bin aber nach jahrzehntelangen Erfahrungen der Meinung, daß seine Probleme oft zu subjektiv und meist eindimensional gesehen werden. Es ist deshalb eine wesentliche Voraussetzung für die hier zu treffenden Entscheidungen und Maßnahmen, sich stets der Vielfältigkeit des Menschen und des betrieblichen Personalwesens bewußt und bemüht zu sein, so objektiv wie möglich vorzugehen. Der im Personalwesen Tätige bedarf eines umfassenden Wissens vom arbeitenden Menschen.

Es geht allerdings nicht, alle das Personalwesen berührenden Fächer in einem Studiengang zusammenzufassen. Der berufliche Zugang ist neben dem Weg aus der Praxis aus verschiedenen Studienrichtungen möglich. Wichtig ist vor allem das ständige Bemühen um die jeweiligen Nachbardisziplinen und die Erkenntnis, daß es einer lebenslangen Weiterbildung bedarf. Es wird von dem für das betriebliche Personalwesen Verantwortlichen ein fachlich universelles Denken verlangt, das alle Zielsetzungen und Maßnahmen unter dem menschlichen Aspekt betrachtet. Dazu gehört ein umfassendes Ausbildungsziel: die Ganzheit des Betriebes. Fragen des Personalwesens können nicht isoliert, sondern nur im Zusammenhang mit den wirtschaftlichen und technischen Dimensionen der betrieblichen Tätigkeit gelöst werden.

Bei diesem Buch geht es in erster Linie darum, dem Lernenden eine Einführung in das betriebliche Personalwesen zu geben, und dem Fachmann einen Überblick zu vermitteln, der es ihm erlaubt, sein Wissen kritisch zu überprüfen und gegebenenfalls Lücken zu beseitigen. Dem Praktiker im Betriebe möge es nützliche Anregungen bringen.

Düsseldorf, im September 1973

Erich Potthoff

Inhalt

1. Grundlagen

1.1 Der Begriff des betrieblichen Personalwesens

Der Betrieb kann als organisatorische Einheit gesehen werden, die nicht nur wirtschaftlichen Zwecken dient. In diesem Sinne sind unter Betrieben auch öffentliche Verwaltungen, Einrichtungen und Anstalten zu verstehen. Wir gehen jedoch in erster Linie von Betrieben als technisch-wirtschaftlichen Einheiten aus, wie sie als kaufmännische Unternehmungen in vielfältiger organisatorischer und rechtlicher Form in der privaten und öffentlichen Wirtschaft anzutreffen sind.

Die Aufgabe eines Betriebes löst die verschiedensten Arbeitsvorgänge aus. Unter „Personal" soll dann die Gesamtheit der in einem Betrieb Arbeit leistenden Menschen, gleich in welcher Funktion dies geschieht, verstanden werden. Zum Begriff „Wesen" gehören die mit einer Sache verbundenen Tätigkeiten. Betriebliches Personalwesen ist nunmehr zu definieren als die für die Erfüllung der betrieblichen Aufgabe erforderliche Gesamtheit von Maßnahmen, die zur Behandlung der im Betriebe tätigen Menschen erforderlich sind.

In der betriebswirtschaftlichen Organisationsliteratur wird der Begriff Personalwesen teilweise abgelehnt, weil er mit seinem stark verwaltungsmäßigen Bezug der Zielsetzung moderner „Personalwirtschaft" nicht gerecht werde [149, S. 321].

Deshalb soll diese Bezeichnung den Begriff Personalwesen ersetzen. Wenn wir den Ausdruck Personalwirtschaft auch für vertretbar halten, will uns die Begründung dafür nicht einleuchten. Die öffentliche Verwaltung denkt selbst weniger „verwaltungsmäßig", wenn sie die Personalwirtschaft als einheitliche zentrale Aufgabe der Verwaltungsführung sieht [110].

Andererseits wird in Anlehnung an den angelsächsischen Begriff „personnel management" die Bezeichnung Personalführung vorgeschlagen; sie wird zuweilen auch sprachlich weniger glücklich durch „Personal Management“ ersetzt. Damit ist im Grunde eine Schwerpunktbildung verbunden, indem Personalführung als die eigentliche Personalarbeit im weitesten Sinne verstanden wird. Mit einer wiederum anderen Variante des Begriffsinhalts wird mehr oder weniger analog der amerikanischen Bezeichnung „labor economy“ der Ausdruck (industrielle) Arbeitswirtschaft vorgeschlagen. Aus betrieblicher Sicht wird er definiert als „die systematische Zusammenfassung jener arbeitswissenschaftlich begründeten praktischen Maßnahmen der umfassenden Arbeitsgestaltung in der Industrie, die unter Beachtung humanitärer Ansprüche und sozialer Ordnungsregeln zur Förderung der Wirtschaftlichkeit des Unternehmens beitragen“ [28, S. 1418].

Begriffe sind Handwerkszeuge. Wir sind der Meinung, es bei dem von uns gewählten Ausdruck Personalwesen — ähnlich den in der betrieblichen Praxis geläufigen Bezeichnungen Rechnungswesen oder Finanzwesen — zu belassen, weil er am ehesten der Vielfalt der Probleme gerecht wird, die sich aus der Tätigkeit des Menschen im Betrieb ergeben, so wie sie in diesem Buch verstanden werden.

1.2 Der Mensch als ökonomischer Faktor

1.2.1 *Betrieb und Wirtschaftsordnung*

Die im Personalwesen zu treffenden Entscheidungen sind vielfach von den Wechselbeziehungen zwischen Betrieb und Umwelt beeinflußt. In seiner Analyse der Bestimmungsgründe für den Betriebstyp in der Wirtschaft unterscheidet *Erich Gutenberg* zwischen systemindifferenten und systembezogenen Tatbeständen [73, S. 445 ff]. Zu den systemindifferenten Faktoren gehören die drei Faktoren des betrieblichen Arbeitsvollzugs: Arbeitsleistungen, Betriebsmittel und Werkstoffe. Dazu werden fernerhin das Prinzip der Wirtschaftlichkeit — als Prinzip rationaler und sparsamer Mittelverwendung — sowie das Prinzip des finanziellen Gleichgewichtes gerechnet. Unabhängig davon, ob sich ein Betrieb aus eigener Kraft finanziert oder ob er subventioniert wird, ist die Erhaltung des finanziellen Gleichgewichtes die Voraussetzung für die Existenz eines Betriebes.

Die systembezogenen Tatbestände, nach denen sich die betriebliche Tätigkeit orientiert, werden durch das Wirtschaftssystem bestimmt, in dem die Betriebe arbeiten. Seine Kriterien sind die Form des Wirtschaftens, die angewandte Technik und die Wirtschaftsgesinnung, die durch die herrschenden Prinzipien oder Grundsätze der wirtschaftlichen Tätigkeit geprägt werden.

Alfred Amonn unterscheidet zwischen den zwei entgegengesetzten Prinzipien der individuellen Freiheit und der kollektivistischen Gebundenheit [4, S. 18]. *Gutenberg* spricht sinngemäß vom Autonomieprinzip und Organprinzip als Determinanten des Betriebstyps. Der individuellen Freiheit oder dem Autonomieprinzip entspricht das Modell der Marktwirtschaft, das kollektivistische oder Organprinzip wird durch das Modell der zentralen Verwaltungswirtschaft, z. B. einer staatlichen Planwirtschaft, repräsentiert. Die Wirklichkeit entspricht meist nicht diesen Modellen, sondern kennt verschiedene Zwischenformen, in denen sich die Prinzipien mischen. *Gutenberg* weist auf eine systembestimmende Determinante besonderer Art hin: das Prinzip der „angemessenen Gewinnerzielung" [73, S. 463]. Es sei seit dem Mittelalter bis in die Gegenwart hinein feststellbar und habe sich in verschiedener Form als eine gewisse typenbildende Kraft bewiesen. Im marktwirtschaftlichen System trete es als Prinzip der Gewinnbeschränkung auf, das vor allem für solche Betriebe gelte, die einen öffentlichen Bedarf zu decken haben, wie z. B. Energieversorgungsunternehmen und öffentliche Verkehrsbetriebe. Aber auch Gesetze gegen Preiswucher seien Ausfluß dieses Denkens, das letztlich auf den Begriff des „gerechten Preises" aus dem Mittelalter zurückgeht.

Nach *Amonn* ist die Wirtschaftsordnung noch von einer ganzen Reihe die Gestaltung der Wirtschaft bedingender und bestimmender Faktoren gekennzeichnet. Man kann sie zum Teil verändern, ohne die bestehende Wirtschaftsordnung aufzuheben. Es ist daher zwischen der Wirtschaftsordnung und dem jeweiligen Wirtschaftszustand zu unterscheiden. Zu diesen Faktoren gehören z. B. neben dem Privateigentum an Grund und Boden als Element der Wirtschaftsordnung die tatsächliche Verteilung des Grundbesitzes, aber auch die Ordnung des Geldwesens, die Art der Währung und der Währungspolitik, Art und Maß der Besteuerung, Kreditorganisation und das Banksystem, schließlich auch die Zusammenschlüsse in der Wirtschaft, wie die Wirtschaftsverbände, Arbeitgeberverbände oder Gewerkschaften. Auch der Charakter und das gewohnheitsmäßige Verhalten der Wirtschaftssubjekte darf nicht übersehen werden. „Je nachdem, wie alle diese Faktoren gestaltet sind und wirken, kann der Wirtschaftszustand bei ein und derselben Wirtschaftsordnung ganz verschieden sein" [4, S. 23].

Wie in den übrigen Ländern der westlichen Welt, die von der marktwirtschaftlichen Ordnung ausgehen, besteht auch die geltende Wirtschaftsordnung in der Bundesrepublik, der die Konzeption der sozialen Marktwirtschaft zugrunde liegt, aus einer Mischform; das gilt sowohl für die Mischung marktwirtschaftlicher Elemente und staatlicher ordnungspolitischer Eingriffe als auch für die Trägerschaft der Betriebe und ihre Zweckbestimmung. Neben dem privaten Eigentum steht der öffentliche Eigentümer in Gestalt der Gemeinden, Städte, Länder und des Bundes. Es gibt Betriebe, die sich autonom marktwirtschaftlich betätigen, und öffentliche und gemeinnützige Betriebe, die sich einem übergeordneten Gemeinwohl verpflichtet fühlen, was für ihre Gewinnpolitik mehr oder weniger bestimmend ist.

Nach überwiegender Meinung in der Staatsrechtslehre hat das Grundgesetz für die Bundesrepublik Deutschland keine bestimmte Wirtschaftsordnung vorgeschrieben; es enthält aber prinzipielle Bestimmungen, an denen sich die Gestaltung der Gesellschaft wie auch die Wirtschaftsordnung zu orientieren haben. Dazu gehören die persönlichen Freiheitsrechte des Artikels 2, Abs. 1, das Koalitionsrecht des Artikels 9, Abs. 3, die Freizügigkeit und freie Berufswahl nach Artikel 11 und 12, die Garantie des Eigentums und seine Bindung gemäß Artikel 14 und 15 und nicht zuletzt der Grundsatz des Artikels 20, wonach die Bundesrepublik Deutschland ein demokratischer und sozialer Bundesstaat ist. Aus diesen Bestimmungen wird deutlich, daß das Grundgesetz eine offene Verfassung für eine innerhalb der verfassungsmäßigen Grundordnung offene, auf plurale Strukturen angelegte Gesellschaft ist [190, S. 18].

1.2.2 *Der Mensch als Marktfaktor*

Im volkswirtschaftlichen Sinne ist Arbeit die auf Bedarfsdeckung, d. h. auf Erzielung von Ertrag bzw. Einkommen gerichtete körperliche und geistige Tätigkeit des Menschen. Ohne Arbeit können keine Gebrauchs- und Verbrauchsgüter beschafft werden, können keine Waren hergestellt werden. Die menschliche Arbeit ist ein knappes (wirtschaftliches) Gut, das sich nicht in andere wirtschaftliche Güter „auflösen" läßt. „Denn im Verhältnis zur Unbegrenztheit der Bedürfnisse des einzelnen Menschen ist der dem einzelnen Menschen mögliche Aufwand an Arbeit begrenzt (knapp)" [30, S. 230]. *Erich Carell* weist noch auf einen anderen Knappheitscharakter der Arbeit hin. Sie bedeutet für den Menschen — in aller Regel, wenigstens von einem bestimmten Ausmaß an — auch Unlust, Beschwerde, Plage, Anstrengung, Mühe usw. D. h., Arbeit wird von den Menschen — als Bedürfnisobjekt —, die sie leisten, auch als Opfer empfunden.

Aus der Besonderheit, daß die menschliche Arbeitsleistung mit ihrem Träger, dem Menschen als Einzelpersönlichkeit, untrennbar verbunden bleibt und gleichzeitig Ziel des Wirtschaftens, der Bedürfnisbefriedigung, ist, bestehen Bedenken, die menschliche Arbeitsleistung als „Ware" zu kennzeichnen und demgemäß von einem „Arbeitsmarkt" zu sprechen. *Eduard Willeke* hält es daher für zweckmäßiger, die marktmäßige Verwertung der menschlichen Arbeitsleistung nur als eine warenähnliche Verwertung zu bezeichnen. Der Arbeitsvertrag sei kein Kaufvertrag, der Arbeitsmarkt kein Sachgütermarkt, sondern ein Arbeitsleistungsmarkt. „Gleichwohl untersteht in der modernen Verkehrswirtschaft auch die Verwertung der menschlichen Arbeitsleistung weitgehend der sogenannten Marktgesetzmäßigkeit, allerdings in besonders modifizierter Form und eigener sozialer Bedeutung" [234, S. 322].

Die Arbeit ist allerdings kein homogenes Gut, so daß es keinen einheitlichen Arbeitsmarkt, sondern immer nur Märkte für bestimmte Arten von Arbeit, den Markt für Bergarbeiter, Hüttenarbeiter usw., gibt. Sie sind begrenzt durch die berufliche und technische Arbeitsteilung, die bisher stattgefunden hat. Unter beruflicher Arbeitsteilung, teilweise auch als gesellschaftliche Arbeitsteilung bezeichnet, wird nach *Bernhard*

Harms die Teilung wirtschaftlicher Arbeit unter dem Gesichtswinkel des Entstehens von Erwerbszweigen und selbständigen Unternehmungen verstanden [80, S. 375 ff.].

Technische Arbeitsteilung ist die Zerlegung des Produktionsprozesses innerhalb eines Betriebes in einzelne selbständige Teilprozesse. Die Menschen, die diese Prozesse ausführen, werden mit fortschreitender Technik von Maschinen unterstützt. Deshalb erreicht die Arbeitsteilung ihren ersten Höhepunkt in der Fabrik, in der die Tätigkeit des einzelnen immer mehr spezialisiert wird. Das Produkt, das die Fabrik verläßt, ist nicht mehr das Ergebnis des einzelnen Arbeiters, sondern der gesamten Betriebsorganisation. Mit dieser Entwicklung verschwinden allerdings allmählich die Grenzen, die durch die Berufsbildung den einzelnen Arbeitsmärkten gesetzt sind. Mit Hilfe der Maschinen sind die einzelnen Arbeitsverrichtungen so vereinfacht, daß sie sehr schnell erlernt werden können.

Ausgehend von den ökonomischen und sozialen Unruhen vor allem im 19. Jahrhundert wurde in der Nationalökonomie versucht, auch die Probleme des Arbeitsleistungsmarktes modelltheoretisch zu lösen. So gab es die Theorien des vollkommenen und des unvollkommenen Arbeitsmarktes. Entscheidend für den typisch unvollkommenen Arbeitsleistungsmarkt ist es, daß Löhne und Preise die so wichtige Aufgabe einer „sozialen Ordnung der Einkommensbildung“ im Sinne einer „gerechten“ Teilnahme am Produktionserfolg nicht von sich aus und allein erfüllen können, weil es an der hinreichend „freien“ bzw. „vollständigen Konkurrenz“ gleichmäßiger Marktkontrahenten fehlt [234, S. 326]. Aus der strukturellen Unstabilität des Arbeitsmarktes und seiner grundsätzlichen Gleichgewichtslosigkeit entwickelte sich mehr oder weniger zwangsläufig ein zweiseitiges oder bilaterales Monopol in Gestalt der in Arbeitgeberverbänden zusammengeschlossenen Unternehmer und der in Gewerkschaften zusammengeschlossenen Arbeitnehmer. Die Lohnbildung wird damit in zweiseitig organisierter Form machtpolitisch bestimmt. Der unvollkommene Arbeitsleistungsmarkt kann deshalb von der staatlichen Wirtschaftspolitik nicht unbeeinflußt bleiben. Die Staaten haben ein besonderes Interesse an der Einkommensbildung im Sinne einer „gerechten“ Teilnahme am Produktionserfolg. Da die Tarifautonomie der Arbeitgeberverbände und Gewerkschaften in marktwirtschaftlich orientierten Volkswirtschaften nicht angetastet werden soll, kann der Staat nur durch mittelbare Maßnahmen auf den Arbeitsmarkt einwirken.

Die *Bundesanstalt für Arbeit* (früher Bundesanstalt für Arbeitsvermittlung und Arbeitslosenversicherung) hat die Aufgabe, eine flexible Arbeitsmarkt- und Beschäftigungspolitik zu ermöglichen, wobei sie sich der Arbeitsmarkt- und Berufsforschung ebenso bedient wie der Förderung der beruflichen Bildung und Anpassung. Das Arbeitsförderungsgesetz vom 25. 6. 1966 hat ihr entsprechende Aufgaben zugewiesen. Die Bundesanstalt hat weiter die Aufgabe, Maßnahmen zur Erhaltung und Schaffung von Arbeitsplätzen zu entwickeln. Nicht zuletzt verbleiben ihr die klassischen Aufgaben, Arbeitslosengeld und Arbeitslosenhilfe zu gewähren, Arbeit zu vermitteln und für eine volkswirtschaftlich sinnvolle Berufsberatung Sorge zu tragen, um ihre wichtigsten Aufgaben zu nennen. Für das betriebliche Personalwesen sind vor allem die Arbeiten des *Instituts für Arbeitsmarkt- und Berufsforschung* von Bedeutung, das als Abteilung der *Bundesanstalt für Arbeit* geführt wird.

So wie in den Betrieben das Personalwesen ein Bestandteil der Betriebs- und Unternehmenspolitik im ganzen ist, ist auch die Arbeitsmarktpolitik in der Volkswirtschaft ein Teil der gesamten Wirtschaftspolitik; sie ist insbesondere mit einer Steuerung der Investitionen, der Preis- und Kapitalmarktpolitik eng verbunden. „Dieses Problem wird heute viel grundsätzlicher als früher gesehen. Das Neue an dieser Lage sind weniger die konkret-geschichtlichen Tatbestände als ein Wandel in der Bewertung des Problems: nämlich, daß das Gleichgewicht der Wirtschaft entscheidend in der Form der Sicherung einer zumindest angenäherten Vollbeschäftigung gesehen wird, nicht zuletzt bedingt durch das zunehmende soziale Selbstbewußtsein vor allem von seiten der Arbeiterschaft. In diesem Sinne gehört die Arbeitsmarktpolitik gewissermaßen zum Wesen des Arbeitsmarktes, weil nur sie seine Unvollkommenheit so zu mildern vermag, daß das Positive an einer marktmäßigen Verwertung der menschlichen Arbeitsleistung zur Geltung kommen kann“ [234, S. 332].

1.2.3 *Der Mensch als Kostenfaktor im Betrieb*

Als Bestandteil der arbeitsteiligen Wirtschaft entnimmt ihr der Betrieb Materialien, Arbeitskräfte und andere Leistungen und gibt dafür seine Erzeugnisse und Leistungen an die Gesamtwirtschaft zurück. Aus den Einnahmen werden zunächst die Ausgaben oder aus den Erträgen die Aufwendungen gedeckt. Der Mehrertrag ist der Gewinn, der entweder dem Verbrauch oder der Neukapitalbildung dient. Die Leistungen der einzelnen Betriebe, in Werten ausgedrückt, ergeben nach Abzug aller Fremdleistungen für die volkswirtschaftliche Rechnung das Sozialprodukt zu Faktorkosten, dessen Erstellung, Verwendung und Verteilung Gegenstand der Wirtschaftspolitik ist.

Die Fähigkeit, in Aufwand und Ertrag zu denken, muß nach den Worten *Eugen Schmalenbachs* dem Betriebswirt zur zweiten Natur werden; er soll ein wirtschaftliches Störungsgefühl besitzen. Das bedeutet für die Betriebe, die im Marktgeschehen eingebettet sind, daß sie mehr erzeugen, als sie verbrauchen, damit die für die Weiterentwicklung der Volkswirtschaft erforderlichen Überschüsse zur Verfügung stehen. Das heißt mit anderen Worten, daß sie wirtschaftlich arbeiten müssen. In grundsätzlicher Betrachtung stellt das Wirtschaftlichkeitsprinzip nur einen Sonderfall der allgemeingültigen Rationalitätsmaxime dar, wonach die Zweck-Mittel-Relation so günstig wie möglich zu gestalten ist. Nach *Peter van Aubel* lassen sich Beispiele für das Rationalprinzip aus allen Lebensbereichen in beliebiger Zahl bilden. „Aber natürlich ist die Wirtschaft der Ort, wo sich das Rationalprinzip am intensivsten durchsetzt. Wirtschaft ist ja die Kulturfunktion der Unterhaltsfürsorge, bezweckt den Einklang von Bedarf und Leistungserstellung, und zwar im Umgang mit knappen Gütern; sie soll nach dem Rationalprinzip ökonomischer, haushälterischer, rationeller Umgang mit knappen Gütern sein, wobei wir mit den Gütern wieder unseren Mitteleinsatz meinen“ [8, S. 49]. Damit stehen wir vor der Problematik des Wirtschaftlichkeitsbegriffs. Für den Selbstversorger sind Zweck des Wirtschaftens und Zweck seines Wirtschaftens dasselbe. Das gilt jedoch nicht mehr für die arbeitsteilige Wirtschaft. Hier kommt es für die Betriebe in Gestalt kaufmännischer Unternehmen nicht mehr primär auf die Leistungserstellung an, sondern auf den erwirtschafteten Überschuß, nicht so sehr auf die Zweck-Mittel-Relation als vielmehr auf die Differenz zwischen beiden [23, S. 16].

Im Rechnungswesen der Betriebe gibt es verschiedene Möglichkeiten, das Zweck-Mittel-Verhältnis auszudrücken. Die Kostenrechnung unterscheidet zwischen Leistung und Kosten; die Erfolgsrechnung gliedert sich nach Erträgen und Aufwendungen. Darüber hinaus ist bei langfristiger Rechnung (für eine Investition, für die Lebensdauer der Unternehmung) das Arbeiten mit Einnahmen und Ausgaben angebracht. Die Entgelte für fremde Arbeit gehören in der Erfolgsrechnung zum Aufwand und zu den Kosten in der kalkulatorischen Rechnung. Die verausgabten Kostenbeträge müssen über den Erlös aus dem Verkauf der Erzeugnisse oder Dienstleistungen später wieder hereingeholt werden. In einer solchen Rechnung sind die Löhne Kosten und daher mit den übrigen Kosten abhängig von der Menge der im Betrieb hergestellten Erzeugnisse und der Höhe der Preise, mit denen sie im Markte vom Käufer bezahlt werden. Wird z. B. die produzierte Ware langfristig nicht abgesetzt oder nur zu weit herabgesetzten Preisen verkauft, entstehen Verluste, die u. U. nur durch geringere Produktion und damit einer geringeren Beschäftigung ausgeglichen werden können. Die Betriebe stehen dann vor der Notwendigkeit, ihre Mitarbeiter umzusetzen, soweit das durchführbar ist, oder schließlich zu entlassen. Auf die zu beachtenden gesetzlichen Vorschriften und evtl. Betriebsvereinbarungen kommen wir später zurück.

Der Abhängigkeit vom Beschäftigungsgrad entsprechend wird zwischen proportionalen und fixen Kosten unterschieden. Die Entwicklung in der hochindustrialisierten Wirtschaft hat die Relationen zwischen beiden Kostengruppen verändert. Je größer die Betriebsanlagen werden, desto mehr steigen die damit verbundenen fixen Kosten. Wie *Schmalenbach* schon vor Jahrzehnten aufzeigte, sind es nicht allein das Größenwachstum und die damit verbundene Kapitalintensität, die die Fixkostenlast der Betriebe erhöhten. Gleich wichtige Wirkungen haben viele Rationalisierungsmaßnahmen. „Die Einführung der *Taylor*'schen Prinzipien, die Einführung der Fließarbeit und des Taktverfahrens, die stark betonte Pflege der Arbeitsvorbereitung und die Typenbeschränkung auch in der Fertigungsindustrie haben den Anteil der fixen Kosten im Gesamtbild des Kostengefüges verstärkt. Berücksichtigt man, daß in den *Ford*-Werken der Stücklohn zugunsten des Zeitlohns ganz oder fast ganz abgeschafft worden ist, und daß dadurch im großen Umfange proportionale Kosten zu fixen Kosten wurden, so kann man sich ein Bild machen, wie sehr die fixen Kosten in Zukunft das Kostenbild beherrschen werden" [195, S. 41]. Diesen Worten *Schmalenbachs* vor mehr als 25 Jahren ist nur hinzuzufügen, daß die Entwicklung weiter in Richtung einer wachsenden Fixkostenlast der Betriebe gegangen ist, und damit auch ein zunehmender Anteil der Löhne Fixkostencharakter erhalten hat.

Die Tatsache, daß heute Löhne und damit auch ein großer Teil der sozialen Leistungen immer mehr den Charakter fixer Kosten angenommen haben, ist eine Erscheinung von internationaler Geltung. Die Gründe hierfür sind vielfacher Natur. Die Wirtschaftspolitik der Vollbeschäftigung gehört dazu ebenso wie die wachsende Humanisierung der Arbeit, langfristige Tarifverträge oder Maßnahmen zur Sicherung des Arbeitsplatzes. Aber auch die wachsende Mechanisierung und Automatisierung sind zu nennen. Sie führen zur weiteren Spezialisierung und damit zu größerer Anfälligkeit gegenüber Betriebsstörungen.

In der Produktions- und Kostentheorie, die die funktionalen Beziehungen zwischen Faktoreinsatzmengen bzw. Kosten und den ausgebrachten Produkteinheiten aufzeigt, wird unterschieden zwischen den objektbezogenen und dispositiven Arbeitsleistungen. Letztere werden bei der Produktions- und Kostentheorie nicht berücksichtigt. Vertreter der Betriebswirtschaftslehre weisen darauf hin, daß bei allen Rechnungen die Besonderheiten der menschlichen Arbeit, auch der objektbezogenen Arbeit, nicht außer acht gelassen werden dürfen, weshalb der Faktor Arbeit z. B. den rein quantitativen Aussagen der Produktions- und Kostentheorie immer eine gewisse Grenze setzen wird. Es wird stets erforderlich sein, die quantitative Analyse durch psychologische und soziologische Tatbestände zu ergänzen, wenn man eine nur mechanistische Behandlung des Faktors Arbeit im System der Produktionsfaktoren vermeiden will [104]. Wenn man den Menschen dem Gesetz der Wirtschaftlichkeit unterstellt, schreibt *Karl Hax*, dann darf das nicht mechanisch geschehen. „Die Grundsätze, die für die sachlichen Hilfsmittel der Produktion gelten, können nicht unbesehen auf den menschlichen Produktionsfaktor übertragen werden. *Robert Owens* hat das vor 150 Jahren in der Weise zum Ausdruck gebracht, daß er die Unternehmer aufforderte, den ‚lebendigen Maschinen' dieselbe Aufmerksamkeit zu widmen wie ihren toten Maschinen, was sich in entsprechender Weise für sie lohnen werde" [88, S. 13].

1.3 Arbeitsleistung und Arbeitsentgelt

Arbeitsentgelt wird in der wirtschaftswissenschaftlichen Literatur meist mit „Lohn" bezeichnet. Seine Bedeutung ist dann allgemein jedes als Vergütung von Arbeitsleistungen anzusehende Einkommen. In diesem Sinne empfangen alle Wirtschaftssubjekte Löhne, die ein Einkommen erzielen, also nicht nur Arbeiter, sondern ebenso Angestellte und Beamte. Lohncharakter haben auch die Honorare der freien Berufe.

Die Problematik des Lohns ist damit gegeben, daß er nicht nur als Vergütung für die Nutzung der menschlichen Arbeit und damit Kostenbestandteil in der Unternehmensrechnung ist; er ist gleichzeitig Wertmaßstab für die Leistung des arbeitenden Menschen, und außerdem ist er für ihn die wesentliche Grundlage der Lebenshaltung. Auch für die volkswirtschaftliche Rechnung sind die Löhne ein wesentlicher Einkommensfaktor. Für das betriebliche Personalwesen ist von Bedeutung, daß die mit dem Lohn zu vergütende Arbeitsleistung gleichzeitig von subjektiven und objektiven Bedingungen der Arbeit abhängig ist.

In seiner Untersuchung über die wirtschaftliche und soziale Bedeutung der Lohnunterschiede kommt *Friedrich Fürstenberg* zu der Feststellung, daß die volkswirtschaftliche Lohnstruktur ein typisches Beispiel für das Resultat einer ständig manipulierten Preisbildung sei, in der der jeweils bestmögliche Kompromiß zwischen dem notwendigen „sozialen Gleichgewicht" und dem auch wünschenswerten „Marktgleichgewicht" zu erzielen versucht werde. Es sei ebenso schwierig, die Probleme der Lohnstruktur auf einen einzigen sozialpolitisch relevanten Nenner, etwa den der „Lohngerechtigkeit“ zu bringen. „Die Lohnunterschiede beruhen auf so vielen eigengesetzlich wirkenden Faktoren, daß der jeweilige Entscheidungsspielraum nicht unbegrenzt ist. Es gibt auch kein allgemeingültiges Kriterium für die Bestimmung eines ‚gerechten‘ Lohnsatzes. Die Vorstellungen vom Gleichgewichtslohn und vom Arbeitswertlohn sind immer wieder mit Hinweisen auf ihre ‚Gerechtigkeit‘ sozialpolitisch zu rechtfertigen versucht worden. Aber in der Wirklichkeit blieb der als ‚gerecht‘ empfundene Lohn doch immer nur der jeweils auf dem Wege des Kompromisses von den Interessenten festgesetzte Lohnsatz. Unter den gegenwärtigen Verhältnissen wird man sich auch weiterhin mit der Hoffnung auf eine möglichst langandauernde Regelung der Lohnrelationen abfinden müssen, die die weitestgehende Zustimmung derjenigen findet, die von ihnen betroffen werden“ [55, S. 104 f.].

Die hier skizzierte Lohnproblematik macht die Schwierigkeiten deutlich, die für die betriebliche Lohnfindung bestehen. Nichtsdestoweniger bedarf es des Versuchs, zu befriedigenden Lösungen zu kommen.

1.3.1 *Äquivalenz von Lohn und Leistung*

Leistung wird als Arbeitsleistung verstanden. Nach REFA entspricht sie dem auf eine bestimmte Zeit bezogenen Arbeitsergebnis [183, Teil 1, S. 83]. Falls es eine Menge ist, ist Arbeitsleistung gleich Mengenleistung. Nach *Erich Kosiol* umfaßt der Begriff Arbeitsleistung verschiedene, aber gedanklich zu trennende Tatbestände [115, S. 81] vgl. auch: (114). In naturwissenschaftlicher Betrachtung ist Arbeitsleistung ein psychophysischer Prozeß. In betriebswirtschaftlich-technischer Betrachtung ist sie ein technisch-naturaler Verrichtungsvorgang, bei dem sich das körperliche oder gedankliche Geschehen des Arbeitens an einem Arbeitsobjekt vollzieht und damit den Arbeitsprozeß darstellt. Die Arbeitsleistung kann in dieser Betrachtungsweise aber auch als Ergebnis des Verrichtungsvorgangs gesehen werden. Gegenstand der Entlohnung sind dann primär die Arbeitsverrichtung und sekundär das Arbeitsergebnis. In betriebswirtschaftlich-technischer Betrachtung kommt für die Entlohnung der Arbeitsleistungen allein der arbeitstechnische Aufwand im betrieblichen Werterzeugungsprozeß in Frage. Aus diesem Zusammenhang ergibt sich die prinzipielle Bindung des Arbeitsentgeltes an die gebotene Arbeitsleistung — ein Grundsatz, den *Kosiol* allgemein als Grundsatz der Äquivalenz von Lohn und Leistung (Äquivalenzprinzip) bezeichnet. Er versteht ihn als lohntheoretischen Spezialfall des ökonomischen Prinzips.

Wenn bei der Entlohnung zwischen der Arbeitsverrichtung und dem Arbeitsergebnis zu unterscheiden ist, drängt sich die Frage auf, in welchem Zusammenhang diese miteinander stehen. Bei der Arbeitsverrichtung sind die verschiedenen mit der Arbeit verbundenen Schwierigkeiten zu überwinden. Der Lohn muß dementsprechend die verschiedenen Schwierigkeitsgrade berücksichtigen, die aus den Anforderungen des Arbeitsprozesses entstehen. Damit stehen wir vor der Frage, wie die verschiedenen Anforderungsgrade qualitativ und quantitativ bestimmt werden können. In der Industrie ging man zunächst so vor, daß die unterschiedlichen Schwierigkeiten mit der beruflichen Vorbildung des einzelnen identifiziert wurden. Dementsprechend wurde zwischen ungelernten, angelernten und gelernten Arbeitern unterschieden.

1.3.2 *Arbeitsbewertung*

Die Schwierigkeiten des einzelnen Arbeitsplatzes entsprechen den Anforderungen, die von der zu verrichtenden Arbeit an den Menschen gestellt werden. Deshalb ist es notwendig, daß man nicht von der Person des einzelnen Arbeitnehmers ausgeht, sondern die Aufmerksamkeit der Arbeitsverrichtung selbst zuwendet. In der ersten Phase ging man dabei von der beruflichen Ausbildung aus, allerdings nicht mehr von der personenbezogenen Ausbildung, sondern davon, welche Ausbildung die zu verrichtende Arbeit erfordert. Damit gab es weitere Differenzierungen, deren Ergebnis Ende der 30er Jahre der sogenannte Lohngruppenkatalog war, der sechs, acht oder zehn Gruppen umfassen konnte. Die einzelnen Lohngruppen unterschieden sich nach den unterschiedlichen Ausbildungsgraden; sie begannen in der ersten Gruppe mit einfachen Arbeiten, die nur kurzer Anweisung bedürfen, und endeten in der letzten Gruppe höchstwertiger Arbeit, die hervorragendes Können und zusätzliche theoretische Kenntnisse usw. erfordern. Die zu verrichtenden Arbeiten werden nach derartigen Gruppenbeschreibungen eingeordnet. Dieser Vorgang wird als summarische Arbeitsbewertung bezeichnet.

Die zu verrichtende Arbeit kann auch in der Weise bewertet werden, daß man die Anforderungen im einzelnen ermittelt, um danach den Lohn zu differenzieren. Nach *REFA* besteht eine solche Anforderungsermittlung aus der Beschreibung von Arbeitssystemen sowie der Analyse und der Quantifizierung ihrer Anforderungen an den Menschen. Dieses Vorgehen wird als analytische Arbeitsbewertung gekennzeichnet. Sie gliedert sich in drei Stufen:

— Arbeitsbeschreibung,
— Anforderungsanalyse,
— Quantifizierung der Anforderungen.

Von einem Schema ausgehend (es wurde 1950 bei einer internationalen Konferenz für Arbeitsbewertung in Genf vorgeschlagen), dem die beiden Oberbegriffe Können und Belastung zugrunde liegen, hat *REFA* die folgenden Anforderungsarten abgeleitet:

— Kenntnisse,
— Geschicklichkeit,
— Verantwortung,
— geistige Belastung,
— muskelmäßige Belastung,
— Umgebungseinflüsse.

Das Quantifizieren der Anforderungen besteht im zahlenmäßigen Bewerten der Höhe der an den Menschen gestellten Anforderungen und im Errechnen der Anforderungswerte. Ausgangspunkt ist eine bestimmte Bezugsleistung und die Erfüllung der Aufgabe. Das Ergebnis sind dann Anforderungswerte für jede der vorhin genannten Anforderungsarten, die im einzelnen noch weiter unterteilt werden können. Hierfür sind verschiedene Verfahren entwickelt worden, die sich nach dem Rangreihenverfahren und Stufenverfahren eingliedern lassen. Beim Rangreihenverfahren wird für jede Anforderungsart eine Rangreihe gebildet; die oberste oder unterste Stelle in einer Rangreihe wird von den Arbeitsplätzen bestimmt, die die größte oder niedrigste Anforderung an den arbeitenden Menschen stellen. Zwischen dieser Spanne werden die restlichen Arbeitsplätze ihrem Schwierigkeitsgrad entsprechend eingereiht. Im häufig angewandten Stufenverfahren sind die einzelnen Anforderungsarten nach Stufen unterteilt. Die Stufenzahlen sind dann die Anforderungswerte, die zur Wertzahlsumme addiert werden. Alle diese Verfahren bedienen sich verschiedener Bewertungstafeln.

Die Verfahren der Arbeitsbewertung können grundsätzlich für alle Arbeitnehmer gültig sein. Wenn auch die versicherungsrechtlichen Unterschiede zwischen Arbeitern und Angestellten mehr und mehr abgebaut sind, ist die einheitliche Arbeitsbewertung in der Bundesrepublik doch noch selten anzutreffen.

Ernst Zander berichtet von einem energiewirtschaftlichen Unternehmen, in dem bereits 1955 für alle tariflich erfaßten Arbeitnehmer ein relativ einfaches System entwickelt wurde, das auch im Hinblick auf die technische Entwicklung der Arbeitsplätze später weiter verwendet werden konnte [240]. Er erwähnt aber die gerade bei Angestellten noch stärker vorhandenen psychologischen und soziologischen Hemmungen gegenüber dieser Art der Bewertung von Arbeitsanforderungen. Die analytische Arbeitsbewertung findet Befürworter und Gegner.

Es darf nicht übersehen werden, daß die Gewichtung der Anforderungsarten oder Stufen immer ein Kompromiß sein wird, da es feste Maßstäbe dafür nicht geben kann. Generell darf jedoch gesagt werden, daß die Befürworter überwiegen und daß die Arbeitsbewertung auch für die Arbeitsentgelte der Angestellten mehr und mehr Eingang findet.

1.3.3 *Leistungsbewertung*

Nach dem Grundsatz der Äquivalenz von Lohn und Leistung muß nicht nur die Schwierigkeit der Arbeitsverrichtung angemessen entgolten werden, sondern auch das Ausmaß der Leistung, mit dem der einzelne zur Erreichung des qualitativ-quantitativen Arbeitsergebnisses beiträgt. Der Unterschied kann so formuliert werden, daß es einmal darauf ankommt, „was“ jemand tut, und zum anderen ist es für die Entlohnung wichtig, „wie“ jemand eine Arbeit ausgeführt hat [101, Teil I, S. 8].

Während die Art der Leistung durch die Anforderungen an die Arbeit bestimmt wird, ist das „wie“ der Leistung weitgehend vom Menschen zu beeinflussen und daher veränderlich.

Daraus folgt, daß das Ergebnis der Arbeitsleistung des einzelnen durch seinen Leistungsgrad beeinflußt wird, der deshalb bei der Lohnfestsetzung zu ermitteln ist. Er ergibt sich aus dem Verhältnis der tatsächlichen Leistung gegenüber einer sogenannten Normalleistung. Unter Normalleistung wird diejenige menschliche Leistung verstanden, die bei ausreichender Eignung und bei voller Übung nach entsprechender Einarbeitung sowie bei normalem Kräfteeinsatz im Mittelwert der natürlichen Leistungsschwankungen erreicht und erwartet wird. Eine solche Leistung kann in zweifacher Form Grundlage der Leistungsentlohnung sein: einmal als Normalzeit pro Mengeneinheit, zum anderen als eine Normalmenge pro Zeiteinheit.

Mit der Ermittlung des Leistungsgrades sollen der persönliche Einsatz und das Können des arbeitenden Menschen beim Arbeitsvollzug in der Entlohnung berücksichtigt werden. Wenn der Lohn außerdem der unterschiedlichen Arbeitsschwierigkeit entsprechen soll, sind mit *Kosiol* systematisch zwei lohnpolitische Mittel denkbar: erstens eine Lohnsatzänderung nach Maßgabe der individuellen Leistung, zweitens die Wahl einer geeigneten Lohnform [115]. Die Änderung des Lohnsatzes zur Berücksichtigung individueller Leistungsschwankungen ist verhältnismäßig schwerfällig zu handhaben. Sie ist praktikabel, wenn der persönliche Leistungsanteil nur von Zeit zu Zeit neu bewertet werden muß. Dort, wo die Leistungen kurzfristig größeren Schwankungen unterliegen und für das Arbeitsergebnis von größerer Bedeutung sind, wird jedoch das zweite lohnpolitische Mittel, die Wahl geeigneter Lohnformen, angewendet. Bei ihnen handelt es sich um Berechnungsgrundlagen, die die Berücksichtigung der Leistungsunterschiede im Entgelt zwangsläufig und dauerhaft regeln. Zeit und Menge sind für die Leistungsbewertung bei Angestelltentätigkeit nur bedingt als Maßstab zu verwenden. Sie bedarf daher größerer analytischer Anstrengungen, wenn man sie zu objektivieren versucht.

Praxis und Wissenschaft haben verschiedene Verfahren der Leistungsbewertung entwickelt. Ähnlich wie bei der Arbeitsbewertung kann zwischen summarischen und analytischen Bewertungsmethoden unterschieden werden. Bei der analytischen Bewertung gibt es nach *Zander* folgende Formen [240]:

— Beurteilungsskalen,
— Vergleichsverfahren,
— Prüflisten und Stichproben.

Sie werden in der Praxis meist kombiniert angewendet. Es gibt weiterhin die kritische Besprechung, in der ein Vertreter der Personalabteilung nach einem bestimmten Interviewplan den Vorgesetzten über den zu bewertenden Mitarbeiter interviewt. Eine andere Bewertungsform ist die Gruppenbewertung, bei der jede Person in einer Konferenz beurteilt wird, die aus Vorgesetzten und hierarchisch höher eingestuften Mitarbeitern besteht, die die Leistung der zu bewertenden Mitarbeiter kennen. Die Schwierigkeiten in der Leistungsbewertung bei Angestellten haben — vor allem bei weniger qualifizierten Angestellten-Tätigkeiten — zur Verwendung sogenannter Leistungsstandards geführt. Diese Entwicklung ist durch das Wachstum des sogenannten tertiären Wirtschaftssektors beschleunigt worden, worunter alle Dienstleistungen einer Volkswirtschaft verstanden werden. Leistungsstandards können durch exakte Zeitstudien, Schätzungen und Vergleiche aufgestellt werden.

In neuerer Zeit sind zwei weitere Verfahren entwickelt worden: die Multimomentstudie und die Systeme vorbestimmter Zeiten (SvZ). Die Multimomentstudie besteht im Erfassen von Häufigkeiten des Vorkommens bestimmter Arbeitsgänge, Gangstufen oder Gangelemente. Eines der bekanntesten Verfahren der der Systeme vorbestimmter Zeiten ist das MTM-Verfahren (Methods-Time-Measurement). Hier werden aufgrund einer Vielzahl von Filmaufnahmen Handarbeiten und Körperbewegungen in Grundbewegungen zerlegt, für die bestimmte Normzeitwerte festgelegt sind. In der Bundesrepublik ist am häufigsten das MTM-Verfahren in den Industriebetrieben anzutreffen. Für die Bürotätigkeit ist ein anderes, aber in ähnlicher Weise vorgehendes Verfahren entwickelt worden, das MCD-Verfahren (Master-Clerical-Data). Darin werden Grundbewegungen bestimmter für das Büro typischer Arbeitsgänge mit Normzeiten bewertet. Sie sind wie beim MTM-Verfahren in einem recht umfangreichen

Tabellenwerk enthalten, das dann ein Hilfsmittel für die praktische Bewertung ist.

Zander bemerkt zur Anwendung der Leistungsstandards, die seit jeher auch für Angestellten-Tätigkeiten anwendbar waren, daß darauf zu achten ist, wie weit die Eigenart des Verfahrens zur Tätigkeit paßt und der Aufwand in entsprechender Relation zum Nutzen steht. „Wenn auch zahlreiche Leistungsstandards erfolgreich angewandt wurden, darf die ‚Bemessungstechnik' nicht überbewertet werden. Schon manche, an sich gute Techniken sind durch falsche Anwendung am Widerstand der Betroffenen gescheitert" [240, S. 227].

Bei allen Bestrebungen, dem Grundsatz der Äquivalenz von Lohn und Leistung gerecht zu werden, ist die Feststellung *Kosiols* zu beachten, daß es eine allgemeingültige, dem Äquivalenzprinzip voll entsprechende Lohnmethode nicht gibt. „Die Frage nach der besten Lohnform schlechthin ist in sich widersinnig. Vielmehr entspricht, genau genommen, jeder Leistung eine ihr spezifische Lohnform. Praktisch und auch theoretisch ist es aber unmöglich, jede einzelne Leistung individuell für den Einzelfall zu entlohnen. Es erscheint daher notwendig, gewisse Verfahren herauszubilden, nach denen sich für regelmäßige, für eine längere Zeit vereinbarte Leistungen der Lohn schematisch und zwangsläufig bestimmen läßt. Da sich nun die verschiedensten Leistungsarten zu größeren Gruppen mit übereinstimmenden wesentlichen Merkmalen zusammenfassen lassen, ergibt sich entsprechend eine gewisse Anzahl typischer Lohnmethoden, Formen der Entlohnung, die für Leistungen bestimmter Art charakteristisch sind" [115, S. 86].

1.3.4 *Typische Formen der Leistungsentlohnung*

Die vielfältigen Lohnformen der Praxis lassen sich grundsätzlich auf den Zeitlohn, den Akkordlohn und den Prämienlohn, die gleichrangig nebeneinander stehen, zurückführen.

Der Zeitlohn ist diejenige Lohnform, bei der der Lohn aus der Gleichung: betrieblicher Lohnsatz mal verbrauchte Stunden ohne unmittelbare Bezugnahme auf eine Leistung errechnet wird; das bedeutet aber nicht, daß damit nicht auch das Ausmaß der Leistung abgegolten wird. Es wird vielmehr bei allen im Zeitlohn Arbeitenden ein und derselbe und stets gleiche Leistungsgrad unterstellt. Dabei genügt es, wenn der Mitarbeiter im Verlaufe einer oder mehrerer Abrechnungsperioden durch seine Arbeitsergebnisse und sein allgemeines Verhalten erkennen läßt, daß er nicht nur den an ihn gestellten Arbeitsanforderungen gerecht wird, sondern auch hinsichtlich des dem Zeitlohn zugrunde gelegten Ausmaßes der Leistung. Daraus ergibt sich, daß Zeitlöhne überall da anzutreffen sind, wo der Arbeitsvollzug laufende Leistungsgradermittlungen nicht zuläßt oder nicht erforderlich macht. Als Zeiteinheiten für die Berechnung des Entgelts sind neben der Arbeitsstunde, der Arbeitstag (die Schicht) oder der Monat gebräuchlich. Für die Lohnabrechnung je Monat ist Grundlage die betriebsübliche regelmäßige Wochenarbeitszeit von z. B. 42 oder 40 Stunden.

Der Zeitlohn wird heute nicht nur in den Verwaltungsbüros, sondern auch in den Fertigungsbetrieben gezahlt. Er ist bei folgenden Leistungen zweckmäßig [65, S. 339]:

— gefährliche Arbeiten,
— schwer nach Mengen erfaßbare Arbeiten,
— schöpferisch-künstlerische Arbeiten,
— Präzisionsarbeiten,
— weitgehend durch den (maschinell) bestimmten Arbeitsfluß in der Zeiteinheit erzwungene Arbeitsleistungen,
— sich durch den technisch-wirtschaftlichen Fortschritt schnell ändernde Arbeiten.

Die Ursachen, die den Zeitlohn zweckmäßig erscheinen lassen, zeigen gleichzeitig, daß die Leistung weniger kontrollierbar ist und kein unmittelbarer Ansporn für Leistungssteigerungen besteht. Dabei gibt es in Fertigungsbetrieben oft Spannungen aus der Relation der Verdienste zwischen den im Zeitlohn und den im Akkordlohn Beschäftigten. Manche dieser Mängel können durch zusätzliche Organisationsmaßnahmen oder durch Anwendung von Methoden der Arbeitsbewertung verringert werden. Es ist allerdings ebenso möglich, durch Leistungszulagen einen Leistungsanreiz zu schaffen. Sie werden häufig aufgrund summarischer Einschätzungen der individuellen Leistungen global festgesetzt. Es sind inzwischen aber auch hierfür Beurteilungsrichtlinien und Kriterien festgelegt, die ein weitgehend objektives Vorgehen bei der Bewertung der individuellen Leistung und der Zulagenermittlung ermöglichen [54, S. 6 ff.].

Der Akkordlohn, auch als Mengenlohn bezeichnet, bezieht sich in der Regel auf die Leistungsmenge je Zeiteinheit (Zeitakkord). Beim Zeitakkord wird eine im voraus bestimmte Vorgabezeit, z. B. in Stunden oder Minuten, oder eine vereinbarte Zeit für eine bestimmte Arbeit der Lohnberechnung zugrunde gelegt und diese mit einem Geldfaktor vervielfacht, ohne Rücksicht darauf, in welcher Zeit diese Arbeit durchgeführt worden ist. Unter Geldakkord ist die Entlohnung von Arbeiten mit vorgegebenem Geldbetrag für eine bestimmte Arbeit, ohne Rücksicht darauf, in welcher Zeit diese Arbeit ausgeführt worden ist, zu verstehen. Sowohl im Zeitakkord als auch im Geldakkord kann für die im voraus festgelegte Entlohnung eine bestimmte Stückzahl vorgesehen werden (Stückakkord), eine seltener vorkommende Lohnform. Der Akkord kann mit dem einzelnen Arbeiter (Einzelakkord) oder mit mehreren, eine Gruppe bildenden Arbeitern (Gruppenakkord), vereinbart werden. Der Gruppenakkord ist in der Regel Geldakkord.

Der Akkord läßt sich insbesondere anwenden bei

- Arbeiten, die sich wiederholen,
- Arbeiten, die nach Mengeneinheiten leicht zu erfassen sind,
- Arbeiten, bei denen die Mengenleistung vom Arbeitenden namhaft beeinflußt werden kann,
- Arbeiten, die sich nicht in relativ kurzen Abständen infolge wirtschaftlich-technischer Einflüsse ändern [65, S. 342].

Der Akkordlohn ist auch bei sogenannten Angestelltentätigkeiten zu finden, z. B. in Schreibbüros. Dabei sind die Schwierigkeiten die gleichen wie in den Fabrikationsstätten, vor allem im Hinblick auf die Ermittlung der Normalleistung. Die moderne industrielle Fertigung hat die Zahl der Arbeiten verringert, die unter den Katalog von akkordfähigen Arbeiten zu rechnen ist. Die Arbeitsabläufe in den Fertigungsbetrieben sind durch numerisch gesteuerte Werkzeugmaschinen, elektronisch gesteuerte Fließbandfertigung oder in den Verwaltungen durch elektronische Datenverarbeitung immer weniger vom arbeitenden Menschen zu beeinflussen.

Ein Kriterium des Akkordlohns ist, daß er sich nur auf Arbeiten anwenden läßt, die vorher bestimmbar und überwiegend vom einzelnen Arbeitnehmer beeinflußbar sind. Er entspricht dann nicht mehr dem Äquivalenzprinzip, wenn der Beitrag der menschlichen Leistung, z. B. durch Mechanisierung und Automatisierung in Maschinenfabriken, nicht mehr quantifiziert werden kann oder die Quantifizierbarkeit durch die fehlende Proportionalität zwischen menschlicher Leistung und Maschinenleistung erschwert oder eingeschränkt wird. In solchen Fällen ist der Prämienlohn eine adäquate Form des Entgelts. Er bietet die Möglichkeit, solche Arbeiten im Leistungslohn abzurechnen, die auf anderen Kriterien als Menge oder Zeit basieren, zum anderen aber auch solche, „bei denen das angemessene und optimale Leistungsergebnis oft nur unter Einbeziehung statistischer Datenauswertung ermittelt werden kann. Darüber hinaus erlaubt die Prämienentlohnung, auch geistig-psychische Mehranstrengung des Arbeitnehmers zu berücksichtigen“ [101, Teil I, S. 26].

Der Prämienlohn kann hinsichtlich seiner Art, Zahl und Kombination der ihm zugrunde zu legenden Kriterien oder Bezugsmerkmale recht vielgestaltig sein. *Kosiol* unterscheidet zwischen Grund- und Zusatzprämien. Grundprämien beruhen unmittelbar auf den Maßstäben der Zeit oder der Menge. Das führt zu Geschwindigkeitsprämien oder Quantitätsprämien. In der Praxis sind die Zusatzprämien häufiger anzutreffen. Sie zielen auf einen bestimmten Teileffekt qualitativer oder quantitativer Art und treten als sogenannte Wirtschaftlichkeits- oder Erfolgsprämien auf. Sie können nach Qualitätsprämien oder Ersparnisprämien differenziert sein. Die Praxis bevorzugt die kombinierte Prämie, d. h. eine Prämie mit mehreren Bezugsgrößen, z. B. eine Kombination zwischen Mengenleistungs- und Wirtschaftlichkeitsprämie [135, S. 55].

1.4 Der Mensch als sozialer Faktor

1.4.1 *Der Mensch im Netz sozialer Beziehungen und Gebilde*

Die Menschen sind von jeher durch Beziehungen miteinander verbunden. Daraus entstehen organisierte soziale Gebilde, deren Gesamtheit *Leopold von Wiese* in drei Bereiche: Massen, Gruppen und Körperschaften einteilt. Betriebe sind quasi-Körperschaften. Die Gesamtheit aller sozialen Gebilde bildet die Gesellschaft. Alle Fragen des menschlichen Zusammenwirkens lassen sich darauf untersuchen, wie sie einerseits die Person oder das Individuum beeinflussen und wie sie andererseits auf die Gesellschaft oder das Kollektiv wirken. Der einzelne Mensch ist ein Teil verschiedener sozialer Gebilde, sei es Familie, Verein, Gewerkschaft, Kirche oder auch Staat. „In unserem Zeitalter ist die Person ganz in das Netz der sozialen Gebilde verstrickt: wirtschaftlich, kulturell, politisch. Aber auch der andere Bereich stellt seine Ansprüche. Der Einzelmensch geht nicht unter, ebensowenig wie das Kollektiv. Es gibt keinen absoluten Individualismus oder absoluten Kollektivismus; immer von jedem der beiden zeitweise mehr oder weniger“ [233, S. 21].

Für das Personalwesen ist die Erkenntnis wichtig, daß der einzelne Mensch nur in seltenen Augenblicken seine ganze Persönlichkeit für ein soziales Gebilde einzusetzen versucht. „Zumeist übernimmt er im Dienst sozialer Gebilde bestimmte ‚Rollen‘. Die Organisation hat dabei die Aufgabe, die individuellen mit den Gruppeninteressen auszugleichen. Oft freilich ergibt sich ein Gegensatz zwischen den Kräften des Ich und der gesellschaftlichen Ordnung zur öffentlichen Meinung oder zu den Ansprüchen der Elite, zu Sitten und Gebräuchen“ [233, S. 23].

Der komplementäre Begriff zur Rolle ist der Status. Sozialer Status ist die Position eines Individuums in einer Gruppe. Zu jedem Status gehört eine ihm entsprechende Rolle, d. h. ein bestimmtes Verhalten in Gegenwart anderer. Die Rolle ist also die Art und Weise, in der ein gegebener Status vom Inhaber eingenommen, gehandhabt, ausgefüllt wird [197].

1.4.2 *Staatliche Sozialpolitik und Politik sozialer Sicherheit*

Die ersten Jahrzehnte des vorigen Jahrhunderts sind in der Literatur eingehend dargestellt worden, sind sie doch Ausgangspunkt vieler sozialer und politischer Entwicklungen, die bis in die Gegenwart hinein fortwirken. Es war die Zeit des Frühindustrialismus, in der die Industriebetriebe einen nahezu unbegrenzten Markt an Rohstoffen und Arbeitskräften hatten. Kinderarbeit war ebenso anzutreffen wie eine tägliche Arbeitszeit von zwölf Stunden. Ein Schlaglicht auf diese Zeit wirft ein Bericht des Generals *von Horn* an den König von Preußen aus dem Jahre 1828. Darin heißt es, „daß die Rheinprovinz infolge der Ausbeutung der jugendlichen Arbeitskräfte durch die Fabrikarbeit das erforderliche Truppenkontingent nicht mehr zu stellen imstande sei" [231, S. 170]. Ihm folgten die ersten preußisch-deutschen Arbeitsschutzgesetze, zunächst für Kinder und Jugendliche.

Aus der Zeit der frühen Industrialisierung stammt ein Begriffsinhalt für das Soziale, der mit den sozialen Auseinandersetzungen im vorigen Jahrhundert verbunden war. Sie ergaben sich aus den schweren Arbeitsbedingungen, weshalb sich die Staaten veranlaßt sahen, Hilfe zu leisten. Eine solche Sozialhilfe war eine Hilfe für die ökonomisch Schwächeren. Sie erstreckte sich auf Arbeitsschutz-Gesetzgebung, Sozialversicherung, Fürsorge in Fällen der Not und Bedürftigkeit.

Im 20. Jahrhundert ist ein beachtlicher Wandel eingetreten. War die staatliche Sozialpolitik des vorigen Jahrhunderts in erster Linie darauf ausgerichtet, primär der unteren Klasse der Arbeitenden zu helfen, zielt die moderne Sozialpolitik der Staaten auf die Gesellschaft als Ganzes. Der Politik sozialer Sicherheit entsprechen die sozialen Grundrechte, wie sie in der Erklärung der Menschenrechte der *Vereinten Nationen* von 1948 und auch im Grundgesetz der *Bundesrepublik Deutschland* niedergelegt sind. Während die traditionelle deutsche Sozialpolitik vom Gruppen- und Klassendenken ausging, so ist für die „Politik sozialer Sicherheit" von heute typisch, daß es nicht allein um die Hebung des Lebensstandards sozial Schwacher geht, sondern um die wirtschaftliche Stabilisierung schlechthin; sie zielt darauf, die Gesellschaft als Ganzes in einer für ihre Teile sinnvollen Weise zu gestalten [84, S. 12 f.]. Der Begriff sozial wird jetzt mehr oder weniger im ethischen Sinne gebraucht „als Bezeichnung für etwas dem Individualistischen gegenüber sittlich höher Bewertetes" [232, S. 13]. Die Menschen in einem so verstandenen sozialen Staat haben ein erhöhtes Gefühl des eigenen Wertes in der Gesellschaft, was natürlich mit einem steigenden Selbstbewußtsein auch in anderen Gebilden, wie im Betrieb, verbunden ist.

1.4.3 *Der Betrieb als soziales Gebilde*

In den Betrieben sind die Menschen in Arbeitsprozessen tätig, um die Aufgaben des Betriebes zu erfüllen. Sie befinden sich damit notwendigerweise in einem Gefüge persönlicher Beziehungen untereinander, was für den Betrieb ebenso wichtig ist. „Der wirtschaftliche Betrieb ist primär ein ökonomisches Gebilde; denn er entsteht durch das ökonomische Wollen seiner Mitglieder. Sekundär ist er jedoch stets ein soziales Gebilde; denn nachdem das ökonomische Wollen die Menschen zusammengeführt hat, bewirkt der soziale Bestandteil der menschlichen Natur die Entstehung zwischenmenschlicher Beziehungen unter seinen Mitgliedern. Da dieser soziale Tatbestand mit Notwendigkeit eintritt, gibt es keinen wirtschaftlichen Betrieb, der nur ein ökonomisches und nicht zugleich auch ein soziales Gebilde ist. In Wirklichkeit sind beide Bestandteile unlösbar miteinander verbunden, und ihre Unterscheidung ist nur ein Denkprozeß im Interesse der systematischen Analysierung“ [1]. Der Betrieb ist aber kein isoliertes Gebilde, sondern er steht in vielfältigen Wechselbeziehungen zu anderen sozialen Gebilden seiner Umwelt. Dies gilt insbesondere für die unmittelbaren Beziehungen des Betriebes zu der örtlichen Gemeinde, in der er gelegen ist. Großbetriebe können oft das Bild einer Gemeinde oder Stadt prägen (z. B. *Volkswagenwerk* in Wolfsburg; *Bayerwerke* in Leverkusen). Die Beziehungen des Betriebes gehen aber über die Gemeinde zur Gesellschaft schlechthin wie auch umgekehrt. Moderne Unternehmen versuchen, dem durch eine entsprechende Öffentlichkeitsarbeit Rechnung zu tragen.

Die Wechselbeziehungen gelten ebenso für den im Betrieb arbeitenden Menschen. Nach *Ralf Dahrendorf* ist es vor allem sein Beruf, durch den er am gesellschaftlichen Prozeß teilnimmt. „Unter den sozialen Grundrollen, deren Erwartungen sich jeder ausgesetzt sieht — den Geschlechts-, Alters- und Familienrollen, den Rollen des Berufes und des Staatsbürgers — nimmt in industriellen Gesellschaften der Beruf eine zentrale Stellung ein. Von ihm her bestimmt sich der soziale Status des einzelnen, sein Lebensstandard und sein Prestige, sein Herrschaftsradius und seine Lebenschance" [33, S. 87 ff.]. Umgekehrt wirkt der Betrieb mit seinen Beziehungen der Über- und Unterordnung, der Kooperation, der sich entwickelnden Freundschaften auf das Privatleben des im Betriebe arbeitenden Menschen ein. Für die Gegenwart und bestimmt noch mehr für die Zukunft muß der Faktor der verkürzten Arbeitszeit und der damit möglichen Freizeit erwähnt werden. Neben dem Beruf wird mehr und mehr die arbeitsfreie Zeit — mit den möglichen Ansprüchen des einzelnen an das Leben — die Haltung des arbeitenden Menschen im Betriebe beeinflussen.

Der von *Otto Neuloh* formulierte soziologische Begriff vom Betrieb faßt die skizzierten Merkmale zusammen: Betrieb als soziales Gebilde ist eine räumliche und gesellschaftliche Einheit, in der eine mehr oder weniger große Zahl von Menschen in einer durch technische, ökonomische, organisatorische und soziale Faktoren und Prozesse inner- und außerbetrieblich beeinflußten Ordnung zusammenarbeitet und zusammenlebt [152, S. 22].

1.4.4 *Formale und informale Personalbeziehungen*

Organisation kann instrumental als Gesamtheit der dauerhaften generellen Aufbau- und Ablaufregelungen verstanden werden, als ein System mit bewußt koordinierten Tätigkeiten mehrerer Personen, auf das diese Personen keinen oder nur einen begrenzten Einfluß haben. In einer solchen formalen Organisation ist vorab, d. h. vor der Willensäußerung der individuellen Funktionsträger, festgelegt, „was jeder zu arbeiten hat, wer wem zu befehlen und wer wem zu gehorchen hat, wer über was durch wen zu informieren ist und wer an wen was weiterzugeben hat, wer in welcher Hinsicht wie zu behandeln ist, wem welche Behandlung zusteht. Die formale Organisation eines Betriebes bestimmt also unter dem Gesichtspunkt des Betriebszweckes sowohl das System der Arbeitsteilung, als auch die Autoritätsstruktur, das Kommunikations- bzw. Informationssystem und die betriebliche Rangstruktur" [106, S. 21].

Die Wirklichkeit des betrieblichen Lebens deckt sich meist

nicht mit den formalen Aufbau- und Ablaufstrukturen, die von den verantwortlichen Instanzen festgelegt worden sind. Die Soziologie unterscheidet deshalb zwischen der formalen und informalen oder informellen Organisation. Dabei handelt es sich nur um eine analytische Unterscheidung. In der Realität verschmelzen beide Aspekte. Es gibt daher niemals eine formale Organisation für sich, ohne daß sie zugleich von informellen Prozessen ergänzt, verändert und begleitet wird. Umgekehrt gibt es keine informale Organisation für sich allein, da für ihr bloßes Vorhandensein die Existenz der formalen Organisation Voraussetzung ist. Erst an der formalen Organisation kann sich die informale Organisation entwickeln.

Die formale Organisation ist dadurch gekennzeichnet, daß sie auf Anordnungen zurückgeht, die im Hinblick auf ein eindeutig fixiertes Ziel, die Betriebsaufgabe, bewußt gegeben worden sind. Die Betriebsaufgabe selbst, z. B. die Herstellung von Autos, ist dabei nicht mit den persönlichen Lebensbelangen und Lebenszielen der Betriebsangehörigen identisch. In nur wirtschaftlicher Sicht sind die Betriebsangehörigen Arbeitsträger, Stelleninhaber, nicht volle Persönlichkeiten. Demgegenüber ergibt sich informelle Organisation daraus, daß die Betriebsangehörigen eben nicht nur einkalkulierbare, rational und vorhersehbar nach Anordnungen handelnde Arbeitsträger sind. Sie sind vielmehr typische soziale Wesen, die bestimmte Gewohnheiten, Eigenschaften und Bedürfnisse haben. Informale Personalorganisation besteht in Gestalt der informellen Gruppen, Führer und Kommunikation.

In der Literatur gibt es verschiedene Einteilungen informeller Gruppen. Sie können durch Berufsmerkmale, Statusfragen, Gewerkschafts-, Partei- oder Religionszugehörigkeit ebenso begründet sein wie durch Sympathien persönlicher Art. Der informale Führer führt eine Gruppe nicht aufgrund des ihm nach der Organisation zugeteilten Weisungsrechtes, sondern aufgrund einer z. B. in der Gruppe gewachsenen Anerkennung durch Alter, Dauer der Betriebszugehörigkeit oder besonderer Fähigkeiten. Er besitzt dementsprechend eine informale Autorität. Für das Personalwesen sind weiterhin die informellen Kommunikationsformen von Bedeutung, die von einfachen Berichten über

Vorgänge, Mitteilungen persönlicher Art bis zur Form der Gerüchte reichen können. Informelle Personalverbindungen können Vorteile und Nachteile haben. Die für die Personalorganisation Verantwortlichen müssen sich jeweils um den einzelnen Fall kümmern. Ob Vorteile oder Nachteile vorhanden sind, hängt von so vielen Voraussetzungen der Arbeitsaufgabe, der Arbeitsorganisation, des Platzes, der beteiligten Menschen und der Gruppenzusammensetzung ab, daß hier allgemeine Regeln nicht gegeben werden können [22].

1.5 Wissenschaftliche Grundlagen der menschlichen Arbeit im Betrieb

Die Entwicklung des betrieblichen Personalwesens ist zu einem nicht geringen Teil durch die Erkenntnisse verschiedener wissenschaftlicher Disziplinen beeinflußt worden, die sich mit der menschlichen Arbeit im Betrieb befassen. Wir finden schon um das 17. und 18. Jahrhundert in den Schriften englischer Sozial- und Wirtschaftswissenschaftler Ausführungen darüber, welche Bedeutung das Prinzip der Arbeitsteilung für die Struktur und Produktivität der Wirtschaft hat. Ein „klassischer Irrtum der klassischen Nationalökonomie“ war allerdings die Unterstellung eines rational handelnden Menschen [227, S. 66]. Das wachsende Verständnis für die Volks- und die sich allmählich bildende Weltwirtschaft verlangte, sich auch der Gebilde anzunehmen, in denen das Wirtschaften vollzogen wurde, nämlich der Betriebe. Diese Entwicklung wurde durch das Aufkommen einer besonderen Disziplin — Betriebswirtschaftslehre — gefördert. Parallel hierzu erleben wir die zunehmende wissenschaftliche Behandlung des Menschen in der Wirtschaft und im Betrieb, sei es in seiner Rolle als Verbraucher oder als Arbeitskraft.

1.5.1 *Betriebswirtschaftslehre*

Das Erkenntnisobjekt der Betriebswirtschaftslehre ist das Wirtschaften in Betrieben, die unter einheitlicher Leitung stehen. Sie sieht den Betrieb als wirtschaftliches Gebilde und untersucht seine ökonomischen Gesetzmäßigkeiten. Darin befaßt sie sich auch mit dem Faktor Arbeit, der Arbeitsleistung und dem Arbeitsentgelt.

Rudolf Seyffert unterschied drei Betriebsfaktoren: Menschen, die die Betriebe betreiben, Waren oder Dienstleistungen, um deren Willen sie tätig sind, Arbeit, die das Betreiben selbst ausmacht [201, S. 6 ff.]. Dementsprechend bildet die Lehre von den Subjekten der Betriebe das Gebiet der betriebswirtschaftlichen Personallehre. „Die Bedeutung des Menschen als Betriebssubjekt spiegelt sich in allen Problemen der Personalwirtschaft wider, die sich ohne Ausnahme als von den Betrieben zu lösende Aufgaben der Betriebsführung darstellen“ [202, S. 14]. In den zu Anfang dieses Jahrhunderts anzutreffenden Entwürfen von Systemen der Betriebswirtschaftslehre war der Betriebsfaktor Arbeit ein wichtiger Abschnitt. Es sei z. B. hierzu hingewiesen auf *Heinrich Nicklisch*, der sich eingehend mit der Organisation der Arbeit befaßte. In den 20er Jahren spielten Teilfragen der menschlichen Arbeit im Hinblick auf die für die damalige Zeit wichtige Phase verstärkter Rationalisierung in der Wirtschaft eine Rolle.

Das Personalwesen hat dort einen besonderen Platz, wo von der funktionellen Sicht ausgegangen wird. Als *Schmalenbach* nach 1945 eine Gliederung der Betriebswirtschaftslehre nach Funktionskreisen vorschlug, war einer davon das betriebliche Personalwesen [194]. In der ihm eigenen offenen Art stellt er allerdings fest, daß die betriebliche Personalwirtschaft in der Vergangenheit stiefmütterlich behandelt wurde. Über die Periode des Nationalsozialismus von 1933 bis 1945, in der die menschliche Arbeit im Betriebe unter staatsideologischen Aspekten gesehen wurde, schrieb er, daß sie wie in vielen anderen Belangen auch hinsichtlich der fachwissenschaftlichen Behandlung des Personalwesens hemmend gewirkt habe. „Denn es mußte ernsthafte Wissenschaftler abschrecken, daß dieser wichtige Gegenstand in der von den Nationalsozialisten beliebten Art aufgegriffen wurde, indem sie im Werden begriffene Bestrebungen als die ihrigen erklärten und sie mit theatralischem Pomp propagierten“ [194, S. 4].

In seinem Buch über die Produktion, das in erster Auflage 1951 erschien, heißt es bei *Gutenberg*, daß es bei aller betrieblichen Betätigung darum gehe, die drei Elementarfaktoren Arbeitsleistung, Betriebsmittel und Werkstoff durch Kombination zu einer Leistung zusammenzufassen. In dem Abschnitt über die Arbeitsleistung befaßt er sich ausführlich mit ihren subjektiven und objektiven Bedingungen wie auch mit der Regelung des Arbeitsentgelts. *Konrad Mellerowicz*, der zu den betrieblichen Funktionen auch die betrieblichen sozialen Funktionen rechnet, unterscheidet sie nach zwischenmenschlichen Beziehungen und Beziehungen zwischen Mensch, Arbeit und Betrieb [139, S. 7]. Zu den älteren Vertretern der Betriebswirtschaftslehre gehört ferner *Karl Hax*, der sich vielfach mit dem Problem des arbeitenden Menschen im Betriebe und speziell der Mitbestimmung auseinandergesetzt hat [88]. *Wilhelm Hasenack* gehört zu denen, die versuchten, die Lehre von dem durch Menschen und für Menschen geführten Betrieb auch einmal als anthropologische Wissenschaft aufzufassen. Darunter will er eine Betriebslehre verstanden wissen, die den Menschen bezüglich seines Wirtschaftens in das Zentrum der wissenschaftlichen Betrachtungen stellt [83, S. 2].

Inzwischen ist in der betriebswirtschaftlichen Lehre und Forschung die Forderung *Schmalenbachs*, daß dem Personalwesen unter den speziellen Betriebswirtschaftslehren ein Platz einzuräumen sei, wohl noch nicht in dem gewünschten Maße in Erfüllung gegangen, aber die Zahl der Vorlesungen über das Personalwesen durch betriebswirtschaftliche Hochschullehrer ist doch in einem höchst erfreulichen Maße gestiegen, inzwischen auch begleitet von einer ebenfalls ständig steigenden Zahl einschlägiger fachwissenschaftlicher Veröffentlichungen. Ebenso sind einige spezielle Lehrstühle eingerichtet worden.

1.5.2 *Wissenschaftliche Betriebsführung*

Parallel zur Entwicklung des Personalwesens in der Betriebswirtschaftslehre waren ihre Probleme gleichzeitig auch Gegenstand der Industriebetriebslehre, wie sie in den Ingenieurwissenschaften gesehen wurde. In den ersten Jahrzehnten unseres Jahrhunderts war die Betriebswirtschaftslehre nach der Phase, erste geschlossene Systeme zu entwickeln, unter dem Einfluß der Inflationserfahrungen nach dem ersten Weltkrieg und der

Notwendigkeit der Ausgestaltung des innerbetrieblichen Rechnungswesens weitgehend von den hiermit gegebenen Problemen beherrscht, so daß *Erich Schäfer* geradezu von einer *Schmalenbach*-Periode spricht, weil vor allem dessen Arbeiten auf den Gebieten Bilanz, Kontenrahmen und Selbstkostenrechnung, Finanzierung und Bewertung für diese Jahre charakteristisch waren.

Karl-Wilhelm Hennig konnte deshalb mit Recht für diese Zeit feststellen, daß sich die Betriebswirte vorwiegend den Fragen des Rechnungswesens und der Finanzierung sowie dem Einkauf und Verkauf widmeten, die Ingenieure den Fragen der Fertigung sowie des Zusammenwirkens mit den Mitarbeitern, insbesondere des Lohnwesens. „Man unterschied daher ohne scharfe Trennung eine Betriebswirtschaftslehre der Industrie und eine Betriebswissenschaft“ [92, S. 1025]. Letztere Bezeichnung war mehr oder weniger die Übersetzung aus dem Englischen, wo dieses Fach als Scientific-Management bezeichnet wurde. Als ihr Begründer und wichtigster Vertreter gilt *Frederick Winslow Taylor* (1856—1915). Ziel der wissenschaftlichen Betriebsführung war es, durch technische Verbesserung des Fertigungsablaufs, durch genaueste Zeitausnutzung aufgrund von Zeit- und Bewegungsstudien, durch sorgfältig entwickelte Lohnsysteme und durch eine funktionelle Organisation des Betriebes einen optimalen Wirkungsgrad zu erzielen. In Deutschland wurde diese Entwicklung gefördert durch Einrichtung von Lehrstühlen für Betriebswissenschaften an den Technischen Hochschulen; der erste wurde an der TH Berlin unter *Georg Schlesinger* 1904 begründet. Es folgte Aachen unter *Adolf Wallichs*, der das *Taylor*'sche Buch: „Shop Management“ unter dem Titel „Die Betriebsleitung“ ins Deutsche übersetzt und bearbeitet hatte. Weitere Lehrstühle für Betriebswissenschaften folgten in Hannover, Danzig u. a. [228, S. 16, 183, Teil I, S. 20]. Es war die gleiche Zeit, in der an den volkswirtschaftlichen Lehrstühlen der Universitäten solche für Privatwirtschaftslehre oder Betriebswirtschaftslehre angegliedert und Handelshochschulen gegründet wurden.

Die nach dem ersten Weltkrieg entstandenen Lehrstühle für Betriebswissenschaften an den Technischen Hochschulen hatten sich im besonderen Maße der wissenschaftlich begründeten Gestaltung der menschlichen Arbeit angenommen. Seit 1933 hatten sich ihre Bezeichnungen meist geändert, und ihr Arbeitsgebiet verlagerte sich mehr auf die technischen Probleme der industriellen Fertigung. Nach *Hermann Böhrs* hat nur die Eidgenössische Technische Hochschule in Zürich (ETH) den vor etwa 35 Jahren gegründeten Lehrstuhl für Betriebswissenschaft bis in die Gegenwart weiter ausgebaut [20, S. 75]. Es kann allerdings festgestellt werden, daß sich in den letzten zehn Jahren insofern einiges an den bundesdeutschen Technischen Hochschulen geändert hat, als die Zahl der arbeitswissenschaftlich orientierten Lehrstühle und Forschungseinrichtungen ständig gestiegen ist. Das gilt ebenso für einzelne Ingenieurschulen und neugegründete Fachhochschulen [221].

1.5.3 *Betriebssoziologie*

Gegenstand der Betriebswirtschaftslehre und der wissenschaftlichen Betriebsführung waren nicht nur die ökonomischen und technischen Probleme der Arbeit, sondern auch die Organisation von Abläufen und Betriebsstrukturen. Charakteristisch dafür war, daß die Betriebswirtschaftslehre sich fast ausschließlich mit der formellen Organisation befaßte. Der Mensch wurde ebenso logisch und rational organisierbar angesehen wie der technische Arbeitsprozeß. „Die zum Verständnis der Vorgänge innerhalb von Organisationen so wichtigen Organisationsphänomene, wie etwa informelle Gruppenbildung, Motivation der Organisationsteilnehmer, Konfliktsituationen, Entscheidungsprozesse, Informationsbeziehungen werden völlig vernachlässigt oder in ihrer Bedeutung unterschätzt“ [206, S. 23].

Erste Ansätze von Untersuchungen, die über die formelle Betrachtung organisatorischer Zusammenhänge hinausgingen, waren in Deutschland die bereits erwähnten Arbeiten in der Nationalökonomie und Sozialpolitik.

Die Konzeption einer dem Gegenstand nach sozialen, dem methodischen Ansatz nach wissenschaftlichen Erforschung der Industrie ist das Verdienst *Max Webers* (1864—1920). Eine wichtige Untersuchung war die Erhebung des Vereins für Sozialpolitik über Auslese und Anpassung (Berufswahlen und Berufsschicksal der Arbeiterschaft der geschlossenen Großindustrie), die zuerst 1907 unterbreitet wurde [34, S. 30]. Eine andere Untersuchung, die eine neue Entwicklung auslöste, war die Untersuchungsreihe in den *Hawthorne*-Werken der *Western Electric Company* in Chicago. Sie begann 1924 mit einem Experiment zum Studium der Einwirkung von Beleuchtungsart und -stärke auf die Arbeitsleistung der Arbeiter. Die Ergebnisse waren dabei so überraschend und für die Beteiligten zunächst unverständlich, daß bald der Psychologe und Nationalökonom *Elton Mayo* und einige seiner Kollegen von der *Harvard*-Universität beauftragt wurden, die Arbeiten fortzuführen.

Die Untersuchungen, die zunächst mit der Ermittlung und quantitativen Bestimmung des Einflusses äußerlicher Arbeitsbedingungen begonnen hatten, endeten mit der Entdeckung „eines neuen Faktors der psychischen und vor allem der sozialen Begleitphänomene der industriellen Arbeit“ [34, S. 39]. Die Ergebnisse führten praktisch in den Bereich der Soziologie, aber auch in die Grenzbereiche der Sozialpsychologie. In den USA entwickelte sich danach die human-relations-Bewegung.

Die vielfach unkritische und voreilige praktische Anwendung dieser Erkenntnisse hat berechtigte Kritik ausgelöst, die ihrerseits allerdings auch manchmal über das Ziel hinausgeschossen ist. Nach *Dahrendorf* läßt sich schwerlich leugnen, „daß die durch und gegen *Mayo* und seine Mitarbeiter vermittelten Einsichten unser Wissen um die soziale Realität der Industrie, unseren methodischen Apparat und unsere Fragestellungen um mehr als irgendein anderes Werk bereichert haben“ [34, S. 45].

In Deutschland wurden die damaligen Arbeiten in der Betriebssoziologie durch den Nationalsozialismus unterbrochen und recht einseitig weiterentwickelt. Seine „betriebliche Menschenführung“ war eine Aufgabe des „Betriebsführers“ und als solche eng mit der „nationalsozialistischen Arbeitsidee“ verbunden. In dem einschlägigen Schrifttum in den Jahren der nationalsozialistischen Herrschaft war viel von der engen Verflechtung der betrieblichen Menschenführung mit der gesamten Wirtschafts- und Gesellschaftspolitik die Rede. Da damals die Haltung des deutschen Menschen durch den „kämpferischen Einsatz“ gekennzeichnet sein sollte, mußte dementsprechend auch die betriebliche Menschenführung die kämpferische Eigenart des Deutschen berücksichtigen. Diese wenigen Kostproben aus dem damaligen Sprachschatz verdeutlichen, wie sehr sich diese Betrachtungsweise von den Untersuchungen über die fachwissenschaftlichen Untersuchungen in der Betriebssoziologie unterscheidet.

Nach dem zweiten Weltkrieg hatte Deutschland Gelegenheit, sich mit den Ergebnissen der amerikanischen Arbeiten über die human relations zu befassen. Zahlreich waren die Bücher und Aufsätze über „public relations“, „industrial relations“ oder „personnel management“ in den angelsächsischen Ländern. Inzwischen hat die Betriebssoziologie, die wegen ihres bevorzugten Untersuchungsobjektes — des Industriebetriebs — auch als Industriesoziologie bezeichnet wird, in Theorie und Praxis ihren festen Standort erhalten. Erkenntnisobjekt ist der Betrieb als soziales Gebilde. Die wirtschaftlichen, technischen und rechtlichen Aspekte sind für den Soziologen „Daten“. In einer solchen Sicht interessiert den Soziologen der Betrieb im Hinblick auf seine innere Struktur, das lebendige Gefüge von den im Betrieb tätigen Menschen, die in den verschiedenen gegenseitigen Beziehungen zueinander stehen. *Dahrendorf* unterscheidet dabei zwei komplementäre Aspekte: Betrieb als reibungslos funktionierendes Sozialsystem und als konfliktträchtigen Herrschafts- oder Zweckverband. Unter dem ersten Aspekt werden alle Elemente der Betriebsstruktur in ihren Auswirkungen auf die Integration des Ganzen, auf das gleichgewichtige Funktionieren des Betriebes geprüft. Dazu gehören z. B. die mit der Funktionalisierung gegebenen Formen der Arbeitsteilung und Kooperation, der Über- und Unterordnung sowie die verschiedenen Elemente der informellen Organisation.

Der zweite Aspekt geht von der Erkenntnis aus, daß die mit der formellen Organisation mehr oder weniger bewußt unterstellte Annahme der Konfliktlosigkeit der Wirklichkeit nicht entspricht. Die allgemeinste Quelle dieser Konflikte ist die unvermeidliche Herrschaftsstruktur der Unternehmung, wie sie sich z. B. in den Vorstellungen des „oben“ und „unten“ niederschlägt. So richtig diese wissenschaftliche Analyse ist, zeigt die Praxis ein vielschichtiges Bild der zwischenmenschlichen Beziehungen im Betrieb, was *Dahrendorf* bestätigt, wenn er schreibt, daß die Konfliktträchtigkeit ein Aspekt des Betriebes ist, „und diejenigen, die in ihm nur den Zwangsverband sehen, irren daher ebenso wie die, die den Betrieb ausschließlich als integriertes Sozialsystem betrachten. Beides, Integration und Zwang, Stabilität und Wandel, Kooperation und Konflikt, durchzieht neben- und miteinander alle Strukturen des Betriebes“ [33, S. 46].

Neben dem spezifisch soziologischen Ansatz zur Erforschung der Strukturen sozialer Rollen und des Verhaltens der Menschen aufgrund der ihnen zugeordneten Rollen befaßt sich die Betriebssoziologie mit den Problemen, die sich aus den Mensch-Maschine-Beziehungen ergeben. Die Untersuchungen beziehen sich auf die Situation des Industrie-Arbeiters („objektive Faktoren“) und seine Einstellung zur Industrie-Arbeit („subjektive Faktoren“). Sie haben den Zweck, die Auswirkungen bestimmter technischer Anlagen auf die Zusammenarbeit der daran tätigen Arbeiter zu analysieren. Es konnten zwei typische Formen der Kooperation an der technischen Anlage herausgearbeitet werden. Es sind dies der Typ der teamartigen Kooperation und der Typ der gefügeartigen Kooperation. Bei der gefügeartigen Kooperation hat jeder Arbeiter z. B. an einer Blockwalzstraße, die hochgradig mechanisiert ist, feste Arbeitsvorgänge zu erledigen. Jeder hat spezielle voneinander verschiedene Verrichtungen durchzuführen. Die gegenseitige Abhängigkeit ist sehr eng. Die Kooperation wird gewissermaßen von der Anlage gesteuert. Demgegenüber steht die teamartige Kooperation, bei der die z. B. bei der Beschickung eines Hochofens mit Erz beschäftigten Arbeiter einen größeren Dispositionsspielraum hinsichtlich der Durchführung ihrer Tätigkeit haben. Das, was der einzelne leisten muß, wird keineswegs durch die technische Anlage bestimmt, sondern durch die von den Beteiligten mehr oder weniger abgestimmte Einzelleistung [187, S. 77 ff.]. Bei den Untersuchungen über die Einstellung der Arbeiter zu ihrer industriellen Tätigkeit spielt die These vom Entfremdungscharakter eine Rolle, ebenso das Für und Wider zum Problem der Arbeitszufriedenheit [33, S. 80].

Abschließend sei auf den Beitrag der Betriebssoziologie zum Problem der Betriebsverfassung hingewiesen. *Neuloh* setzt sich hiermit ausführlich auseinander [152]. Die älteren Arbeiten gingen verständlicherweise noch nicht von dem aus, was heute in der Gesetzgebung der Bundesrepublik darüber verlautbart worden ist. Sie erforschen aber den Hintergrund und geben ein soziales Geschichtsbild, wodurch manche Entwicklungen der Gegenwart besser verständlich werden. Dazu gehören die schon erwähnten Arbeiten des Vereins für Sozialpolitik um die Jahrhundertwende. Neben L. H. *Adolf Geck* sind als Verfasser älterer Schriften noch *Ernst Michel* und *Goetz Briefs* zu nennen [142] [26]. Nach 1945 sind mehrere Veröffentlichungen erschienen, die sich teilweise aufgrund empirischer Untersuchungen mit den Problemen der betrieblichen Sozialordnung im Zeichen konkreter Formen der Mitbestimmung auseinandersetzen. *Neuloh* geht in einer weiteren Schrift besonders ausführlich darauf ein [154] vgl. auch [42].

1.5.4 *Sozialpsychologie und Betrieb*

Die soziologischen Untersuchungen berühren eines der wichtigsten Grenzgebiete ihres Faches, die Sozialpsychologie [91]. Es ist die wissenschaftliche Disziplin, die sich mit den seelischen Prozessen nicht im einzelnen Menschen auseinandersetzt, sondern mit den psychologischen Vorgängen aus den zwischenmenschlichen Beziehungen, z. B. aus den Reaktionen im Verhältnis zwischen Vorgesetzten und Mitarbeitern. Die Ergebnisse der entsprechenden Forschungen haben viele herkömmliche Urteile über das Führenkönnen und die Eigenschaften des Vorgesetzten revidiert.

Nach dem zweiten Weltkriege sind in den USA umfangreiche Untersuchungen über Führungsmethoden durchgeführt worden. Ihre Ergebnisse sind in der Schrift des Amerikaners *Rensis Likert* zusammengefaßt, deren deutsche Übersetzung 1972 erschienen ist [126]. Ausgangspunkt sind die an anderer Stelle bereits erwähnten strukturellen Veränderungen, die in der amerikanischen Gesellschaft ebenso vorgehen, wie in allen anderen hochindustrialisierten Staaten. „Vorgesetzte aller Stufen machen die Erfahrung, daß ihre Untergebenen Druck und straffe Aufsicht nicht mehr hinnehmen, wie dies noch vor zehn oder zwanzig Jahren der Fall war. Die Entwicklung in den Familien, in den Schulen und im Gemeinwesen geht dahin, dem einzelnen mehr Freiheit und seiner Initiative mehr Spielraum zu gewähren. In der Schule und von den Eltern werden weniger direkte Befehle ohne irgendwelche Erklärung erteilt, und die Jungen reden bei den sie betreffenden Angelegenheiten immer stärker mit. Dieser grundlegende Wandel in der amerikanischen Gesellschaft führt auch bei den Mitarbeitern der Unternehmungen zu ganz bestimmten Erwartungen über ihre Behandlung. Diese Erwartungen beeinflussen ihre Einstellung gegenüber der Unternehmung sehr stark, denn sie ist unmittelbar davon abhängig, wie weit die Wirklichkeit mit den Erwartungen übereinstimmt" [126]. Die sozialpsychologischen Untersuchungen brachten Erkenntnisse, wonach die Gruppenarbeit und die Teilhabe an der Entscheidung zu optimaleren Formen der Arbeitsgestaltung und der Personalführung führen. Ein solcher partizipativer Führungsstil könnte Bindeglied zwischen individuellen Bedürfnissen und Organisationszielen sein [134, S. 26].

Ein anderes Forschungsthema aus dem Grenzgebiet zwischen Soziologie und Psychologie ist das „Betriebsklima". Nach *Heinz Kluth* meint man damit „jenen atmosphärischen Bereich von Stimmungen und unformulierten Einstellungen, die das Verhalten der Betriebsangehörigen beeinflussen, ihre Bereitschaft, den integrativen Zielen der Betriebsführung zu folgen, begrenzen, ohne daß jemand wirklich in der Lage wäre, im einzelnen darzulegen, was das Betriebsklima ist" [106, S. 97].

1.5.5 *Arbeitswissenschaft, Ergonomie, Arbeitsstudium*

Mit der Bestimmung des § 90 BetrVG aus dem Jahre 1972, wonach Arbeitgeber und Betriebsrat bei ihren Aufgaben arbeitswissenschaftliche Erkenntnisse über die menschengerechte Gestaltung der Arbeit zu berücksichtigen haben, wird ein wissenschaftlicher Bereich angesprochen, der lange Zeit ein Stiefkind der Wissenschaft und Praxis gewesen ist. Die Stellung in der Wissenschaft ist nicht zuletzt darauf zurückzuführen, daß bis in die Gegenwart hinein nicht unbestritten ist, ob es sich bei der Arbeitswissenschaft nicht nur um eine Zusammenfassung mehrerer Disziplinen zu einem interdisziplinären Wissensgebiet handelt und deshalb besser der Begriff im Plural als Arbeitswissenschaften verwendet wird. Einen ersten Versuch, zu einer umfassenden und einheitlichen Konzeption von einer Arbeitswissenschaft zu kommen, stellt das von *Fritz Giese* 1930 herausgebrachte „Handwörterbuch der Arbeitswissenschaft" dar mit der Grundgliederung: Biologie, Technologie und Kulturlehre der Arbeit [64].

Anfang 1973 hat die *Gesellschaft für Arbeitswissenschaft* zusammen mit dem *Rationalisierungs-Kuratorium der Deutschen Wirtschaft* eine Denkschrift über Begriff, Ziele und Aufgaben der Arbeitswissenschaft herausgebracht, in der sie definiert wird als „die Analyse und Gestaltung von Arbeitssystemen und Arbeitsmitteln, wobei der arbeitende Mensch in seinen individuellen und sozialen Beziehungen zu den übrigen Elementen des Arbeitssystems Ausgang und Ziel der Betrachtung ist." Gestaltung der Arbeit nach arbeitswissenschaftlichen Erkenntnissen umfaßt damit alle Maßnahmen, durch die das System Mensch und Arbeit menschengerecht, d. h. gemessen am Maßstab Mensch und seinen Eigengesetzen, beeinflußt werden kann. Als gesichert sind diejenigen arbeitswissenschaftlichen Erkenntnisse anzusehen, die von den Fachleuten des jeweiligen arbeitswissenschaftlichen Bereiches anerkannt sind.

In neuerer Zeit wird neben dem Begriff Arbeitswissenschaften der Ausdruck Ergonomie verwendet. Er ist der englischen Bezeichnung „ergonomics" angelehnt. Wie bei uns ist in Großbritannien die Bedeutung der Ergonomie mit der Entwicklung der Industrie gewachsen, für die das Mensch-Maschine-System charakteristisch ist. Nach *REFA* beruht die Ergonomie auf der Erforschung der Eigenarten und Fähigkeiten des menschlichen Organismus und schafft dadurch die Voraussetzung für eine Anpassung der Arbeit an den Menschen sowie umgekehrt des Menschen an die Arbeit. Dabei wird unter Arbeit die Summe von Energie und Information verstanden, die bei der Erfüllung von Arbeitsaufgaben durch den Menschen umgesetzt bzw. verarbeitet wird, z. B. Steuerung von Körperbewegungen bei Präzisionsarbeiten, Prüfen, Büroarbeit. Die Definition umfaßt somit nicht nur die Bewegungsarbeit, sondern auch die statische Arbeit, bei der keine Wege zurückgelegt werden, und vor allem auch das große Gebiet der geistigen Arbeit, wie z. B. Denkvorgänge, aufmerksames Beobachten usw. [183, Teil 1, S. 14 ff.].

Das neue *REFA*-Buch unterscheidet zwischen der Ergonomie als der Lehre von der menschlichen Arbeit und dem Arbeitsstudium als der Anwendung von Methoden und Erfahrungen zur Untersuchung und Gestaltung von Arbeitssystemen mit dem Ziel, unter Beachtung der Leistungsfähigkeit und der Bedürfnisse des arbeitenden Menschen die Wirtschaftlichkeit des Betriebes zu verbessern [183, Teil 1]. Das Arbeitsstudium ist ein interdisziplinäres Wissensgebiet, in dem Erkenntnisse verschiedener Fachbereiche verarbeitet sind. Dazu gehören die Erkenntnisse der Arbeitswissenschaft, im besonderen der Ergonomie, der Betriebswirtschaftslehre, hier im besonderen der Kostenrechnung, der Statistik, der Sozial- und Rechtswissenschaften. Darüber hinaus benötigt speziell der Arbeitsstudienmann die Kenntnis spezieller Methoden zur Untersuchung (Analyse) von Arbeitsabläufen und deren Begleitumstände sowie zur Gestaltung (Synthese) von Arbeitssystemen [183, Teil 1, S. 11].

Die Abgrenzung der Teildisziplinen aus dem Bereich der Arbeitswissenschaften, der Ergonomie und dem Arbeitsstudium, ist schwierig; sie hängt einmal vom Umfang und von der Intensität der Untersuchungen zur menschlichen Arbeit im Betriebe in den einzelnen Wissenschaften ab und nicht zuletzt von ihrem Selbstverständnis. Wir beschränken uns daher nachstehend bewußt auf den Kern der arbeitswissenschaftlichen Disziplinen, wie er sich historisch als angewandte Wissenschaften herausgebildet hat.

1.5.5.1 *Arbeitstechnologie*

Ohne eine exakte Darstellung des geschichtlichen Ablaufs zu geben, kann gesagt werden, daß einer der ersten speziellen Zweige der Arbeitswissenschaften die Arbeitstechnologie gewesen ist. Ausgangspunkt sind die Arbeiten *Taylors* und seiner Zeitgenossen *Frank Bunker Gilbreth, Henry Lawrence Gantt* und anderer. In Deutschland ist neben den früher schon genannten Namen *Wallichs* und *Schlesinger* als weiterer Vertreter aus der damaligen Zeit noch *Kurt Hegner* zu nennen, der langjährige Vorsitzende des alten *REFA* und Begründer des *REFA*-Ausbildungswesens.

Die Summe der Verfahren, die die Erkenntnisse der Arbeitstechnologie verwenden, wird als Arbeitstechnik bezeichnet. Arbeitstechnologie kann dann Lehre von den Arbeitstechniken genannt werden. Wie viele Begriffe ähnlicher Art lassen sie sich in einem engeren und weiteren Sinne interpretieren. Hier sei Arbeitstechnologie in einem engeren Sinne definiert. Man könnte auch sagen, daß von den ersten Phasen der Arbeitstechnologie ausgegangen wird, die gekennzeichnet waren durch die Methoden der

— Zeitstudien,
— Bewegungsstudien,
— Arbeitsplatzstudien,
— Arbeitsmittel- oder Betriebsmittelstudien.

Im Laufe der Jahrzehnte wurden diese Studien erweitert und angereichert bis zu dem, was heute *REFA* als Arbeitsstudium versteht. Seine Schwerpunkte sind: Datenermittlung, Arbeitsgestaltung, Arbeitsbewertung und Leistungsbewertung, Arbeitsunterweisung. Unter Daten im Arbeitsstudium werden meist verstanden: Zeiten für Ablaufabschnitte, Einflußgrößen, von denen die Zeiten für Ablaufabschnitte abhängen, Bezugsmengen, auf die sich die Zeit bezieht, und Daten der Arbeitsbedingungen. Als Arbeitsgestaltung wird das Schaffen eines aufgabengerechten, optimalen Zusammenwirkens von arbeitenden Menschen, Betriebsmitteln und Arbeitsgegenständen durch zweckmäßige Organisation von Arbeitssystemen verstanden.

Die kurze Fassung unserer Ausführungen über die Arbeitstechnologie darf nicht darüber hinwegtäuschen, daß gerade dieser Bereich für die praktische Arbeit im Personalwesen sehr wichtig ist. Das gilt vornehmlich für die Industrie. Neben der Landwirtschaft, und hier insbesondere in der Forstwirtschaft, gewinnt die Arbeitstechnologie im Sinne der modernen Entwicklung mehr und mehr auch an Bedeutung für den Dienstleistungsbereich in der Wirtschaft.

1.5.5.2 *Arbeitspsychologie*

Die Psychologie, deren Aufgabe allgemein darin besteht, die seelischen Vorgänge, die sich in den Ausdrucksformen der Lebewesen widerspiegeln, zu beobachten und zu erklären, befaßte sich erst Ende vorigen Jahrhunderts mit den Tatbeständen in der Wirtschaft und in den Betrieben. Ausgangspunkt waren die Bemühungen der experimentellen Psychologie, die Eignung von Bewerbern für einen bestimmten Arbeitsplatz zu ermitteln. Bahnbrechend war der Deutsch-Amerikaner *Hugo Münsterberg* (1863—1916) [152]. Dazu muß man wissen, daß es damals in Deutschland noch darauf ankam, um die Ausdehnung der wissenschaftlichen Forschung auf Probleme der Betriebe zu kämpfen [228, S. 14].

Historisch gesehen hat die Arbeits- oder Betriebspsychologie ihre Bedeutung durch die Untersuchungen zur Berufseignung erlangt. Sie beruht auf den Erkenntnissen der Psychotechnik und der Charakterkunde. Grundgedanke ist, den Anpassungsprozeß von Mensch und Arbeit vom Menschen her zu sehen. Bei der Vielzahl der Berufe und unterschiedlichen Arbeitsplätze ist eine optimale Zuordnung von Mensch und Arbeit dadurch möglich, daß man

— sorgfältig die Anforderungen der einzelnen Berufe und Arbeitsplätze analysiert,
— durch psychologische Untersuchungen die geeigneten Anwärter herausfindet,
— durch zweckmäßige Ausbildung den einzelnen für seine jeweiligen Berufsanforderungen vorbereitet.

Die Eignungsuntersuchungen haben sich im Laufe der Jahrzehnte grundsätzlich gewandelt. „Aus dem ersten Stadium, das durch zahllose einzelne — oft geniale — Pionierleistungen gekennzeichnet ist, hat sich mehr und mehr ein einheitliches System festgefügter wissenschaftlicher Methoden entwickelt. Der weitere Fortschritt liegt nicht mehr so sehr darin, daß noch weitere neue, einzelne Untersuchungsmethoden und Testverfahren gefunden werden, als vielmehr darin, die bestehenden Testverfahren auf ihren spezifischen diagnostischen Wert hin zu überprüfen, die Vielfalt der Tests zu koordinieren und in Zusammenarbeit vieler Institute die Klärung grundsätzlicher Probleme in Angriff zu nehmen" [25, S. 64 f.]. Ein wie auch immer gearteter Eignungstest kann nie den ganzen Menschen erfassen. Deshalb wird heute versucht, mit Hilfe der psychologischen Untersuchung ein Bild von der Gesamtpersönlichkeit des arbeitenden Menschen und den geistig-seelischen Anforderungen, die der einzelne Beruf an ihn stellt, zu gewinnen. Diese Erkenntnisse haben nicht nur Auswirkungen auf die betriebliche Eignungsprüfung, sondern ebenso auf die Berufsberatung und Berufsausbildung, wofür die nach psychologischen Gesichtspunkten besten Anlernmethoden gesucht werden.

Die wissenschaftlichen Forschungen in der Psychologie konzentrieren sich in der Gegenwart auf die Persönlichkeit des Menschen. Das Interesse daran ist größer denn je, vor allem in den Vereinigten Staaten. Allerdings muß bedacht werden, daß es eine Psychologie als Gesamtwissenschaft streng genommen nicht gibt, sondern lediglich eine große Zahl von Teilgebieten, die von der Psychologie erarbeitet werden. Für die Betriebe ist besonders von Bedeutung die Psychologie der Motivation, die im Schnittpunkt zwischen allgemeiner Psychologie und Psychologie der Persönlichkeit steht. Die allgemeine Psychologie befaßt sich z. B. mit den Antriebserlebnissen und Gefühlsregungen, die in der Spanne der menschlichen Leistungsantriebe liegen [125]. In der angelsächsischen Welt hat die von *A. H. Maslow* entwickelte Motivationstheorie eine große Bedeutung erlangt [133, S. 31]. Den Versuch, die bedeutendsten Ergebnisse der Motivationsforschung zusammenzufassen und gleichzeitig ihre praktischen Schlußfolgerungen aufzuzeigen, macht *Saul W. Gellermann* [62].

Das zweite Hauptgebiet der modernen Arbeits- oder Betriebspsychologie umfaßt die Untersuchungen darüber, inwieweit unter Berücksichtigung psychologischer Erkenntnisse die Arbeitsbedingungen so gestaltet werden können, daß sie zu einer optimalen Anpassung an den Menschen führen. Hier bemüht sich die angewandte Psychologie besonders um die Probleme der im Menschen liegenden Arbeitshemmungen und um die Ursachen der geistigen Ermüdung, die nicht als eine Funktion der objektiv geleisteten Arbeit, sondern vielmehr als eine Funktion der jeweiligen seelischen Verfassung angesehen werden muß, in der die Arbeit durchgeführt wird [25, S. 34]. Es wird zwischen der Antriebsermüdung, die in nahem Zusammenhang mit Monotonie und Übersättigung zu stehen scheint, und der Überanstrengung unterschieden, die oft auf dem Boden einer Antriebsermüdung wächst, indem versucht wird, durch krampfhaften Willenseinsatz die erlahmenden Antriebskräfte zu ersetzen. Übermüdung entsteht bei Überlebendigkeit der Antriebe und lang andauernder Nichtbeachtung bzw. Übertönung der natürlichen Übermüdung durch Reizmittel. Sie führt zur Übererregbarkeit der körperlichen und seelischen Funktion. Für die Betriebspsychologie ist die Erkenntnis dieser Zusammenhänge wichtig im Hinblick auf die Therapie. Sie darf bei der Ermüdung nicht einfach nur in einem Ausruhen und in einer Erholung bestehen, sie muß vielmehr auch mit einer Anleitung zu einer richtigen Lebensgestaltung einhergehen. Dazu gehören unter Umständen Abwechslung in der Arbeit ebenso wie die sinnvolle Freizeitbeschäftigung.

Ein spezieller Zweig arbeitspsychologischer Untersuchungen in engster Verbindung mit der Arbeitsphysiologie ist die Unfallverhütung. Aus zahlreichen Analysen von Unfällen hat sich herausgestellt, daß ein großer Teil ihrer Ursachen psychologisch bedingt ist. Vorhandene Vorschriften werden vielfach nicht genügend beachtet. Jedenfalls haben inzwischen vielfältige Unfallforschungen zu Ergebnissen geführt, die für die Praxis der Unfallverhütung von großem Nutzen sind [153]. Zur allgemeinen Information über den Stand der Unfallverhütung und das Unfallgeschehen in der Bundesrepublik sind die Berichte der Bundesregierung gutes Material. Gemäß § 722 der Reichsversicherungsordnung hat die Bundesregierung dem Bundestag alljährlich einen entsprechenden Bericht vorzulegen. Er soll einen Überblick über die Entwicklung der Arbeitsunfälle, die durch sie verursachten Kosten und die Maßnahmen zu ihrer Verhütung geben.

1.5.5.3 *Arbeitsphysiologie*

Unter der Physiologie im allgemeinen wird die Wissenschaft verstanden, die sich mit der natürlichen Funktion der Lebewesen und ihrer Organe beschäftigt. Die Arbeitsphysiologie befaßt sich im besonderen mit den Körperfunktionen bei der menschlichen Arbeit im Betrieb, speziell mit dem Problem der Muskelermüdung. Die Arbeitsphysiologie lehrt uns, daß der Mensch nicht arbeiten kann und zur gleichen Zeit die notwendige Energie entwickelt, die er mit der Arbeitsleistung verbraucht.

Hier ist ein zeitlich geregeltes Nacheinander erforderlich, weil beim Arbeitsprozeß Energiesubstanzen abgebaut werden, die in einer nachfolgenden Phase — Erholungsphase — wieder aufgefüllt werden müssen. Arbeit ist arbeitsphysiologisch somit eine Belastung, wobei zwischen der Arbeitsbelastung vorwiegend muskelmäßiger Art und der Arbeitsbelastung durch geistige Beanspruchung unterschieden wird. Im Rahmen der Arbeitsphysiologie sind eine Reihe von Methoden zur Messung des Kraftverbrauchs bzw. des eingetretenen Ermüdungszustandes entwickelt worden. Schlußfolgerungen daraus erstrecken sich auf die richtige Ernährung und die zweckmäßige Gestaltung von Arbeitszeiten.

Nicht nur die körperliche Arbeit, sondern auch die geistige Tätigkeit ermüdet den Menschen. Dabei ist bemerkenswert, daß eine starke Ermüdung des zentralen Nervensystems sich nicht in einem Bedürfnis nach Ruhe bemerkbar macht, sondern eine weitere Erregung verursacht. *Otto Graf* nennt typische Arbeitsvorgänge, die insbesondere zu nervösen Belastungen führen. Dazu gehören unter anderem Arbeiten unter regelmäßig auftretendem überdurchschnittlichen Zeitdruck (z. B. im Bereich des Nachrichtendienstes und der Tagespresse, des Verkehrswesens), Arbeiten mit hoher dauernder Verantwortung und Eingriffsbereitschaft (z. B. Überwachung von komplizierten Arbeitsabläufen, Verkehrsberufe unter erschwerenden Bedingungen wie Flugsicherung, Wetterdienst), Mehrschichtarbeit, besonders Nachtarbeit mit jeweils mehreren aufeinanderfolgenden Schichten oder Dauernachtarbeit, Arbeiten unter dauernder hoher Lärmbelastung. Wenn nervöse Belastungen und dadurch entstehende Störungen vermieden werden sollen, bedarf es entsprechender Regelungen der Arbeitszeiten und der Arbeitspausen; die Arbeitsvorgänge dürfen durch Rationalisierung nicht zu sehr verdichtet werden.

Zur Beurteilung der täglichen Leistungsbereitschaft gibt die von Arbeitsphysiologen aufgrund zahlreicher Untersuchungen entwickelte Leistungskurve (Abb. 1) gute Hinweise. Sie zeigt, wie die allgemeine Leistungsbereitschaft in der Regel in einer Kurve verläuft. Die Folgerungen daraus sind, daß die Leistungsbereitschaft tagsüber höher ist als nachts, die besten Leistungs-

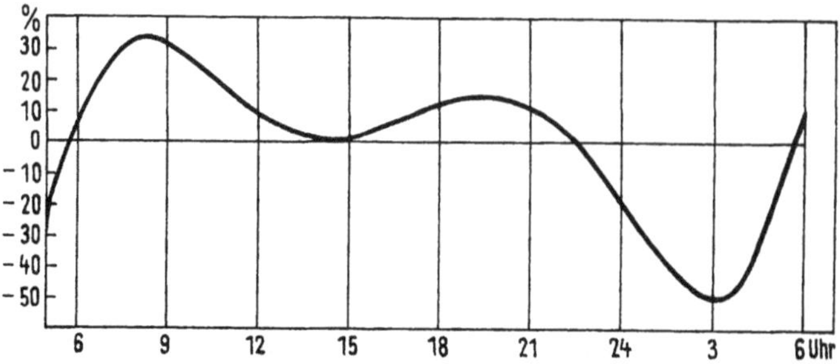

Abb. 1: Schema des Verlaufs der physiologischen Leistungsbereitschaft über 24 Stunden [69, S. 16]

zeiten zwischen 8.00 und 11.00 Uhr morgens und zwischen 18.00 und 21.00 Uhr abends liegen, der Leistungstiefpunkt etwa zwischen 1.00 und 4.00 Uhr nachts gegeben ist. Der Untersuchung für diese Leistungskurve lagen Beobachtungen über die verschiedenen Fehlleistungen zu den verschiedenen Tages- und Nachtzeiten zugrunde. Dementsprechend zeigt die Leistungskurve auch, wann der arbeitende Mensch in der Regel eine geringere Leistungsbereitschaft aufweist und mehr Fehler macht. Daraus lassen sich praktische Schlußfolgerungen ziehen für die Festlegung des Arbeitstempos und die Regelung von Schicht- und Nachtarbeiten.

Zu den Aufgaben der Arbeitsphysiologie gehört die arbeitsphysiologisch richtige Konstruktion und Verwendung der verschiedenen Arbeitsmittel. Die Arbeitswissenschaftler haben durch ihre Untersuchungen nachgewiesen, daß sich durch eine sinnvolle Gestaltung der technischen Arbeitsmittel die menschliche Arbeitsleistung steigern läßt, ohne daß ihre Beanspruchung übermäßig erhöht wird. Es wird dabei ein Maß an Arbeitsleistung als zulässig angesehen, das die Lebensleistungen des Menschen nicht beeinträchtigt. Zu den Normen, die diese nachhaltige Arbeitsleistung fixieren, gehören z. B. in Deutschland die mitteleuropäischen Klimabedingungen, eine erreichbare Lebens-Arbeits-Dauer von ca. 50 Jahren (15—65 Jahre); im erreichten Ruhestand darf wohl eine altersbedingte Minderung, aber keine arbeitsbedingte Minderung der Leistungsfähigkeit eintreten. Schließlich gilt als allgemeine Norm für die Arbeitswissenschaftler, daß das Arbeitsleben mit einem Inhalt erfüllt ist und somit eine Lebensleistung erreicht wird, die zu einer Lebensbefriedigung führt.

Die arbeitsphysiologisch zweckmäßige Gestaltung der Arbeitsmittel steht in unmittelbarem Zusammenhang mit der Arbeitsplatzgestaltung. Die hier zu lösenden Fragen beginnen mit dem Raumbedarf des Arbeitsplatzes; sie verlangen z. B. eine Regelung, ob es zweckmäßiger ist, daß die Arbeit sitzend oder stehend ausgeübt wird. Dazu gehören ferner die richtige Höhe der Arbeitstische und die zweckmäßige Ausgestaltung der Arbeitssitze und Arbeitsstühle. Die zu treffenden Maßnahmen sind im einzelnen von der Art der Arbeitsplätze abhängig. Maschinenplätze verlangen andere Ausgestaltungen als Handarbeitsplätze oder Kontrollplätze und Steuerstände, um einige Beispiele zu nennen. Bei Transportarbeiten kommt es auf die Gestaltung der Bodenbeläge, Rampen, Leitern und Treppen an. Daneben gibt es zahlreiche Erleichterungen bei der körperlichen Arbeit des Hebens und Tragens, um weitere Beispiele aus den arbeitswissenschaftlichen Ergebnissen zu nennen.

Zum Teil überschneiden sich physiologische und psychologische Wirkungen. Das gilt z. B. für diejenigen Belastungen, die nicht vom Arbeitsplatz, sondern durch Umgebungseinflüsse wie Farbe, Licht, Temperatur und Lärm verursacht werden. So können Farben Ordnungsfunktionen erfüllen, wenn sie z. B. der Warnung dienen; sie können aber auch die Mitarbeiter gefühlsmäßig beeinflussen. In der DIN-Vorschrift Nr. 4818 sind Normen über die Verwendung von Farben im einzelnen festgehalten. Die Temperatur im Arbeitsraum ist wesentlich für das Behaglichkeitsempfinden des Menschen. Hierbei kommt es einmal darauf an, daß die Temperaturschwankungen nicht zu groß sind und zum anderen die Temperatur selber und die Luftfeuchtigkeit innerhalb der arbeitswissenschaftlich ermittelten Grenzwerte liegen. Zu beachten ist, daß die Behaglichkeitszone des Menschen abhängig ist von Alter und Geschlecht, Konstitution und Gesundheit, von der Ernährung und von der Kleidung. Licht wirkt sich ebenso wie die anderen Faktoren auf Leistungsfähigkeit, Unfallzahlen oder Qualität der Arbeit aus. Es müssen deshalb jeweils die Vor- und Nachteile der verschiedenen Lichtquellen und Beleuchtungsarten ermittelt werden. Unter dem Gesichtspunkt der Arbeitssicherheit muß stets ein Minimum an ausreichender Beleuchtung vorhanden sein. Was den Lärm angeht, so wissen wir heute, daß er je nach der körperlichen und geistig-seelischen Verfassung sowie je nach innerer Einstellung entsprechende psychische Wirkungen auf den Menschen ausübt. Eine Umweltbelastung besonderer Art ist mit der Nachtarbeit gegeben. Sie hat die Arbeitsphysiologie und Arbeitspsychologie immer wieder beschäftigt, was sich nicht zuletzt in einer umfangreichen Literatur niederschlägt. Zu den Ergebnissen gehören die in der Nachtarbeit höhere Unfallhäufigkeit ebenso wie ein möglicher Zusammenhang zwischen Nachtschichtarbeit und bestimmten Krankheiten.

Welche physiologischen und psychologischen Ursachen die Leistung des arbeitenden Menschen insgesamt beeinflussen, möge Abb. 2 zeigen.

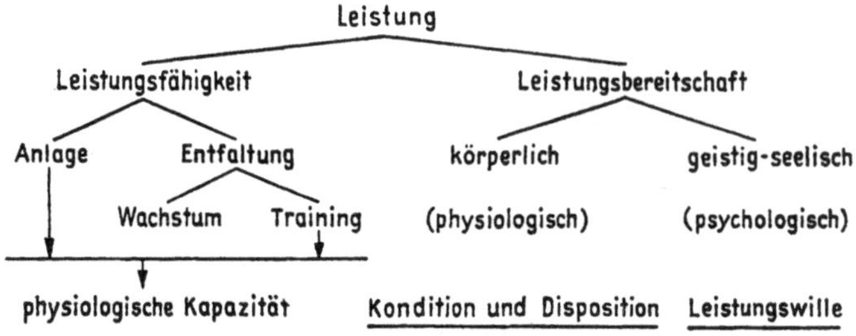

Abb. 2: Ursachen der Leistung [69, S. 10]

1.5.5.4 *Arbeitspädagogik*

Unter Arbeitspädagogik wird ein Bereich der allgemeinen Pädagogik verstanden, die die Gesamtheit der Erziehung im Sinne ihrer fachdisziplinären theoretischen Begründung und historischen Erforschung sowie ihrer praktischen Ausübung zum Inhalt hat. Die spezielle Disziplin der Arbeitspädagogik befaßt sich mit der Erziehung durch Arbeit und zur Arbeit sowohl im Rahmen des Schullebens und im Berufsleben, aber auch als geistige Selbsttätigkeit. Die Arbeitspädagogik entwikkelte sich mit den Aufgaben des betrieblichen industriellen Ausbildungswesens in Verbindung mit den Arbeitswissenschaften. In den 20er Jahren spielte das *Deutsche Institut für technische Arbeitsschulung (DINTA)* eine große Rolle. Unter dem Leitwort „Menschenführung im Betrieb" stand im Mittelpunkt der Lehre ein arbeitstechnisch gestützter, pädagogisch bestimmter und führungs-ideologisch ausgerichteter Einsatz der Arbeiter in die Betriebsarbeit und den Betrieb. „Als Lehrling sollte der Arbeiter in gründlicher Weise mit seiner künftigen Arbeit vertraut und in ihr geübt werden, sowohl um aus seinem Können heraus Freude an der Arbeit zu haben, als um dadurch zu einer höheren Wirtschaftlichkeit seines Betriebes beizutragen, zugleich um aus der Lehrlingskameradschaft in quasi militärischem Geist eine persönliche Haltung zum Betrieb als seinem Betrieb werden zu lassen" [60, S. 86]. Die Erziehung der im Betriebe arbeitenden Menschen zur „Werkstreue" stieß auf zahlreichen Protest vor allem der Gewerkschaften. Im Zeichen der nationalsozialistischen Herrschaft wurde das *DINTA* 1933 in die Deutsche Arbeitsfront überführt und arbeitete unter dem Namen „Deutsches Institut für nationalsozialistische technische Arbeitsschulung" weiter. In fachlicher Hinsicht lagen die Schwerpunkte in einer Förderung der Lehrlingsausbildung durch Errichtung von Lehrwerkstätten und Entwicklung von Lehrmethoden.

In den letzten Jahrzehnten sind, wie in vielen anderen wissenschaftlichen Bereichen, auch in der Pädagogik teilweise umwälzende Entwicklungen zu verzeichnen. Besondere Impulse gingen von der Psychologie und der Anthropologie aus. Die neuen Erkenntnisse haben teilweise eine völlige Abkehr von alten pädagogischen Praktiken mit sich gebracht. Dabei handelt es sich nach Meinung von sachverständigen Wissenschaftlern nicht nur um einen Erweiterungsprozeß, sondern um einen grundlegenden Neubeginn [205, S. 9]. Im öffentlichen Bildungsbereich erleben wir in diesen Jahren die Auswirkungen durch die vielfältigen Reformüberlegungen für Schulen aller Art. Das bezieht sich auf die Bildungsinhalte, ihre Struktur und Organisation des Unterrichts ebenso wie auf die Lehr- und Lernmittel.

So wird heute z. B. die überkommene berufliche Ausbildung mit 2—3 Ausbildungsjahren und einem Abschlußexamen vielfach durch eine sogenannte Stufenausbildung ersetzt. Einer ersten Stufe der beruflichen Grundbildung folgen darauf aufbauende Stufen allgemeiner beruflicher Fachbildung bis zur Ausbildung für eine qualifizierte Berufstätigkeit. Bei den Lehr- und Lernmitteln werden in steigendem Maße audio-visuelle Unterrichtsmittel angewendet ebenso wie die sogenannten apparativen Lernhilfen, sogenannte Lehr- oder Lernmaschinen. Zusammen mit den audio-visuellen Unterrichtsmitteln sind sie oft Grundlage für das sogenannte programmierte Lernen. Für die in den letzten 10—20 Jahren teilweise sprunghaft angestiegene Ausbildung von Führungskräften sind ebenfalls vielfältige neue Methoden entwickelt worden. Neben systematisch aufgebauten Methoden der individuellen Ausbildung (Ausbildung am Arbeitsplatz, gelenkte Erfahrungsvermittlung, Assistenten- und Nachfolger-Stellungen) sind besondere Methoden der Gruppenausbildung entwickelt worden, die das passive Lernen durch das sogenannte aktive Lernen zu ersetzen versuchen. Eine typische Form ist die sogenannte Fallmethode [198, S. 76 ff.]. Mit dem Berufsbildungsgesetz vom 14. 8. 1969 sind neue Rechtsgrundlagen für die Berufsausbildung und die berufliche Fortbildung geschaffen worden. Der Schwerpunkt liegt auf dem Bereich der Berufsausbildung.

Exkurs: Arbeitsphysiologisch und arbeitspsychologisch zweckmäßige zeitliche Regelung des Arbeitsablaufs

Die Arbeitswissenschaften haben bemerkenswerte Erkenntnisse zur zeitlichen Regelung der Arbeitsabläufe geliefert, auf die besonders hingewiesen werden soll. Wesentliche Arbeiten hat der eigentliche Begründer einer physiologisch-psychologischen Arbeitsforschung, der Psychiater *Emil Kraepelin,* geleistet [69, S. 55 ff.]. Besondere Bedeutung hat seine Abhandlung über die „Arbeitskurve“ gewonnen, in der der zeitliche Ablauf eines Leistungsabschnittes dargestellt ist [121]. Damit wurde schon sehr früh erkannt, daß sich die Arbeitsleistung nur durch Zusammenwirken und Überlagerung verschiedener Einflußgrößen erklären läßt. *Kraepelins* Verdienst ist es, eine Reihe einzelner

Einflüsse analysiert zu haben. Die wichtigsten Erkenntnisse daraus sind, daß durch Übung die Arbeit psychologisch erleichtert und dadurch der Arbeitsvorgang beschleunigt werden kann. Unter „Übung“ wird die Wiederholung einer bestimmten Tätigkeit verstanden.

Der Hauptgegenspieler der Übung ist der Einflußfaktor der Ermüdung. Dazu ist wichtig zu wissen, daß sie nicht erst in einem bestimmten Moment einsetzt, sondern als wesentlicher Bestandteil mit jedem Tätigsein verbunden ist. Für die praktische Arbeitsgestaltung ergibt sich daraus der Schluß, jede stärkere Ermüdung zu vermeiden. Dabei ist wieder zu beachten, daß die Ermüdung zunächst subjektiv nicht wahrgenommen wird, sondern nur unterschwellig vorhanden bleibt. Durch den Vorgang der Erholung kann die Ermüdung jedoch wieder rückgängig gemacht werden. Bemerkenswert ist, daß die Erholung zunächst sehr rasch einsetzt, später aber nur langsam zunimmt. Die Untersuchungen haben weiter ergeben, daß die Arbeitsleistung noch durch Willens- und Gefühlseinwirkungen beeinflußt wird. Dabei spielen gewisse Grundeinstellungen oder sogenannte „Haltungen“ (attitudes) eine Rolle.

Die wesentlichen Komponenten, die auf die Leistung des Menschen und seine Arbeitskurve einwirken, sind die zeitliche Dauer der Arbeit und das zu bewältigende Arbeitspensum. Wichtige Fragen hierbei sind:

— die Arbeitspause,
— die taktgebundene Arbeit,
— die Arbeitszeitregelung für den Tag und die Woche schlechthin.

Aus den Untersuchungen über das Verhältnis von Leistung und Pausenlänge ist eine Art Theorie der lohnenden Arbeitspause entwickelt worden. Die Aufteilung der Zeiten nach Arbeit und Pause ist um so günstiger, desto mehr man es durch entsprechende Gestaltung von Pausen gar nicht zu einer Ermüdung kommen läßt. Dabei sind zwei sich überschneidende Prozesse zu beachten: die Erneuerung der Arbeitskraft und die Arbeitsgewöhnung. Je schwerer die Arbeit und je länger die Arbeitsdauer, desto größer ist die Zeit, die für die Erholung gebraucht wird. Je länger aber die Pause, desto länger wird die Anlaufzeit für die nachfolgende Eingewöhnung, die die Arbeitsleistung fördert.

Ein Sonderproblem ist die Regelung der Wochenarbeitszeit und ihre Verteilung auf die Wochentage. Für die tägliche Arbeitszeit ist arbeitspsychologisch und arbeitsphysiologisch zu beachten, daß in der modernen Industriegesellschaft die Wegezeiten nicht übersehen werden dürfen, die den Arbeitstag oft sehr verlängern. Bei der Regelung der werktäglichen Arbeitszeit sind die Vorschriften der Arbeitszeitordnung zu beachten, z. B. das Verbot der Nachtarbeit für Frauen. Ein besonderes Kapitel ist die Regelung der Sonntagsarbeit bei kontinuierlicher Arbeitsweise, z. B. in der Montanindustrie oder der chemischen Industrie, bei der die Regelungen der Schichten sich nicht mehr an den überkommenen Wochenrhythmus halten.

1.5.6 *Der Mensch als Element des Systems Betrieb*

Es wird immer wieder versucht, die verschiedenen wissenschaftlichen Disziplinen, die sich mit dem arbeitenden Menschen im Betrieb befassen, unter einem Dach zu vereinen. Die fast alle Bereiche umfassende zentrale Wissenschaft wäre die Anthropologie. Bemerkenswerte Anstrengungen hat dazu *Leopold von Wiese* unternommen [113]. Andere Versuche sind mit der Entwicklung einer allgemeinen Organisationslehre gemacht worden. Sie umfaßt den gesamten Sozialbereich menschlicher Aktivität und die dauerhafte integrative Strukturierung zielgerichteter Realsysteme. In jüngster Zeit wird mit dem systemtheoretischen Ansatz gearbeitet.

In systemtheoretischer Betrachtung können Betriebe als Systeme gesehen werden, worunter eine geordnete Gesamtheit von Elementen verstanden wird, zwischen denen irgendwelche Beziehungen bestehen oder hergestellt werden können [223, S. 105]. Vom Systemansatz her ist der Betrieb ein künstlich geschaffenes Gebilde, das keinen natürlichen oder Selbstzweck hat und daher nur überleben kann, wenn es durch seine Aktivität Funktionen für andere ausübt. Es kommt daher auf die Zwecksetzung und die Ziele an, die vom Betrieb zu entwickeln sind.

Unsere Ausführungen unterstellen in der Regel Betriebe als kaufmännische Unternehmungen, die eine mehr oder weniger große Freiheit haben, selbst Ziele zu setzen. Nach *Hans Ulrich* sind Menschen und Anlagen die Elemente des zielgerichteten Systems Unternehmung. *Erwin Grochla* spricht von Menschen und Maschinen als Träger der Aktionen, die zur Erreichung der Ziele erforderlich sind. Sie stehen in vielfältigen Beziehungen zueinander. Die Kombination dieser beiden unterschiedlichen Elementtypen kann grundsätzlich gegliedert werden nach dem reinen Mensch-System, dem Mensch-Maschine-System sowie dem Maschine-System, wobei das Mensch-Maschine-System den Normalfall der Unternehmung darstellt [71, S. 16].

Der Mensch als Systemelement unterscheidet sich grundlegend von dem Element Maschine. „Was die Unternehmung als Betriebsmittel benötigt, ist Arbeitskraft bestimmter Qualität und Menge, ein in der materiellen Dimension definierbares Nutzungspotential; was sie bekommt, sind ganze Menschen, die mit individuellen und kollektiven Motivationen versehen, mit eigenem Willen begabt sind und nach der Verwirklichung persönlicher Absichten streben. Es ist daher leicht ersichtlich, daß die Entscheidungskriterien, die für Beschaffung, Verwaltung und Einsatz von technischen Anlagen gelten, nicht ohne weiteres auch auf Menschen anwendbar sind. Infolge des Selbstwertes der Menschen entsteht zwangsläufig die Frage, ob unter Umständen menschliche, soziale Werte wirtschaftlichen Zielvorstellungen überzuordnen sind, womit die Frage nach dem obersten ‚Wertsystem' einer Unternehmung aufgeworfen wird" [223, S. 247]. Wenn die Betriebe in Gestalt kaufmännischer Unternehmungen auch wohl autonome Entscheidungen treffen können, sind sie dennoch keine isolierten Einheiten. Ihre wirtschaftlichen Erfolge hängen entscheidend von ihrem Verhalten ab, d. h. von ihrer Anpassung an die Umwelt [71, S. 148]. Aber nicht nur die gesamtwirtschaftlichen, sondern auch die gesellschaftlichen Entwicklungen haben die Betriebe in ein Netz von Beziehungen zwischen sich und der Umwelt gestellt, das von den Verantwortlichen für die Betriebe gesehen werden muß.

Der systemorientierte Ansatz in der Betriebswirtschaftslehre, speziell der Organisationslehre, hat für das betriebliche Personalwesen weniger die Bedeutung, Teil einer spezifischen Systemtheorie oder einer generellen Theorie für alle Systeme zu werden, die *Kosiol* für höchst bedenklich hält [117, S. 9]. Er ist aber besonders für die interdisziplinäre Forschung geeignet, in der die Aussagen der Betriebswirtschaft, der Soziologie, Psychologie und Physiologie und anderer Disziplinen über den Betrieb und seine Funktionen „im Sinne einer objektbezogenen realtheoretisch fundierten Pragmatologie" integriert werden. Wie bei der empirisch-induktiven Feldforschung bedarf es auch bei der interdisziplinären Systemforschung des Mutes zum Anfang, zur Geduld und Ausdauer.

Die interdisziplinäre Systemwissenschaft für Organisation ist allerdings „ein Ziel der ferneren Zukunft, jedoch in Ansätzen und Versuchen bereits zu erkennen" [117, S. 11]. Dagegen bestehen heute verschiedene analytische disziplinäre Organisationslehren, die das Personalwesen unter jeweils verschiedenen Aspekten untersuchen. Sieht man in der Betriebswirtschaft die Unternehmung als Aktionsgebilde zur Erreichung von Zielen durch Willenshandlungen, erscheint darin „die Organisation als bestimmte Verfahrensweise dieser Handlungen, als Verfahrenstechnik, als Technik der integrativen Strukturierung. Aufgaben- und Arbeitsteilung sowie Aufgaben- und Arbeitsvereinigung sind dabei Probleme der Kooperationstechnik. Sieht man dagegen in der Unternehmung eine ausgesprochen menschliche Veranstaltung, so rufen die Gruppe als organisiertes Beziehungsgebilde und die Organisation als soziale Verknüpfungsform der Kooperationsgebilde die soziologische (und psychologische) Fragestellung nach den interpersonalen (sozialen oder soziären) Beziehungen, Prozessen und Gebilden hervor" [116, S. 22].

Es wäre reizvoll, im Sinne der kritischen Anmerkungen von *Peter Bendixen* dem Problem nachzugehen, welche Auswirkungen die Spezialisierung in der wissenschaftlichen Betrachtungsweise auf die Praxis des Personalwesens gehabt hat [14, S. 602]. Hier sei nur seine Feststellung unterstrichen, daß eine Organisationslehre, die einen Beitrag zur Lösung realer Organisationsprobleme leisten will, die verhaltenswissenschaftlichen Aspekte des Organisierens nicht vernachlässigen darf. Dazu empfiehlt sich, im Sinne von *Ulrich* Forschung, Theoriebildung und Lehre deutlich als drei Aufgaben und Arbeitsbereiche des Wissenschaftlers anzusehen, die gleichberechtigt nebeneinanderstehen, so daß keinem davon das Prädikat „Wissenschaft" allein zukommt. Es seien drei Betätigungsfelder als Bestandteile einer Wissenschaft, die zwar aufeinander abgestimmt werden müßten, aber nicht miteinander vermischt werden dürften. „Die Forschung zielt auf Erkenntnisgewinnung und Bestätigung von Annahmen, die Theoriebildung auf Systematisierung gewonnener Erkenntnisse und Voraussage zukünftiger Ereignisse, die Lehre auf Ausbildung der Menschen zu erfolgreichem Handeln. Ohne Forschung können Theorien weder entwickelt noch auf ihren Wahrheitsgehalt überprüft werden: ohne Theoriebildung bleibt die Lehre eine ungesicherte Zusammenstellung von Einzelerfahrungen, und ohne Lehre gelingt es nicht, die von den Wissenschaftlern erarbeiteten Erkenntnisse in den geistigen Besitz der handelnden Menschen zu überführen und bei der Gestaltung der Wirklichkeit anzuwenden" [223, S. 14].

Aus dieser analytischen Dreiteilung der wissenschaftlichen Arbeit ergeben sich klare Aufgaben für die Lehre. *Ulrich* ist zuzustimmen, daß die Gefahr vermieden werden müsse, die Hochschulen einseitig auf die Ausbildung zukünftiger Forscher und Theoretiker einzustellen und den Ausbildungsbedürfnissen der weitaus meisten Studenten nicht Rechnung zu tragen. Dabei könne es der Forschung und Theoriebildung unbenommen bleiben, möglichst viele Probleme zu lösen, damit die Ergebnisse für Lehre und Praxis nutzbar gemacht werden.

1.6 Der arbeitende Mensch und das Recht

1.6.1 *Zur Geschichte des Arbeitsrechts*

Vorschriften und Regeln über die menschliche Arbeitsleistung sind so alt, wie es Staaten oder sonstige organisatorische Gebilde für die Zusammenarbeit und das Zusammenleben von Menschen gegeben hat. Wenn mit *Alfred Hueck* und *Hans Carl Nipperdey* unter Arbeitsrecht das Sonderrecht der abhängigen Arbeitnehmer im heutigen Sinne verstanden wird, ist die Geschichte des Arbeitsrechtes jedoch relativ jung [98, S. 7]. Sie läßt sich zweckmäßigerweise in eine Phase bis zum ersten Weltkrieg, die Zeit von 1914—1933, die Zeit von 1933—1945 und danach gliedern. Die geschichtliche Betrachtung zur Entwicklung des Arbeitsrechts veranschaulicht, wie alles Recht ein Mittel zur Gestaltung der Gesellschaft ist. Die Wandlungen des politischen und sozialen Systems spiegeln sich auf dem Gebiet des Arbeitsrechts besonders deutlich [190, S. 16].

Für die Zeit bis zum ersten Weltkrieg ist ein vorwiegend individualistisches Arbeitsrecht charakteristisch. Es ist Ausdruck der damaligen liberalistischen Staatsauffassung und Wirtschafts- und Sozialpolitik. Die den arbeitenden Menschen betreffenden Gesetze sind aufgrund seines besonderen Schutzbedürfnisses entstanden; dies galt primär den Fabrikarbeitern, die in den ersten Jahrzehnten des vorigen Jahrhunderts in einer überaus schlechten ökonomischen Lage waren. So war das Arbeitsrecht zunächst einmal Arbeitnehmerschutzrecht. Erste grundlegende Veränderungen im Arbeitsrecht gab es in der nächsten Phase, der Zeit von 1924—1933. Hier sei hingewiesen auf die Regelung des 8-Stunden-Tages, die Erwerbslosenfürsorge und den Erholungsurlaub. Von größter Bedeutung war eine Änderung der Stellung der Arbeitnehmer im Betrieb aufgrund erweiterter Rechte, wie sie in Artikel 165 der Weimarer Verfassung sowie im Betriebsrätegesetz vom 14. Februar 1920 ihren Niederschlag gefunden hatte. Besonders wichtig war für diese Phase die Entwicklung des Kollektivrechtes. Die Weimarer Verfassung gewährleistete den Arbeitnehmern und Arbeitgebern das uneingeschränkte Koalitionsrecht. Daraus entwickelten sich bei den Arbeitnehmern zwei Formen der Vertretung. Im Betriebe waren sie durch den Betriebsrat vertreten, und außerhalb der Betriebe konnten sie sich in Gewerkschaften zusammenschließen. Entsprechende Zusammenschlüsse gab es bei den Arbeitgebern durch die Gründung von Arbeitgeberverbänden.

Entsprechend der nationalsozialistischen Weltanschauung sollten nach 1933 die Interessengegensätze verschwinden. An ihre Stelle trat die sogenannte „Volksgemeinschaft“. Die Tarifverträge, die vorher von den Tarifvertragspartnern ausgehandelt wurden, wurden durch einseitig von oben erlassene Tarifordnungen ersetzt. An die Stelle des Betriebsrates trat der Betriebsvertrauensmann, und für die aufgelösten Gewerkschaften kam die Einheitsorganisation der Deutschen Arbeitsfront. In einer solchen Ordnung durfte es keine arbeitsrechtlichen Kampfmaßnahmen wie Streik und Aussperrung geben. Für größere Wirtschaftsgebiete wurden daher von der Reichsregierung sogenannte Treuhänder der Arbeit ernannt, die oberste Reichsbeamte waren. Ihre wichtigste Aufgabe war, für die Erhaltung des Arbeitsfriedens zu sorgen.

In der Zeit nach dem zweiten Weltkrieg wurde an das Arbeitsrecht angeknüpft, wie es sich vor 1933 entwickelt hatte. Die Erfahrung der Zwischenzeit und auch die inzwischen veränderte Situation im Verhältnis der Arbeitnehmer zu den Arbeitgebern wurden berücksichtigt. Das Arbeitsrecht wird nicht wie in den 20er Jahren als ein Recht gesehen, das in erster Linie die Interessengegensätze hervorzukehren hat, aber auch nicht primär unter dem Aspekt des Arbeitsfriedens in einer Volksgemeinschaft gesehen werden soll. Das moderne Arbeitsrecht geht mehr von dem Gedanken der sozialen Selbstverwaltung aus, gewissermaßen von den mündigen Vertragspartnern der Arbeitgeber und Gewerkschaften. Das zeigt sich vor allem bei der Regelung der Arbeitsbedingungen, wo fast überall auf jeden Schlichtungszwang verzichtet wurde. Die nach 1945 neu entstandenen Gewerkschaften und Arbeitgeberverbände sollen diese Fragen unter eigener Verantwortung ordnen.

1.6.2 *Überblick über das geltende Gesetzesrecht*

In Anlehnung an das Lehrbuch des Arbeitsrechts von *Hueck-Nipperdey* seien nachstehend die wichtigeren, für das ganze Bundesgebiet geltenden Gesetze angeführt. Weitere Einzelheiten sind der Sammlung der geltenden arbeitsrechtlichen Vorschriften von *Nipperdey* zu entnehmen.

a) Recht des Arbeitsvertrages und des Arbeitsverhältnisses

1. Bürgerliches Gesetzbuch vom 18. 8. 1896, insbesondere:
   § 138 und § 242
   §§ 611 ff. (zuletzt geändert durch BetrVG 1972 vom 15. 1. 1972)
2. Handelsgesetzbuch vom 10. 5. 1897 in der Fassung des Gesetzes zur Änderung des Handelsgesetzbuches (Recht der Handelsvertreter) vom 6. 8. 1953; insbesondere:
   §§ 59—83 (zuletzt geändert durch das 1. Arbeitsrechtsbe-

reinigungsgesetz (ARBerG) vom 14. 8. 1969 und Berufsbildungsgesetz vom 14. 8. 1969)

3. Gewerbeordnung vom 21. 6. 1869 i.d.F. vom 26. 7. 1900 (mit zahlreichen Änderungen), insbesondere:
   §§ 105—155, zuletzt geändert insbesondere durch das erste Gesetz zur Reform des Strafrechts (1. StrRG) vom 25. 6. 1969, das 1. ARBerG vom 14. 8. 1969 und das Berufsbildungsgesetz vom 14. 8. 1969
4. Handwerksordnung vom 17. 9. 1953 i.d.F. vom 28. 12. 1965, zuletzt geändert insbesondere durch das 1. StrRG vom 25. 6. 1969 und das Berufsbildungsgesetz vom 14. 8. 1969
5. Seemannsgesetz vom 26. 7. 1957
6. Binnenschiffahrtsgesetz vom 15. 6. 1895 i.d.F. vom 20. 5. 1898, zuletzt geändert durch das 1. ARBerG vom 14. 8. 1969
7. Flößereigesetz vom 15. 6. 1895, zuletzt geändert durch das 1. ARBerG vom 14. 8. 1969
8. Bundesbeamtengesetz (BBG) vom 14. 7. 1953 i.d.F. vom 17. 7. 1971
9. Gesetz über die Fristen für die Kündigung von Angestellten (Angestelltenkündigungsschutzgesetz) vom 9. 7. 1926
10. Kündigungsschutzgesetz i.d.F. vom 25. 8. 1969, zuletzt geändert durch das BetrVG 1972 vom 15. 1. 1972
11. Gesetz zur Regelung der Lohnfortzahlung an Feiertagen vom 2. 8. 1951
12. Gesetz über Fortzahlung des Arbeitsentgelts im Krankheitsfall (Lohnfortzahlungsgesetz) vom 27. 7. 1969, in Kraft ab 1. 1. 1970
13. Gesetz über die Festsetzung von Mindestarbeitsbedingungen vom 11. 1. 1952
14. Bundesurlaubsgesetz vom 8. 1. 1963
15. Berufsbildungsgesetz (BBiG) vom 14. 8. 1969 i.d.F. des Änderungsgesetzes vom 12. 3. 1971
16. Gesetz über Arbeitnehmererfindungen vom 25. 7. 1957

b) Arbeitsschutzrecht

1. Gewerbeordnung, vgl. oben
2. Zivilprozeßordnung (ZPO) vom 30. 1. 1877 i.d.F. vom 20. 8. 1953, zuletzt geändert durch Gesetz vom 1. 3. 1972; insbesondere:
   Schutz der Lohnforderung: §§ 765a, 807, 811 ff, 813a
   Lohnpfändung: §§ 850 ff.
3. Arbeitszeitordnung vom 30. 4. 1938, zuletzt geändert durch Gesetz vom 24. 5. 1968, nebst VO über Schichtenbücher für Kraftfahrer und Beifahrer vom 8. 2. 1956, VO (EWG) Nr. 543/69 des Rates über die Harmonisierung bestimmter Sozialvorschriften im Straßenverkehr vom 25. 3. 1969 und Gesetz über das Fahrpersonal im Straßenverkehr (FahrpersGSt) vom 30. 3. 1971
4. Ladenschlußgesetz vom 28. 11. 1956, zuletzt geändert durch Gesetz vom 23. 7. 1969
5. Mutterschutzgesetz vom 24. 1. 1952 i.d.F. vom 18. 4. 1968
6. VO über die Beschäftigung von Frauen auf Fahrzeugen vom 2. 12. 1971
7. Jugendarbeitsschutzgesetz vom 9. 8. 1960
8. Heimarbeitsgesetz vom 14. 3. 1951 i.d.F. des Gesetzes vom 26. 11. 1964
9. Arbeitsplatzschutzgesetz vom 30. 3. 1957 i.d.F. vom 21. 5. 1968

c) Arbeitsvermittlung und Arbeitslosenfürsorge

1. Arbeitsförderungsgesetz (AFG) vom 25. 6. 1969
2. Schwerbeschädigtengesetz vom 16. 6. 1953, i.d.F. vom 14. 8. 1961

d) Arbeitsgerichtsbarkeit

Arbeitsgerichtsgesetz vom 3. 9. 1953, zuletzt geändert durch Gesetz vom 26. 5. 1972

e) Tarif- und Schlichtungsrecht

1. Tarifvertragsgesetz (TVG) vom 9. 4. 1949, i.d.F. vom 25. 8. 1969

2. Kontrollratsgesetz Nr. 35 betr. Ausgleichs- und Schiedsverfahren in Arbeitsstreitigkeiten vom 20. 8. 1946

f) Betriebsverfassung

1. Betriebsverfassungsgesetz vom 15. 1. 1972
2. Aktiengesetz vom 6. 9. 1965, insbesondere §§ 96 ff.
3. Gesetz über die Mitbestimmung der Arbeitnehmer in den Aufsichtsräten und Vorständen der Unternehmen des Bergbaus und der Eisen und Stahl erzeugenden Industrie (Mitbestimmungsgesetz) vom 21. 5. 1951, i.d.F. des Mitbestimmungsergänzungsgesetzes vom 7. 8. 1956 und des Einführungsgesetzes zum Aktiengesetz vom 6. 9. 1965
4. Mitbestimmungsergänzungsgesetz vom 7. 8. 1956
5. Personalvertretungsgesetz vom 5. 8. 1955, zuletzt geändert durch das 1. StrRG vom 25. 6. 1969

1.6.3 *Tarifverträge*

Für die Regelungen der Löhne sind das in der Übersicht genannte Tarifvertragsgesetz und das Betriebsverfassungsgesetz wichtig. Der Tarifvertrag ist der Betriebsvereinbarung, die im Betriebsverfassungsgesetz geregelt ist, grundsätzlich übergeordnet, so daß keine Betriebsvereinbarung eine betriebliche Lohnvereinbarung abdingen kann.

Nach dem Tarifvertragsrecht sind an die Vereinbarungen alle die Personen gebunden, die unter die Tarifwirkung fallen. Das sind zunächst die Tarifvertragsparteien. Auf seiten der Arbeitgeber kann das der einzelne Arbeitgeber sein, wenn er einen Tarifvertrag abgeschlossen hat. Dieser wird dann als Firmentarifvertrag bezeichnet. Es kann aber auch die Arbeitgebervereinigung darunterfallen, wenn sie Tarifvertragspartei ist. Der Firmentarif wird dann durch den Verbandstarif, der die Regel ist, ersetzt. Ein Tarifvertrag kann unter den Voraussetzungen des § 5 des Tarifvertragsgesetzes durch den Bundesminister für Arbeit für allgemein verbindlich erklärt werden. Ist das geschehen, sind auch diejenigen Arbeitnehmer und Arbeitgeber tarifgebunden, die nicht Mitglieder der Tarifvertragsparteien sind, sofern sie nur unter den räumlichen, betrieblichen und fachlichen Geltungsbereich des Tarifvertrages fallen.

Bei den Rechtswirkungen des Tarifvertrages wird entsprechend der Einteilung in einen normativen und einen schuldrechtlichen Teil zwischen normativen und schuldrechtlichen Rechtswirkungen unterschieden. Die schuldrechtliche Wirkung besteht in der Friedenspflicht und in der Tariferfüllungspflicht. Unter der relativen Friedenspflicht wird die Pflicht der Tarifparteien verstanden, während der Dauer des Tarifvertrages von Mitteln des Arbeitskampfes, also insbesondere des Streiks oder der Aussperrung, keinen Gebrauch zu machen. Die normative Rechtswirkung bedeutet, daß der Tarifvertrag unmittelbar und zwingend für und gegen die Mitglieder der Tarifvertragsparteien wirksam ist, für die er gilt. Praktisch heißt dies, daß die Normen des Tarifvertrags als objektives Recht gelten, soweit nicht in Einzelarbeitsverträgen oder Betriebsvereinbarungen günstigere Regelungen enthalten sind. Wichtig ist in diesem Zusammenhang die Unabdingbarkeit des Tarifvertrages. Sie besagt, daß tarifvertragliche Regelungen durch Einzelvertrag oder Betriebsvereinbarung nicht zum Nachteil der Arbeitnehmer abgeändert werden können. Abweichungen zugunsten der Arbeitnehmer sind hingegen immer zulässig. Hier spricht man vom Günstigkeitsprinzip. Es ist in § 4 des Tarifvertragsgesetzes zwingend vorgeschrieben.

Die Tarifverträge gliedern sich üblicherweise in Rahmen- oder Manteltarifverträge, Lohn- oder Gehaltstarifverträge. Die ersteren enthalten Bestimmungen über die Einstellung und Kündigung von Arbeitnehmern, die Dauer- und Einzelregelung der Arbeitszeit, die Zuschläge bei Mehr-, Nacht- und Feiertagsarbeit und dergleichen, die Handhabung etwaiger Kurzarbeit und der entschädigungspflichtigen Arbeitsverhinderung, den Ausschluß entstandener Ansprüche aus dem Arbeitsverhältnis und oft auch Verfahrensvorschriften über die Beilegung von Streitigkeiten. Die Lohn- und Gehaltstarifverträge regeln die Höhe der Arbeitsentgelte, die dann in verschiedener Weise gegliedert sind, je nachdem, welche Form der Leistungsentlohnung und Berücksichtigung sozialer Faktoren ausgehandelt worden ist.

1.7 Zusammenfassung: Der Mensch als differenziertes Individuum

Es ist zweckmäßig, das erste Kapitel über die Grundlagen des betrieblichen Personalwesens mit den neueren Erkenntnissen der Organisationspsychologie abzuschließen. Sie weisen kritisch darauf hin, daß weder die ökonomischen noch die sozialen Bedürfnisse des Menschen überbetont werden dürfen. Der Mensch als Individuum sei in seiner Struktur vielfältig angelegt und von seiner sozialen Umwelt in einer sehr differenzierten Weise geprägt. Dabei haben die unterschiedlichen Motive, die den Menschen in seinen Handlungen bestimmen, eine wachsende Bedeutung gewonnen. In neueren amerikanischen Untersuchungen werden nach *Maslow* fünf Grundbedürfnisse unterschieden, die der Mensch nacheinander zu befriedigen bestrebt ist:

1. die physiologischen Grundbedürfnisse,
2. das Bedürfnis nach Sicherheit,
3. das Bedürfnis nach mitmenschlicher Zuwendung,
4. das Bedürfnis nach Anerkennung,
5. das Bedürfnis nach Selbstverwirklichung.

Die Skala kann noch erweitert werden durch das Bedürfnis nach Selbstbestimmung und Unabhängigkeit [189, S. 52]. Zu den physiologischen Bedürfnissen gehört die Befriedigung des Hungers, des Durstes, der Unterkunft und Bekleidung. Bei den Sicherheitsbedürfnissen ist zwischen den physischen und wirtschaftlichen Bedürfnissen zu unterscheiden. Bei den wirtschaftlichen Bedürfnissen geht es vor allem um die Erhaltung des einmal erreichten Lebensstandards und die Sorge vor Arbeitslosigkeit. Die sozialen Bedürfnisse werden als gesellschaftliche Bedürfnisse verstanden. Bei den psychologischen Bedürfnissen geht es um das Selbstwertgefühl aufgrund des Erlebens der eigenen Leistungen und des eigenen Erfolgs, aber auch um den Status. Unter dem Bedürfnis nach Selbstverwirklichung und Selbstbestimmung wird vor allem der Wunsch verstanden, daß die eigenen Anlagen weiter entwickelt werden können, daß eine Arbeit getan wird, die bedeutungsvoll und wichtig ist.

Für den naturwissenschaftlich interessierten Leser sei darauf hingewiesen, daß auch die Ergebnisse der zahlreichen Einzelforschungen in der Biologie und der ihr verwandten Wissenschaften wie die von *Konrad Lorenz* begründete neuere vergleichende Verhaltensforschung nicht außer acht zu lassen sind, mit denen gleichsam die Bausteine für die „Errichtung einer allgemeinen Soziologie der Lebewesen" gewonnen werden. Die Biologie geht dabei nach den Richtlinien vor, die *Johann Wolfgang von Goethe* schon aufgestellt hatte. Ihm war der Mensch ein Wesen, das viele Eigenschaften und Naturen in sich vereinigt. Es geht jedoch nicht darum, den Menschen mit dem Maß der Sozialformen im Tierreich zu messen. „Aber von einer allgemeinen Soziologie aus werden auch im Bereich des Menschen neben den vielen ihm eigenen Zügen einige Grunddispositionen sichtbar, die in der Entfaltung des Menschen, die wir Geschichte nennen, als wirksame Mitspieler auftreten" [185, S. 2].

Wie an anderer Stelle dargelegt, wirken sich auf den Menschen ebenso wie auf den Betrieb auch die Umwelteinflüsse aus. Alte Wertvorstellungen müssen vielfach neuen Wertvorstellungen weichen. Sie sind für das Verhalten des Menschen im Betrieb ebenso in differenzierter Weise wirksam. *Franz Steinbacher* weist darauf hin, daß in unserem Zeitalter der Kybernetik die Steuerungsmöglichkeiten der zwischenmenschlichen Beziehungen wohl größer als jemals zuvor sind und das Rationalisierungsprinzip noch stärkere Geltung haben könnte. Wer aber mit dem Sozialen rechne, habe es im Humanbereich eben doch mit dem Menschen zu tun.

„Und der Mensch ist — gemäß seiner zerebralen Struktur — nicht völlig rationalisierbar; es sei denn, man macht ihn durch ein Höchstmaß an Zwang weitgehend manipulierbar. Lediglich im Wissenschaftsmodell lassen sich das absolute rationale Handeln und Verhalten konstruieren und erkenntnistheoretisch verwerten. In der Anwendung, also der Realität, bedient sich der Mensch zumeist der Ratio, um seine Emotionen zu glätten und seine Werteinstellungen zu verwirklichen, was bereits *Max Weber* bewogen hat, zwischen ‚zweckrationalem' und ‚wertrationalem Handeln' zu unterscheiden. Angesichts der Tatsache, daß sich bis heute die Frage nach dem obersten und letzten Sinn menschlicher Existenz und der Welt generell nicht gelöst hat, sondern daß sie sich gerade wieder in einer neuartigen Konstellationsproblematik zu stellen scheint, ist die Grundtendenz des Gesellschaftlichen in ihrer allumfassenden Richtung so unbestimmbar geworden wie schon so oft zuvor" [211, S. 91].

2. Hauptgebiete

2.1 Personalpolitik

Betriebsführung ist gekennzeichnet durch eine Vielzahl von Entscheidungen in der Spitze des Betriebes und der nachgeordneten Instanzen, durch die selbständig geschäftliche Ziele gesetzt und Methoden zur Erreichung der Ziele bestimmt werden. Zu den Entscheidungen in der Spitze des Betriebes gehört die Festlegung der Betriebspolitik auf weite Sicht. Dabei kann unterschieden werden zwischen Entscheidungen zur betrieblichen Innen- und Marktpolitik. Zur betrieblichen Innenpolitik gehören z. B. die Entscheidungen über die Investitionen, die Art und den Umfang der Fertigung, die Aufstellung der Bilanz und nicht zuletzt über alle Personalfragen. Im letzteren Falle sprechen wir von den Entscheidungen zur Personalpolitik.

Konrad Mellerowicz weist mit Recht auf die große Bedeutung der Personalpolitik gerade in der heutigen Zeit hin, in der sich so manche Zustände in Betrieb und Gesellschaft verändert haben oder noch im Wandel sind. „Bei der Bestimmung der Ziele ihrer Personalpolitik muß sich die Betriebsleitung bewußt sein, daß jede Personalpolitik unmittelbar oder mittelbar dreifach wirksam wird: auf den Betrieb, auf die Betriebszugehörigen und auf die öffentliche Meinung. Betrieb und Belegschaft und Öffentlichkeit besitzen zum Teil gleichgerichtete, zum Teil entgegengesetzt gerichtete Interessen, die auszugleichen im Wesen der Personalpolitik liegt. Keine personalpolitische Maßnahme darf also isoliert betrachtet werden, sondern immer nur im sorgfältigen Abwägen ihrer Wechselwirkungen“ [138, Band II, S. 297]. Ebenso muß gesehen werden, daß Personalpolitik ein Teil der Betriebspolitik, bei Unternehmungen in der Marktwirtschaft ein Teil der Unternehmenspolitik ist und mit dieser integriert werden muß.

2.1.1 *Phasen der Personalpolitik*

In der Entwicklung des betrieblichen Personalwesens gibt es verschiedene Phasen der Personalpolitik, die sich in der Praxis teilweise bis in die Gegenwart hinein erhalten haben und überschneiden.

2.1.1.1 *Personalpolitik als Objekt staatlicher und betrieblicher Sozialpolitik*

Die Geschichte des betrieblichen Personalwesens dürfte mit der Industrialisierung im 18. Jahrhundert beginnen. Aus allen Ecken und Enden strömte in verhältnismäßig kleine Bezirke eine stetig anwachsende Industriebevölkerung zusammen. Die drohende Gefahr, daß die Arbeiterviertel der Industriestädte zu Seuchenherden wurden, führte in den ersten Jahrzehnten des 19. Jahrhunderts zu den ersten Maßnahmen des Arbeiterschutzes in Fabriken. In Deutschland verbot das erste Arbeiterschutzgesetz in Preußen aus dem Jahre 1838 die Fabrikarbeit von Kindern unter 9 Jahren und beschränkte die Arbeit der Neun- bis Sechzehnjährigen auf zehn Tagesstunden. Die sozialpolitischen Maßnahmen des Staates erstreckten sich aber nicht allein auf eine menschenwürdigere Arbeitszeit. Nach und nach wurden Gesetze zur sozialen Sicherung und Gesundheitsvorsorge erlassen. Sie wirkten auf die Betriebe durch entsprechende Kostenbeteiligung ein, aber auch durch Regelung der Urlaubszeiten usw. Alle diese Maßnahmen waren darauf abgestellt, den wirtschaftlich schwächeren Arbeitnehmer zu unterstützen. So war die unter Bismarck 1883 entstandene Sozialversicherung auf einige als besonders schutzwürdig angesehene Arbeitnehmergruppen beschränkt. Hinzu kamen später die Regelung der sozialen Rechtsprechung, der Arbeitsnachweis und die Arbeitslosenfürsorge.

Der Staat nahm auch auf die Personalpolitik indirekt Einfluß durch die verschiedenen Maßnahmen zum Koalitionsrecht der Arbeitnehmer. Dazu sei bemerkt, daß die Koalitionsfreiheit erst mit der Weimarer Verfassung im Jahre 1919 eingeräumt wurde. Seitdem können die Arbeitnehmer durch Zusammenschluß in Gewerkschaften ihre Interessen selbst wahrnehmen. Wir stehen damit an der Nahtlinie zum Arbeitsrecht, das gewissermaßen als zweiter bedeutsamer Faktor das betriebliche Personalwesen beeinflußt hat. Mit der Koalitionsfreiheit war die Grundlage für die Entwicklung des kollektiven Arbeitsvertrages gegeben, der heute im Tarifvertragsgesetz fixiert ist.

Die Zeit der beginnenden Industrialisierung Anfang des 19. Jahrhunderts, in der der Staat Mißstände in der betrieblichen Arbeit beseitigte und den Arbeitnehmern mehr und mehr Schutz gewährte, darf als Beginn einer bewußt gestalteten Personalpolitik angesehen werden, und zwar durch Maßnahmen der betrieblichen Sozialpolitik. Die Entscheidungen waren vielfach karitativer Art und entsprangen vor allem aus einer Art patriarchalischer Verantwortung den Vorstellungen einer fürsorgerischen Betreuung. Hierzu sind neuere Untersuchungen über die Herausbildung einer sozialen Gesinnung im Frühindustrialismus bemerkenswert, nicht zuletzt im Vergleich der einzelnen, damals entstandenen Industrieländer. „Schon vor den Revolutionen von 1848 hatten Arbeitgeber in Frankreich viele der Grundbegriffe des Wohlfahrtsstaates in die Diskussion eingebracht und buchstäblich alle die betrieblichen Verbesserungen — wenn auch zuweilen in verkürzter Form — in die Praxis umgesetzt, die sonst erst im frühen zwanzigsten Jahrhundert gefunden werden konnten. Gleichermaßen entwickelten sie jedoch einen begrenzten Standpunkt, der sich mindestens ebenso lange halten sollte“ [210 S. 321]. Ähnliche Erfahrungen gelten für England und Deutschland. Hiermit entwickelte sich der Teil des betrieblichen Personalwesens, der sich bis heute in den betrieblichen Sozialleistungen verschiedener Art erhalten hat.

2.1.1.2 *Personalpolitik als Gegenstand technisch-wissenschaftlicher Betriebsführung*

In seiner Schrift über die soziale Betriebsführung stellt *Geck* heraus, daß um die Jahrhundertwende neben der industriellen Wohlfahrtsarbeit eine mehr ingenieurmäßig bestimmte Phase die weitere Entwicklung der Betriebsführung kennzeichnete [60, S. 15]. Eine Ursache hierfür war der sachliche Wandel von der Werkzeugtechnik zur Maschinentechnik. Daneben machte sich auch die stärkere (erste) Konzentration der Unternehmungen geltend, die neben technischen Gründen nicht unwesentlich durch den Konkurrenzkampf um den Absatzmarkt verursacht wurde. Die Notwendigkeit größerer Kapitalinvestitionen und der Kampf um die Märkte zwangen zur sorgfältigeren Durcharbeitung der Produktionsmethoden, zur Verbesserung der Kalkulation und Kostenrechnung und zu einer sorgfältigeren Betriebsführung. Dabei wurde erkannt, daß auch die Arbeitsfreude als wichtiger Ertragsfaktor anzusehen war. Diese Entwicklung führte dazu, sich vom Geist der opportunistischen spekulativen Betriebsführung zu lösen und sich einer planvollen, mit den Methoden der Wissenschaft arbeitenden Betriebsorganisation und -führung zuzuwenden.

Die Untersuchungen über die menschliche Arbeit gingen zunächst von den zweckmäßigsten Formen der Anreizlöhne aus, da die Überwachung der Arbeiter in Großbetrieben durch unmittelbare Kontrolle, wie sie der Kleinbetrieb noch ermöglicht, schwieriger wurde. Sie mündeten in der u. a. von *Taylor* begründeten „wissenschaftlichen Betriebsführung (scientific management)". Seine wichtigsten Untersuchungsgebiete waren die Arbeitsbedingungen, die richtigen Arbeitsvorgänge mit dem erforderlichen Werkzeug, die Unterlagen für die Bemessung der Stücklöhne. Es wird berichtet, daß *Taylor* bereits um 1880 eine Personalabteilung schuf, um von hier aus zentral die gesamten Fragen der Einstellung, der Versetzung und Entlassung zu ordnen. *Gutenberg* sagt von *Taylor*, daß er nicht wie *Adam Smith* eine wirtschaftliche Welt, wohl aber die moderne Fertigungstechnik revolutionierte. Er war der erste, „der den Vorgang beim Schaufeln wirklich sah und dabei erkannte, wie gering der Wirkungsgrad dieser Arbeitsverrichtung ist, wenn sie in der üblichen Weise vorgenommen wird. Er erkannte als erster die Bedeutung des Verhältnisses zwischen der ‚produktiven Zeit' und der ‚Verlustzeit'. In ihm löste sich der Arbeitsablauf zuerst in seine einzelnen Elemente auf und ließ ihn die großen Möglichkeiten erkennen, die sich ergeben, wenn man die einzelnen Arbeitsoperationen von Mängeln befreit, die in der Person des Arbeitenden oder im Werkzeug oder im Werkstoff liegen. Er war schließlich auch der erste, der eine Aufgabentrennung bei den leitenden Personen in Werkstatt und Büro vorschlug. Das Arbeitsbüro ist im Grunde seine Erfindung" [73, S. 145].

In Deutschland wurde die technisch-wissenschaftliche Betriebsführung besonders durch Gemeinschaftsarbeit gefördert. Sie fand ihre bis heute wirksame Organisationsform im 1924 gegründeten *Reichsausschuß für Arbeitszeitermittlung, abgekürzt REFA,* nach 1945 fortgeführt vom *Verband für Arbeitsstudien — REFA —* e. V., Sitz Darmstadt, mit einem eigenen Institut und der Schriftleitung für zahlreiche Veröffentlichungen. Ein Standardbuch war 1924 die Arbeit von *Hegner* über die Vorkalkulation von Bearbeitungszeiten [89]. Wichtige Träger dieser Arbeit Anfang dieses Jahrhunderts waren u. a. *Wallichs,* der zwei Schriften *Taylors* übersetzte, *Kurt Rummel, Hans Euler* und andere, die sich mit Zeitstudien und Lohnfragen in der Eisenhüttenindustrie befaßten [218; 219].

2.1.1.3 *Personalpolitik als soziale Betriebspolitik*

Die soziale Betriebspolitik als gegenwärtige Phase in der Geschichte des betrieblichen Personalwesens ist letztlich das Ergebnis einer veränderten Struktur in unserer Gesellschaft und Wirtschaft. Die überkommene Ordnung war gekennzeichnet durch stabile, voneinander abgehobene Bildungs-, Berufs-, Einkommens-, Vermögens- und Machtschichten, z. B. die bis in jüngste Zeit bestehende einfache Dreiteilung unseres Bildungsweges Volksschule, Höhere Schule, Universität. Ebenso gab es jahrzehntelang eine klare Trennung zwischen Arbeitern, Angestellten und innerhalb der Angestellten zwischen den oberen und unteren Angestellten in der Unternehmenshierarchie. Besonders statisch war jahrhundertelang die Berufsordnung wie z. B. die Berufe des Handwerkers oder Arbeiters. Von seiten der Arbeitsverwaltung wird heute die Mobilität gefordert. Die jungen Menschen sollen nicht mehr für eine bestimmte Berufssparte ausgebildet werden, sondern wichtiger ist, daß gelehrt wird, wie man lernt, weil es keine abgeschlossene Berufsausbildung mehr gibt, sondern die lebenslange Ausbildung (long-life-education oder éducation permanente). Das gilt auch für die akademischen Berufe.

Die Mobilität des Arbeitnehmers sowohl in seiner beruflichen Tätigkeit als auch in bezug auf den Ort seiner Arbeit ist heute eine wesentliche Voraussetzung für den hochindustrialisierten Staat. Hinzu kommt eine möglichst qualifizierte Ausbildung. In den letzten 50 Jahren veränderte sich das Verhältnis Arbeiter zu Angestellten von 15 zu 1 auf 5 zu 1 und weniger. Das macht sich auch darin bemerkbar, daß die Zahl der wissenschaftlichen Kräfte in der Wirtschaft gestiegen ist. So hat sich z. B. in den USA in den letzten 15—20 Jahren die Zahl der in der Industrie tätigen Wissenschaftler verdreifacht. Diese Wandlung im Schichtenaufbau in der modernen Industriebevölkerung zeigt sich im Anwachsen der sogenannten mittelständischen Schicht, wie es Abb. 3 veranschaulicht.

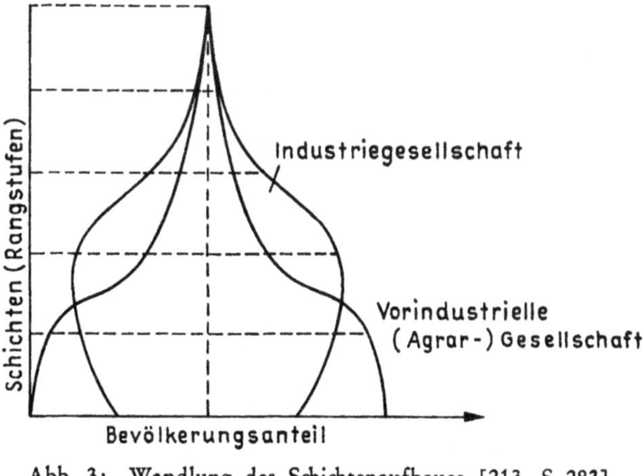

Abb. 3: Wandlung des Schichtenaufbaues [213, S. 283]

Klare Betriebsorganisation, bessere Arbeitsgestaltung und richtige Arbeitsplatzbesetzung sind weitere Bestandteile eines modernen betrieblichen Personalwesens. Dazu gehören ebenso mehr Aufstiegschancen wie die Förderung der Eigenverantwortung und nicht zuletzt eine betriebliche Sozialpolitik, die als gleichrangig mit den wirtschaftlichen Aufgaben angesehen wird. Wir haben damit die dritte Phase in der Geschichte des betrieblichen Personalwesens veranschaulicht. Unter der Überschrift „Neue Schwerpunkte betrieblicher Sozialpolitik“ brachte der Ausschuß für Soziale Betriebsgestaltung der Bundesvereinigung der Deutschen Arbeitgeberverbände 1963 entsprechende Anregungen hierzu heraus. Im Vorwort darin heißt es, daß wir in einem Umbruch der betrieblichen Sozialpolitik stehen.

Es sei aber wiederholt: keineswegs ist nun heute diese Phase der Betriebspolitik im Personalwesen allgemein realisiert. Vielfach besteht ein Gemisch aus den überkommenen personalpolitischen Zielsetzungen mit neuen Vorstellungen einer modernen sozialen Betriebspolitik. Nicht zuletzt stehen wir vor einem Generationsproblem, wonach die neue Entwicklung ebenso im Widerspruch zu dem wirtschaftlichen Weltbild steht, das die ältere Generation in ihrer Lehr- und Studienzeit in sich aufgenommen hat, wie zu den Erfahrungen in der Periode zwischen den beiden Weltkriegen und auch noch in den ersten Jahren nach 1945 [87].

2.1.2 *Zentrale personalpolitische Entscheidungen*

Wenn in der modernen Betriebswirtschaftslehre allgemein die Forderung erhoben wird, daß im Unternehmen klare Zielsetzungen vorhanden sein müssen, ist es in der Praxis keineswegs so, daß sie in allen Unternehmen anzutreffen sind. Mit *Dieter Schneider* kann zwischen Handlungsmotiven und Zielgrößen unterschieden werden; die Praxis zeigt, daß es wohl stets Handlungsmotive, aber weniger formulierte Zielgrößen gibt [196, S. 14]. Handlungsmotive sind ein Ausdruck dafür, was der Unternehmer oder die Geschäftsführung anstreben, z. B. höhere Einkommen, größere Sicherheit, gutes Betriebsklima, aber auch Ansehen und Prestige. Wichtig ist, daß daraus klare Zielgrößen fixiert werden. Sie fehlen oft dort, wo sich das Unternehmen in traditionellen Bahnen bewegt. Das kann z. B. für den Absatz gelten, wenn geschützte Märkte vorhanden sind.

Im Personalwesen ist traditionelles Denken besonders häufig anzutreffen. Bei der Personalpolitik sollte es sich nicht um eine unbewußt eingehaltene, erst nachträglich feststellbare Linie handeln, welche bei Entscheidungen im Laufe der Zeit mehr oder weniger deutlich verfolgt wurde. Was die Befürworter eines fortschrittlichen und erfolgreichen Personalwesens anstreben, ist „eine bewußt gestaltete, vorausschauende Personalpolitik. Gerade im Personalwesen ist dies außerordentlich wichtig, da nur so gleichartige Fälle im Ablauf der Zeit im gleichen Sinn behandelt werden können und damit dem Ideal einer gerechten Mitarbeiterbehandlung und Menschenführung nachgelebt werden kann. Dazu kommt, daß das Personalwesen mit Menschen zu tun hat, die oft sehr empfindlich reagieren, so daß eine einzige falsche Maßnahme den Erfolg von hundert richtigen mit einem Schlag vernichten kann" [224, S. 103].

Nachstehend seien die wichtigsten personalpolitischen Entscheidungen erörtert.

2.1.2.1 *Betriebsverfassung*

Betriebe bedürfen einer geschriebenen oder ungeschriebenen Verfassung, in der die Grundsätze über Idee, Form, Aufbau und Wirksamkeit des Betriebes sowie die Formen seiner Ordnung für das Zusammenleben der Mitarbeiter zusammengefaßt sind. Wie bei den Verfassungen der Staaten kann dabei unterschieden werden zwischen dem Verfassungsrecht und der Verfassungswirklichkeit oder auch dem Verfassungszustand, weil die tatsächlichen Verhältnisse oft mehr oder weniger stark von der rechtlich normierten Ordnung abweichen können [18]. Wenn heute in der Bundesrepublik Deutschland von Betriebsverfassung gesprochen wird, denkt jeder in erster Linie an das Betriebsverfassungsgesetz, vielleicht auch noch an die Mitbestimmungsgesetze und einige Teilbereiche regelnde Betriebsvereinbarungen.

Im Sinne unseres Begriffes Personalwesen, der alle Betriebsangehörigen umfaßt, verstehen wir den Begriff der Verfassung weiter als die Regelungen nach dem Betriebsverfassungsgesetz. Zur Betriebsverfassung zählen wir daher nicht nur die betriebliche Mitbestimmung, die die Kompetenzen der Arbeitnehmer gegenüber der Unternehmensleitung regelt, sondern auch die unternehmensbezogene Mitbestimmung, in der die Beziehungen der Arbeitnehmer im Verhältnis zu den Anteilseignern festgelegt sind. Deshalb wird auch von „Unternehmensverfassung" im Gegensatz zur „Betriebsverfassung" gesprochen. Da wir den Betriebsbegriff umfassend verstehen, folgen wir einer solchen Unterscheidung nicht.

Wichtig ist aber noch ein anderes Begriffselement, worauf *Neuloh* besonders hinweist [152, S. 34]. Wir meinen damit, daß die Betriebsverfassung eine Form der betrieblichen Willensbildung und zugleich ihr Ausdruck ist. *Gutenberg* unterscheidet dabei zwei oder drei Zentren, je nachdem, ob wir es mit „Eigentümer-Unternehmungen" oder „Geschäftsführer-Unternehmungen" zu tun haben. Im letzteren Falle sind Anteilsbesitz und Geschäftsführungsfunktion getrennt. Die Zentren der betrieblichen Willensbildung sind die Eigentümer, die Geschäftsführung und die Träger der Mitbestimmung. In den verschiedenen Gesetzen, z. B. des Handelsrechts, der Betriebsverfassung, der Mitbestimmung, wie auch in Betriebsvereinbarungen und sonstigen Abmachungen, spiegelt sich dann die formelle Betriebsverfassung wider, wie sie hier verstanden wird. Alle Träger der Willensbildung beeinflussen gleichzeitig auch die faktische Ordnung, also die Verfassungswirklichkeit.

Seit dem zweiten Weltkrieg hat es kaum eine Frage gegeben, die wie die unternehmensbezogene Mitbestimmung von den Arbeitnehmern und ihren Gewerkschaften ebenso wie den Arbeitgebern und ihren Verbänden, aber auch von den politischen Parteien, Kirchen und verschiedenen sozialen Organisationen diskutiert worden ist. Eine seit nahezu 25 Jahren praktizierte Form ist die sogenannte *Montan*-Mitbestimmung, die im Mitbestimmungsgesetz vom 21. 5. 1951 und den nachfolgenden Änderungen wie dem Mitbestimmungs-Ergänzungsgesetz vom 7. 8. 1956 und dem Änderungsgesetz vom 27. 4. 1967 geregelt ist. Eine weniger umfassende Vertretung der Arbeitnehmer in den Aufsichtsräten sieht auch das Betriebsverfassungsgesetz vor.

Sinngemäße Regelungen sind auch im Personalvertretungsgesetz enthalten, das für die nicht in den Rechtsformen des Handelsrechts tätigen Betriebe in Bund, Ländern und Gemeinden gilt. Dazu gehört die Vielzahl von Betrieben der öffentlichen Hand, die als Körperschaften, Anstalten und Stiftungen des öffentlichen Rechts tätig sind oder deren organisatorisch-rechtliche Gestaltung durch Sondergesetze festgelegt ist, wie für die Bundesbank, Bundesbahn, Bundespost oder die Eigenbetriebe der Gemeinden. Das Personalvertretungsgesetz des Bundes ist am 5. 8. 1955 erlassen worden. Es ist später geändert worden und steht erneut im Jahre 1973 zur Neufassung an. Die Personalvertretungsgesetze der Länder weichen teilweise in Einzelheiten von der Bundesregelung ab.

In der Legislaturperiode des Bundestages, in der die vorliegende Schrift erscheint, steht die unternehmensbezogene Mitbestimmung erneut zur Debatte, und zwar mit der Tendenz, sie auf alle Großbetriebe auszudehnen. Dabei wird die Einbeziehung der sogenannten leitenden Angestellten erörtert, die nach § 5 Abs. 3 BetrVG nicht als Arbeitnehmer definiert werden. Sie wählen den Betriebsrat nicht mit, werden von ihm auch nicht betreut, und ihre Angelegenheiten unterliegen nicht seiner Mitbestimmung. Sie können gemäß § 76 in Verbindung mit § 6 BetrVG nicht in den Aufsichtsrat gewählt werden. Die Abgrenzung nach den Bestimmungen des Gesetzes ist umstritten. Nach der Auslegung seitens der Gewerkschaften ist der Kreis enger als nach der Interpretation der Arbeitgeberverbände. In der Praxis wird diese obere Angestelltengruppe von Unternehmen zu Unternehmen sehr verschieden umrissen [94, S. 24]. Ein Streitpunkt sind unter anderem die Angestellten, die als Stabsleute, z. B. in Forschungsabteilungen, tätig sind. Bei der Diskussion über die Erweiterung der unternehmensbezogenen Mitbestimmung sind Modelle im Gespräch, die eine besondere Vertretung dieser Gruppe von Angestellten vorsehen.

Die betriebliche Personalpolitik hat mit der unternehmensbezogenen Mitbestimmung zunächst nur mittelbar zu tun, da die Entscheidungen darüber außerhalb des Betriebes vom Parlament getroffen werden. Betriebe können sich hier aber unmittelbar betätigen, wenn sie auf freiwilliger Basis, wie das z. B. im gemeinnützigen Unternehmungssektor geschehen ist, Mitbestimmungsregelungen in den Aufsichtsräten getroffen haben, die über das geltende Betriebsverfassungsgesetz hinausgegangen sind. Ebenso ist es eine Frage der Personalpolitik, in welcher Weise die Betriebe die Mitbestimmung der leitenden Angestellten regeln, solange diese nicht im Gesetz festgelegt ist. Die leitenden Angestellten versuchen, ihre Interessen durch Sprecherausschüsse durchzusetzen. Die Gewerkschaften sind offiziell dagegen. Ob der Gesetzgeber sich gegen Sprecherausschüsse ausgesprochen hat, ist noch umstritten. Die Entscheidung des Arbeitsgerichts München vom 20. 4. 1972 war dagegen positiv. Die Stellungnahme des Bundesarbeitsgerichts lag bei Druck dieser Zeilen noch nicht vor. Bei den derzeitigen Regelungen haben die Sprecherausschüsse praktisch keine eigentlichen Mitbestimmungsrechte, sondern sind hauptsächlich Informationsgremien. Aber auch in dieser Form gibt es immer wieder Probleme, die sich vor allem aus den Unklarheiten der Abgrenzung und den Wahlrechten ergeben.

Es ist nicht ausgeschlossen, daß dieses umstrittene Rechtsgebiet nicht zuletzt im Hinblick auf die Vorstöße, leitende Angestellte im Aufsichtsrat zu beteiligen, neu geregelt wird. Während von seiten der Gewerkschaften angestrebt wird, einen möglichst großen Teil der leitenden Angestellten in den Kompetenzbereich des Betriebsrates einzubeziehen, wird von den Arbeitgeberverbänden eine solche Haltung abgelehnt und statt dessen die Institution der Sprecherausschüsse gefordert. Deren wesentliche Aufgabe wäre die der Mitsprache anstelle einer institutionalisierten Mitwirkung durch Vertreter der leitenden Angestellten im Aufsichtsrat. Wenn wir den Betrieb nicht nur als wirtschaftliches und technisches Gebilde sehen, sondern auch als ein soziales Gebilde, ist seine ganzheitliche Betrachtung auch bei der Betriebsverfassung erforderlich, wenn sie so umfassend verstanden wird, wie hier dargelegt ist.

2.1.2.2 *Führungsorganisation*

Losgelöst von den Fragen, in welche Kategorie die Mitarbeiter nach den Betriebsverfassungs- und Mitbestimmungsgesetzen gehören, ist für die Personalpolitik die organisatorische Erkenntnis wichtig, daß sich die menschlichen Arbeitsleistungen im Betrieb in zwei grundsätzlich voneinander verschiedene Arten aufgliedern. Nach *Gutenberg* sind es einmal die objektbezogenen und zum anderen die dispositiven Arbeitsleistungen. Erstere umfassen alle diejenigen Tätigkeiten, die nicht dispositiv-anordnender Natur sind. Dispositive Arbeitsleistungen liegen vor, wenn sie mit der Leitung und Lenkung der betrieblichen Vorgänge in Zusammenhang stehen [73, S. 3]. Dabei ist zwischen den originären und den delegierten oder derivativen dispositiven Arbeiten zu unterscheiden. *Grochla* spricht einerseits von den Prozessen der realisierenden Leistungserstellung, andererseits den — zeitlich gesehen — vorgelagerten Entscheidungs- bzw. Planungsprozessen, die die Vorbereitung der Realisationsprozesse sowie deren Anpassung an die sich verändernden Bedingungen des Systems Betrieb bewirken. Bei den Entscheidungsprozessen wird differenziert zwischen solchen, die die Routineabläufe regeln, und solchen, die als nicht programmierbare Entscheidungs- bzw. Zielbildungsprozesse für die gesamte Unternehmung bezeichnet werden können.

Für die Betriebe kommt es darauf an, eine möglichst optimale Organisation der für die Entscheidung verantwortlichen Instanzen — Führungsorganisation — zu haben. Sie ist ein Teil der Personalorganisation, worunter die Eingliederung aller im Betriebe tätigen Menschen in die Aufbau- und Ablauforganisation verstanden wird. Aufbau- und Ablauforganisation sind jeweils verschiedene Organisationsgrade des Eingriffs in die Arbeit des Menschen bzw. der Maschine als dem zweiten Systemelement. Personalorganisation ist damit eine wichtige Aufgabe der Personalpolitik [52, S. 78 ff.].

Eine gute Instanzengliederung im Betriebsaufbau sollte mit einer guten Führungsorganisation in der Betriebsspitze beginnen; das gilt vor allem bei einem mehrköpfigen obersten Führungsorgan. Es sollte das erfüllen, was für alle Stellen des Betriebes gilt, eine klare Regelung von Aufgaben, Verantwortung und Kompetenzen und eine möglichst gute Zusammenarbeit. Sind Ressorts fehlerhaft oder ungenügend abgegrenzt, gibt es leicht Spannungen, die von den nachgeordneten Mitarbeitern schneller registriert werden, als meist angenommen wird. In Familienunternehmen können Schwierigkeiten von außen kommen, wenn z. B. die Geschäftsleitung auf Familienstämme verteilt ist, die zerstritten sind. Auch in solchen Fällen gilt es, derartige Störungen so schnell wie möglich zu beseitigen [173, S. 37].

Für die mit delegierten Führungsaufgaben beauftragten Mitarbeiter in den verschiedenen Instanzen ist es wichtig, in welchem Umfange ihnen selbständige Entscheidungsrechte übertragen werden. Die oberste Betriebsleitung kann sich bei delegierten Aufgaben bestimmte Entscheidungen oder Mitwirkungsrechte vorbehalten. Bestehen zu viele Eingriffsrechte von seiten der vorgesetzten Instanzen, kann nicht nur der Geschäftsgang schwerfällig werden, es erlahmen auch Initiative und Verantwortungsfreudigkeit der Mitarbeiter. Es werden Gefühle der Abhängigkeit und des Unwillens hervorgerufen, die sich oft recht schnell bis in die letzte ausführende Tätigkeit fortpflanzen.

Die Delegation von Aufgaben und Verantwortung gehört zu den ältesten Praktiken der Führungsorganisation. Bei einer entsprechenden personalpolitischen Entscheidung empfiehlt sich als wichtiges organisatorisches Mittel die Stellenbeschreibung. Voraussetzung ist die Analyse der Aufgaben, Verantwortung und Kompetenzen. In der Stellenbeschreibung sind die Regelungen für die Delegation von Aufgaben und Verantwortung festzulegen. Die Mitarbeiter sind darüber zu informieren, wie groß der Rahmen der Verantwortung und der Handlungsfreiheit gegenüber Vorgesetzten und Mitarbeitern ist. Der Vorgesetzte kann davon ausgehen, daß der Mitarbeiter weiß, wofür er verantwortlich ist, und übersieht besser, wenn die Verantwortung rückdelegiert wird. Für die Betriebe im ganzen wird die Organisation durchsichtiger, und die Zusammenhänge sind leichter zu erkennen [95, S. 35 ff.] [96].

Eine moderne Form der Führungsorganisation ist die Führung durch Vorgabe von Zielen (management by objectives). Sie tritt uns in einer zweifachen Gestalt entgegen: einmal in der Vorgabe von Leistungszielen oder Ergebniszielen und zum anderen in der Vorgabe von Funktionszielen. An diese genannten Führungsformen schließt sich eine dritte an, die als Führung durch Überwachung der Abweichungen (management by exception) bezeichnet werden kann. Sind Aufgaben delegiert und werden gleichzeitig Ziele gesetzt, kann sich die vorgesetzte Führungsinstanz darauf konzentrieren zu überwachen, ob die festgesetzten Ziele eingehalten werden. Organisatorisch bedarf es hierfür entsprechender Planungsmaßnahmen und Informationssysteme.

Es gibt weitere Variationen der Führungsorganisation, die hier nicht näher erörtert werden können. Die erwähnten drei wesentlichen Formen sollten veranschaulichen, daß die Führungsorganisation ein wichtiger Punkt der Personalpolitik ist. Je nachdem, welche Maßnahmen getroffen werden, können wir eine mehr oder weniger gute Führungspraxis haben, die sich entsprechend auf die gesamten Mitarbeiter auswirkt. Die Führungsorganisation steht in einer Wechselwirkung zur Personalführung. Gute persönliche Führungsfähigkeit kann schlechte Regelungen der Führungsorganisation nicht ausgleichen; sie wird zumindest damit unnötig belastet.

Bei größeren Unternehmungen, die neben den Linieninstanzen eine größere Zahl von Stabsstellen haben, ist die Abgrenzung der Kompetenzen zwischen beiden Gruppen eine in der Praxis häufig anzutreffende Quelle von Unzulänglichkeiten. Ein Vertreter des amerikanischen oberen Managements mit langen Berufserfahrungen wendet sich z. B. gegen die Vielzahl von Spezialisten in den Unternehmungen, weil er damit große Gefahren verbunden sieht. Werde das nicht rechtzeitig erkannt und gebannt, könne es soweit kommen, daß ein Unternehmen so durcheinander gerät wie eine Armee ohne General, die nur aus Scharfschützen besteht [176, S. 64]. Der langjährige Vorsitzende des Vorstandes der *Volkswagenwerk* AG *Nordhoff* formulierte seinen Standpunkt hierzu noch apodiktischer, als er in einem Vortrage sagte, daß es nach seinen Erfahrungen geradezu ein Wertmesser für die Güte der Organisation eines Industrieunternehmens sei, daß sie mit einem Minimum an Stabsfunktionen auskomme [175]. Ohne Zweifel kann ein Urteil über die Zweckmäßigkeit von Stabsstellen und ihre Zusammenarbeit mit den Linieninstanzen immer nur aus der konkreten Situation in den einzelnen Betrieben gefällt werden. Die Hinweise sollten aber die Problematik verdeutlichen, vor der die Führungsorganisation der Betriebe stehen kann.

2.1.2.3 *Arbeitsgestaltung*

In dem neuen Betriebsverfassungsgesetz sind in §§ 90 ff. Bestimmungen über die Gestaltung von Arbeitsplatz, Arbeitsablauf und Arbeitsumgebung enthalten, die für diese Maßnahmen Unterrichtungs- und Beratungsrechte des Betriebsrates festlegen. Arbeitgeber und Betriebsrat sollen dabei die gesicherten arbeitswissenschaftlichen Erkenntnisse über die menschengerechte Gestaltung der Arbeit berücksichtigen. Es handelt sich um Maßnahmen der Arbeitsgestaltung, worunter nach *REFA* „das Schaffen eines aufgabengerechten, optimalen Zusammenwirkens von arbeitenden Menschen, Betriebsmitteln und Arbeitsgegenständen durch zweckmäßige Organisation von Arbeitssystemen unter Beachtung der menschlichen Leistungsfähigkeit und Bedürfnisse" verstanden wird [183, Teil 3, S. 21]. Dabei sind einmal die Grundsätze der Wirtschaftlichkeit des Betriebes zu beachten bzw. der optimale Wirkungsgrad der einzelnen Arbeitsvorgänge. Zum andern gilt die Forderung des Betriebsverfassungsgesetzes, wonach die Arbeit menschengerecht zu gestalten ist. Diese Forderung bezieht sich nicht nur auf die rein ausführenden Arbeiten, sondern die dispositiven Arbeiten zählen ebenfalls hierzu. Das Betriebsverfassungsgesetz hat die menschliche Arbeit im Betrieb umfassend angesprochen; keine Arbeitsphase, gleich in welcher Stufe, ist ausgeklammert. Die Probleme, die mit der Arbeitsgestaltung bei Führungskräften zu beachten sind, wurden im vorigen Abschnitt erörtert.

Handelt es sich bei den Maßnahmen zur Arbeitsgestaltung im Grunde um Vorgänge, die zum täglichen Brot jedes Betriebes gehören, ist mit der Bestimmung im Betriebsverfassungsgesetz dennoch eine Phase eingeleitet, die eine neue Situation schafft. Sie läßt sich am besten so kennzeichnen, daß nunmehr arbeitswissenschaftliche Erkenntnisse von Gesetzes wegen zu beachten sind. Das ist natürlich leichter gesagt als getan, wenn es darum geht, die Erkenntnisse im Einzelfall in die Praxis umzusetzen. Es bestehen aber viele Möglichkeiten, ausreichend unterstützt zu werden. Neben einer reichhaltigen praxisorientierten Literatur gibt es viele Institutionen, die unmittelbar durch Beratung helfen können. Der *Verband für Arbeitsstudien — REFA* — und das *Rationalisierungs-Kuratorium der Deutschen Wirtschaft — RKW* — können die erwünschten Auskünfte geben. Nach Absprache mit dem Deutschen Normenausschuß (DNA) und interessierter Kreise wurde 1970 der Fachnormenausschuß Ergonomie gegründet. Seine bisher konstituierten elf Arbeitsausschüsse bemühen sich, die „gesicherten arbeitswissenschaftlichen Erkenntnisse über die menschengerechte Gestaltung der Arbeit" (§ 91

BetrVG) nach dem Stand der Wissenschaft und der Technik in DIN-Normen festzulegen.

Die Industrieunternehmen stehen damit vielfach vor Fragen, die durch die Auswirkungen des schnellen technischen Wandels auf die Arbeitsorganisation und damit die Gestaltung der Arbeit entstanden sind. Die Impulse kommen von den Großunternehmen in den modernen Industriestaaten. Die USA waren mit ihrer Automobilindustrie nicht nur die Wiege, sondern sind bis heute noch die Hochburg der Fließbandarbeit. So verwundert nicht, daß von hier die Auseinandersetzungen über die Humanisierung der Arbeit kommen, die im Schlagzeilentext auch als Rebellion gegen die Langeweile formuliert werden. Nicht zuletzt wirkt sich eine veränderte Mentalität der jüngeren Mitarbeiter in den Fabriken aus. Sie wollen nicht als Roboter tätig sein und eine monotone Arbeit leisten. Es werden deshalb neue Formen der Arbeitserweiterung praktiziert.

Die Praktiken der Arbeitserweiterung sind durch verschiedene Begriffe gekennzeichnet, die uns von den USA geliefert werden. Sie befassen sich alle damit, wie die Arbeit selbst umorganisiert werden kann, mit dem Ziel, sie abwechslungsreicher zu gestalten. Es geht also nicht um Maßnahmen, die die Umgebung des Arbeitsplatzes, z. B. durch Farben usw., verändern. Im einzelnen sind zu unterscheiden [238]:

— Job Rotation (Aufgabentausch)

Hier haben wir eine Art Tätigkeitswechsel, wie er auch sonst schon praktiziert worden ist. Bei Job Rotation wird jedoch nicht zwischen mehreren, zu einem Arbeitsplatz gehörenden Verrichtungen gewechselt, sondern es wird der Arbeitsplatz selber mit anderen Arbeitsplätzen getauscht.

— Job Enlargement (Tätigkeitsausweitung)

Darunter wird verstanden, daß dem einzelnen Arbeitnehmer an einem einzigen Arbeitsplatz mehrere Verrichtungen als bisher übertragen werden. Mehrere Arbeitsplätze werden so zusammengelegt, daß sich die Anzahl ähnlicher Verrichtungen erhöht und damit der Arbeitszyklus verlängert.

— Job Enrichment (Tätigkeitsbereicherung)

Den Mitarbeitern wird größere Verantwortung übertragen.

Überkommene Hierarchien werden abgebaut. So ist es z. B. in einer Automobilfabrik der Belegschaft überlassen, das Tempo des Fließbandes zu bestimmen. In einem anderen Unternehmen wird die weitgehende Arbeitsteilung zurückgeführt, so daß der einzelne Mitarbeiter, z. B. in einer Instrumentenfabrik, wieder das ganze Instrument zusammensetzen kann. Inzwischen sind auch in Europa neue Formen der Arbeitsgestaltung zur Überwindung der Fließbandarbeit entwickelt worden, z. B. bei *Philips* in den Niederlanden, *Fiat* in Neapel und bei *Volvo* in Schweden. In der Bundesrepublik sind ähnliche Versuche, auch in kleineren Unternehmungen, angelaufen, in denen z. B. die Verantwortung für die Arbeitsgestaltung durch Gruppenarbeit auf die Ausführenden selber übertragen wird. Diese Bestrebungen fließen ein in die Regelungen, wie sie ebenso als Mitbestimmung am Arbeitsplatz diskutiert werden. Es ist nicht ausgeschlossen, daß diese Entwicklung zu weitreichenden Veränderungen in der Arbeitsgestaltung führt, worauf sich die Personalpolitik der Betriebe rechtzeitig einzustellen hat. Es sind gleichzeitig Fragen der Betriebspolitik insgesamt, geht es doch dabei nicht zuletzt um Investitionen von heute für die Gestaltung der Arbeit von morgen. In den Erörterungen darüber wird schon von einer neuen Phase der industriellen Revolution gesprochen.

Wie immer bei derartigen Prozessen gibt es zahlreiche Zwischenlösungen. So haben moderne Automobil-Fabriken, z. B. in den Montagebetrieben, bereits bewegliche Arbeitsplätze. Der Arbeiter bewegt sich mit dem Band und verrichtet dabei bereits mehrere Arbeitsgänge. Wie immer bei den Fragen der Zukunft ist es bei dem hier skizzierten Prozeß schwierig, exakte Prognosen zu stellen. Der Trend, monotone Arbeiten zu ersetzen, dürfte sich aber in hochindustrialisierten Ländern fortsetzen. Dabei wird es keine großen Unterschiede geben, ob der Anteil der ausländischen Arbeitnehmer groß oder klein ist. Eine Bestätigung für diese neuen Formen der Arbeitsgestaltung dürfte darin zu sehen sein, daß gleichzeitig die Industrieroboter in Gestalt von Hantierautomaten mehr und mehr vordringen, wie das dritte zentrale Symposion über Industrieroboter demonstrierte, das Ende Mai 1973 in Zürich abgehalten wurde. In Japan arbeiten bereits 1500, in den USA 800 dieser Automaten, der Rest in Europa, davon in der Bundesrepublik Deutschland 80 [100]. Sie verrichten meist menschenunwürdige monotone oder „knochenbrechende" Hantierungen wie das Einlegen von Blechen in Pressen, die Entnahme heißer Metallteile oder Gläser aus Öfen, Arbeiten wie das Punktschweißen und das Spritzlackieren von Geräten und bedienen an vielen Stellen Montagebänder und Fertigungsautomaten.

Was für die Arbeit in der industriellen Fertigung gesagt wurde, gilt im übertragenen Sinne auch für die Tätigkeit in den technischen und kaufmännischen Verwaltungsbüros. Dies möge am Beispiel der Einführung der elektronischen Datenverarbeitung veranschaulicht werden [103]. Damit wird nicht irgendeine neue Maschine in das Büro hineingesetzt. Praktisch müssen fast alle bisherigen Arbeitsprozesse und Kooperationsformen zwischen und in den Abteilungen neu durchdacht werden. Organisatorische Abläufe und teilweise auch Aufbaustrukturen sind neu zu entwickeln. Die Informationsspeicherung und -verarbeitung wird konzentriert. Das bringt zwangsläufig Ablaufänderungen der bisherigen Kommunikationswege auf den einzelnen Betriebsstufen mit sich, angefangen von der Unternehmensleitung bis zur letzten ausführenden Stelle. In den automationsbetroffenen Abteilungen erfahren die einzelnen Arbeitsplätze entweder einen Funktionsverlust oder einen Funktionszuwachs. Es entsteht eine stärkere Trennung zwischen qualifizierten Sachbearbeitern und Hilfskräften; dadurch werden einzelne Arbeitsplätze überflüssig oder verändert, gleichzeitig aber neue Aufstiegsmöglichkeiten geschaffen.

Ein Spezialproblem der Arbeitsgestaltung ist die Regelung der Arbeitszeit. Für die älteren Leser ist es eine selbstverständliche Vorstellung, daß die Mitarbeiter eines Betriebes pünktlich ihre Arbeit aufnehmen. Inzwischen haben die Verhältnisse im Straßenverkehr zwangsläufig dazu geführt, daß die Wege hin und zurück zum Arbeitsplatz länger und zeitraubender und der pünktliche Arbeitsbeginn schwieriger wurde. Gleichzeitig bahnt sich ein anderes Verhältnis zur Arbeit und zur Freizeit an. Die Ausführungen von *Jacques de Chalendar* geben hierzu einen bemerkenswerten Ausblick, wenn er schreibt, daß in Zukunft der intensiven Arbeit, die den Menschen ganz beschäftigt, nicht mehr die gleiche Achtung entgegengebracht werde wie heute. „Der Geschäftsmann, der überarbeitete Chef, der ständig unter Druck lebt, wird nicht mehr bewundert werden. Außerberuflicher Erfolg, z. B. bei kulturellen oder sportlichen Veranstaltungen, wird in Zukunft von den anderen bewundert und von ihm selbst für erstrebenswert gehalten werden" [31, S. 157].

Diese Vorstellungen sind nicht ganz abwegig, da sich entsprechende Ansätze in der Gegenwart zeigen. So kommt es nicht von ungefähr, daß die gleitende Arbeitszeit an Interesse gewinnt [93]. Darunter wird allgemein verstanden, daß die Mitarbeiter die Erlaubnis haben, Arbeitsbeginn und Arbeitsende innerhalb einer bestimmten, festgelegten Zeitspanne selbst zu bestimmen. Betriebe haben entsprechende Regelungen durchgeführt, wobei zwischen einer Kernarbeitszeit und sogenannten Bandbreiten für die eigentliche Gleitzeit unterschieden wird. Wichtigste Vorteile dieser flexiblen Arbeitszeitregelung sind eine bessere Anpassung an die Erfordernisse des Verkehrs und die persönlichen Lebensgewohnheiten und Wünsche des einzelnen Arbeitnehmers. Für die Unternehmen können oft weniger bezahlte Abwesenheit oder Überstunden und eine bessere Ausbalancierung von Hochbetrieb und Leerlauf herauskommen.

Bei der allseits geforderten Mobilität gibt es Grenzen, die zeigen, daß nicht nur rationale Überlegungen gelten können. Es ist an das Problem der Sonntagsarbeit oder besser die traditionelle 7-Tage-Woche gedacht. In einigen Industrien gibt es Arbeitszeitregelungen in Form kontinuierlicher Schichtpläne mit drei Tagesschichten in einem 4-Wochen-Rhythmus, die den überkommenen 7tägigen Wochenrhythmus auflösen. Sie werden dort diskutiert, wo wir kontinuierliche Betriebsabläufe, z. B. in Warmbetrieben der Hüttenindustrie oder in der Grundstoffchemie, haben, die bei Unterbrechungen, z. B. am Sonntag, zusätzliche Kosten verursachen.

2.1.2.4 *Personalstruktur*

Personalpolitische Entscheidungen zur Personalstruktur liegen vor, wenn die Zusammensetzung der Belegschaft in Teilbereichen oder im ganzen verändert wird. In den meisten Fällen sind Strukturveränderungen dieser Art Folgen anderer Maßnahmen. Sie können z. B. ausgelöst werden durch eine verstärkte Mechanisierung und Automatisierung, die bisherige Arbeitsgänge überflüssig machen. Die bis dahin oft benötigten angelernten Kräfte müssen dann durch Fachkräfte für die Maschinenwartung und Instandhaltung, die Arbeitsvorbereitung und die Fertigungskontrolle ersetzt werden. Entscheidungen, die gleichsam unmittelbar die Personalstruktur beeinflussen, können z. B. derart sein, daß Betriebe für bestimmte Bereiche Mitarbeiter nur bis zu einer Altersgrenze, z. B. 45 Jahre, verwenden. Solche Regelungen gibt es z. B. für den Außendienst bei Großunternehmen. Für die obersten Führungskräfte wird vielfach die Altersgrenze für die aktive Tätigkeit auf 60 Jahre festgesetzt.

Entscheidungen zur Personalstruktur liegen auch dort vor, wo die betriebliche Tätigkeit an bestimmte Ausbildungsvoraussetzungen geknüpft war, die nunmehr geändert werden. Ein typisches Beispiel hierfür war das sogenannte Juristenmonopol für die öffentliche Verwaltung, wonach für den Verwaltungsdienst in staatlichen Ämtern eine juristische Ausbildung Voraussetzung war. Für einzelne Verwaltungslaufbahnen sind inzwischen Änderungen eingetreten. Solche „Berufsmonopole" gibt es auch in der Wirtschaft, z. B. daß alle Spitzenpositionen in einzelnen Industriezweigen nur bestimmten Ausbildungsgängen vorbehalten sind, z. B. dem Diplom-Chemiker, Diplom-Ingenieur, Bergassessor, auch wenn die Funktion selbst keine rein technische oder naturwissenschaftliche Aufgabe mehr verlangt, wie z. B. im Verkauf oder Personalwesen. Personalstrukturentscheidungen ähnlicher Art liegen vor, wenn die Voraussetzungen für die Nachwuchsausbildung geändert werden. Das gleiche ist der Fall, wenn bisher nur männlichen Arbeitnehmern vorbehaltene Arbeiten im größeren Maße Frauen zugängig gemacht werden. Die Umstellung auf verstärkte Beschäftigung von Frauen ist meist durch große Personalknappheit veranlaßt, wie dies ebenso für die Beschäftigung ausländischer Arbeitnehmer gilt.

Mit solchen Entscheidungen zur Personalstruktur werden die verschiedensten Maßnahmen im Bereich des Personalwesens notwendig. Werden in größerem Maße Ausländer beschäftigt, steht die Betriebsführung vor einer Fülle neuartiger Entscheidungen. Das gilt für die Beschaffung ebenso wie für die Unterbringung, Betreuung und allgemein ihre sozialrechtliche Behandlung. Die Betriebe müssen sich darüber klar sein, daß die ausländischen Arbeitnehmer in eine für sie ungewohnte neue Umgebung kommen, die Sprache nicht beherrschen und andere Lebensgewohnheiten haben. Anfang 1973 war jeder vierte Beschäftigte im Baugewerbe Ausländer, im Gaststättengewerbe jeder fünfte. Im verarbeitenden Gewerbe, insbesondere Eisen und Metall; Leder, Textil, Bekleidung; Kunststoff, Gummi und Asbest; Steine und Erden, lag der Ausländeranteil zwischen ca. 15 bis 20 % der Beschäftigten.

Bei Beschäftigung von Frauen sind nicht nur die gesetzlich festgelegten Schutzvorschriften zu beachten. Es muß auch darüber Klarheit bestehen, daß vielfach die für Männerarbeit gedachten Arbeitsplätze nicht für die Frau geeignet sind, da diese im Durchschnitt kleiner ist als der Mann. Bei den verheirateten berufstätigen Frauen ist daran zu denken, daß schulpflichtige Kinder da sind und die Frauen durch Beruf und Familie überlastet sind. Auch dazu bedarf es Entscheidungen, z. B. im sozialen Bereich über Einrichtung von werkseigenen Kindergärten. Bei der Ausbildung müßte ebenso Rücksicht genommen werden auf die Bedürfnisse jüngerer weiblicher Arbeitnehmer, wenn diese in größerer Zahl vorhanden sind. Diese Beispiele machen deutlich, daß es auch im Bereich des Personalwesens Folgekosten der Personalstruktur gibt, die oft nicht rechtzeitig bedacht werden, aber doch sehr bedeutsam sein können.

Als eine Frage der Personalstruktur sei auch die Entscheidung angesprochen, sich des sogenannten Zeit-Personals zu bedienen, dessen Tätigkeit nach dem am 12. Oktober 1972 inkraft getretenen Arbeitnehmerüberlassungsgesetz geregelt ist. Von den Betrieben aus kann das Zeit-Personal als Instrument der Personalpolitik für eine sowohl qualitative als auch quantitative Lösung für vorübergehende Personalengpässe genutzt werden. Die Unternehmen, die Zeit-Personal vermitteln, sind im Unternehmensverband für Zeit-Arbeit zusammengefaßt. Er hat Regelungen für das Verhalten der Unternehmen gegenüber der Allgemeinheit, den Mitbewerbern, den Arbeitnehmern und den Kunden festgelegt und überwacht ihre Einhaltung.

2.1.2.5 *Personalbeschaffung*

Zentrale Entscheidungen zur Personalbeschaffung erstrecken sich in der Regel auf die langfristigen Personalbeschaffungsmöglichkeiten. Vorbereitungen hierfür sind von der Personalverwaltung zu treffen. Im Zeichen der Vollbeschäftigung und teilweise auch Überbeschäftigung geht es darum, wie vorhandene Engpässe im Personalbereich auf lange Sicht am besten behoben werden können. Die Prognose für die zukünftige Entwicklung der Bevölkerung und der Erwerbsquote ist dabei nicht sehr günstig, weil mit einer stagnierenden Bevölkerung, einem sogenannten „Null-Wachstum", zu rechnen ist. Die natürliche Bevölkerungsentwicklung im Bundesgebiet (Geburten und Sterbefälle) ist infolge stark gefallener Geburtenzahlen gegenwärtig (1972) stagnierend bzw. sogar leicht rückläufig. Dies bedeutet, daß die Betriebe keineswegs mehr mit einer ständig wachsenden Bevölkerung rechnen können. In den letzten 10 Jahren ging die Wanderungsdynamik der Bundesrepublik entscheidend von den ausländischen Arbeitnehmern aus. Während es noch Ende März 1961 rund 413 000 waren, wurde Ende März 1973 beinahe das sechsfache an ausländischen Arbeitnehmern registriert. Ein wesentlicher Grund hierfür war die abnehmende Erwerbsquote der deutschen Bevölkerung bei stetigem Wirtschaftswachstum, das einen entsprechenden Arbeitskräftebedarf verursachte. Unter Erwerbsquote wird der Anteil der Berufstätigen an der im erwerbsfähigen Alter stehenden Bevölkerung verstanden. Die Erwerbsquote sinkt gegenwärtig tendenziell durch die Veränderung der Altersstruktur, die Verlängerung der durchschnittlichen Ausbildungsdauer und eine zum Teil auch rückläufige Frauenerwerbsquote.

Bei dieser Sachlage steht die Betriebsführung vor der Frage, ob und in welchem Umfange in Zukunft die weitere Hereinnahme von Ausländern zweckmäßig und möglich ist. Aus einer Untersuchung darüber kann grundsätzlich das Fazit gezogen werden, daß langfristig das Arbeitskräfteangebot der heutigen Anwerbeländer ausreicht, um den Bedarf der Bundesrepublik Deutschland an ausländischen Arbeitnehmern zu decken, und zwar auch dann, wenn die Aufnahmekapazitäten der anderen westeuropäischen Industrieländer mit berücksichtigt werden. Dabei sind erhebliche Verschiebungen in den nationalen Gruppierungen allerdings durchaus denkbar [143, S. 169]. Für die einzelnen Betriebe ist zu beachten, daß das zur Verfügung stehende ausländische Reservoir an Arbeitskräften überwiegend ungelernte Hilfsarbeiter sind. 1970 und 1971 konnten zwar bald 30 % qualifizierte ausländische Kräfte angeworben werden. Es muß aber davon ausgegangen werden, daß es in Zukunft schwieriger sein wird, diese Quote zu halten. Die Betriebe müssen sich deshalb unter Umständen dazu bereitfinden, ihre Ausbildungsmaßnahmen nicht nur auf das Inland zu erstrecken, sondern gleichsam im voraus Bildungsmaßnahmen in den Anwerbeländern zu treffen. Zur Zeit ist das in Italien, der Türkei, Jugoslawien, Spanien und Tunesien möglich.

Die Entscheidungen für die Betriebe können dadurch noch schwieriger werden, daß sie nach dem Verursachungsprinzip mit den Kosten für die speziellen Infrastrukturmaßnahmen wie Schulen für ausländische Kinder usw. belastet werden. Bei der hohen Zahl der Ausländer, die zur Zeit in der Bundesrepublik tätig sind, wird bereits die Frage gestellt, ob die Aufnahmefähigkeit nicht erschöpft ist, da die Bundesrepublik wegen ihrer dichten Besiedlung nur beschränkt Einwanderungsland sein kann. Die betriebspolitischen Überlegungen zur Personalbeschaffung müssen dann in die Richtung gehen, ob nicht doch noch Arbeitskräfte aus dem deutschen Markt gewonnen werden können oder neue arbeitskräftesparende Rationalisierungsmaßnahmen möglich sind. Es sind auch Entscheidungen darüber zu treffen, ob nicht die Verlagerung von Betrieben oder Betriebsteilen in strukturschwache Bereiche der Bundesrepublik oder gar des Auslandes eine zweckmäßige Lösung der Personalknappheit im Inland ist. Für eine größere Zahl von Betrieben, z. B. im Dienstleistungssektor, kann daran gedacht werden, das noch vorhandene Arbeitskräftereservoir bei den verheirateten Frauen durch verstärkte Anwerbung auszuschöpfen. Zur Zeit liegt die Frauenerwerbsquote in der Bundesrepublik niedriger als in anderen westeuropäischen Industrieländern. Um zu einer weiteren Beschäftigung verheirateter Frauen zu kommen, bedarf es entsprechender Anreizsysteme und organisatorischer Maßnahmen, wie z. B. einer Vergrößerung der Zahl der Arbeitsplätze, die Teilzeitarbeit zulassen. Die Überlegungen zur Personalbeschaffung müssen auch die vielfach diskutierte „Leiharbeit" einbeziehen. Anfang 1972 betrug z. B. die Zahl der „Leiharbeiter" mehr als eine Viertelmillion. Bei diesen Überlegungen spielen die Kosten eine nicht geringe Rolle. Auch sind die gesetzlichen Regelungen zu beachten, die Ende 1972 über die Leiharbeit getroffen wurden.

Wenn auch die Personalknappheit die betriebspolitischen Entscheidungen zur Personalbeschaffung im wesentlichen bestimmen, sind aber andere personalpolitische Überlegungen nicht zu übersehen. Eine wichtige personalpolitische Entscheidung ist z. B., daß bei der Besetzung von Führungspositionen grundsätzlich zunächst die freigewordenen Stellen von den eigenen Mitarbeitern besetzt werden sollen. Dabei sind die Vor- und Nachteile einer solchen Praxis gegeneinander abzuwägen. Nicht zuletzt spielen die betriebsspezifischen Bedürfnisse eine Rolle. So werden hochgradig spezialisierte Unternehmen meist daran denken, sich ihre Führungskräfte selbst auszubilden, weil sie kaum Chancen haben, auf dem Arbeitsmarkt die erforderlichen Fachkräfte zu gewinnen.

Ein besonderes Problem ist die Beschäftigung älterer Arbeitnehmer. So ist einer Untersuchung des Instituts für Arbeitsmarkt- und Berufsforschung, einer Abteilung der Bundesanstalt für Arbeit, zu entnehmen, daß der Anteil der über 44jährigen Arbeitnehmer am Gesamtangebot an Arbeitnehmern beim Anhalten der Vergangenheitstendenzen von 28,2 % im Jahre 1968 auf 30,5 % im Jahre 1980 ansteigen wird. Dabei wird es 1980 rd. 860 000 mehr ältere Arbeitnehmer im Alter von 45—64 Jahren geben als 1968 (Männer + 430 000; Frauen + 430 000). Im einzelnen wird die Anzahl der 45—54jährigen männlichen Arbeitnehmer stärker ansteigen als die der gleichaltrigen weiblichen Arbeitnehmer. Umgekehrt ist die Entwicklung der Altersgruppe der 55—64jährigen [144].

2.1.2.6 *Ausbildung und Fortbildung*

Nach dem Berufsbildungsgesetz vom 1. August 1969 hat die Berufsausbildung eine breit angelegte berufliche Grundausbildung und die für die Ausbildung einer qualifizierten beruflichen Tätigkeit notwendigen fachlichen Fertigkeiten und Kenntnisse in einem geordneten Ausbildungsgang zu vermitteln. Sie hat ferner den Erwerb der erforderlichen Berufserfahrungen zu ermöglichen. Mit diesem Gesetz hat das Parlament das für die Bundesrepublik typische duale Prinzip der Berufsausbildung bestätigt. Der praktische Teil der Ausbildung erfolgt in den Betrieben und der schulische Teil in Berufsschulen. Dazu kommt, daß Betriebsräte und Gewerkschaften im Ablauf der betrieblichen Berufsausbildung mitwirken. Das Berufsbildungsgesetz gilt für alle Wirtschafts- und Berufszweige mit Ausnahme der Handwerks- und handwerksähnlichen Betriebe, für die die Handwerksordnung vom 17. 9. 1953 in der Neufassung vom 28. 12. 1965 einschlägige Bestimmungen enthält.

Es muß allerdings hinzugefügt werden, daß die zweckmäßige Form der beruflichen Ausbildung auch nach dem Berufsbildungsgesetz weiter diskutiert wird. So gilt die Novellierung des Berufsbildungsgesetzes bereits als beschlossene Sache. Die Parteien sind mit Vorschlägen neuer Modelle ebenso aktiv wie einzelne Länderregierungen. Selbstverständlich sind ebenso aktiv die Tarifvertragspartner. Vertreter der Gewerkschaften halten z. B. das Gesetz für völlig unzureichend. Nach ihrer Auffassung wird es den gesellschaftlichen Bedürfnissen und vor allem den Bildungsansprüchen der jungen Menschen nicht gerecht. Sie sehen deshalb in seinen Bestimmungen, insbesondere im 2. und 3, Teil, nur Mindestvorschriften, die durchaus auslegungsfähig seien. Von seiten der Arbeitgeberverbände wird auf die Gefahr hingewiesen, daß aus der Berufsbildung ein Hebel zur Gesellschaftsveränderung gemacht werden könne. Es müßte vor allem darauf geachtet werden, daß bei der Berufsbildung nicht am Bedarf der Wirtschaft „vorbeigeplant" werden dürfe[1]. Ein zen-

[1] (97) Siehe dort auch weitere Aufsätze zum Thema „Berufsbildung"; ein Überblick über die kritischen Vorstellungen der Gewerkschaft ist zu finden in verschiedenen Beiträgen der „Gewerkschaftlichen Monatshefte", Nr. 3, Köln 1973.

trales Thema der Auseinandersetzungen ist das Pro und Kontra der dualen Berufsausbildung.

Bei dieser Sachlage dürfte es jedenfalls zweckmäßig sein, daß sich die für die Ausbildung in der Wirtschaft Verantwortlichen mit den Bildungsverantwortlichen außerhalb der Betriebe zusammensetzen. Das ist sicher keine schlechte Grundlage für eine weitere Vervollkommnung der Systeme beruflicher und allgemeiner Bildung. Eine weitere Voraussetzung ist die ordnungsgemäße Durchführung des Gesetzes selbst, da die Qualität der Ausbildung bei den verschiedenen Betriebsgrößen und Wirtschaftszweigen doch noch recht unterschiedlich ist. Die zu sammelnden Erfahrungen sollten für die weiteren Diskussionen nicht unberücksichtigt bleiben.

Was die Ausbildung selbst angeht, so bedarf es personalpolitischer Entscheidungen, da manche Ausbildungsformen heute überholt sind. Die überkommene handwerkliche Ausbildung mit einem Abschluß in Gestalt der Gesellenprüfung wird z. B. in der Industrie heute mehr und mehr durch die sogenannte Stufenausbildung ersetzt. Auch das Berufsbildungsgesetz hat diese Form mit angesprochen. Die Ausbildung hängt nicht zuletzt vom Ausbilder ab, der zur Verfügung steht. Es ist deshalb ebenso wichtig, Entscheidungen darüber zu treffen, wie die Qualifizierung der Ausbilder erreicht werden kann. Der Gesetzgeber hat bestimmte Anforderungen daran gestellt.

Vor welchen Aufgaben die Betriebe stehen, mag das Ausbildungsvolumen zeigen. So gibt es zur Zeit rund 1,3 Mio Auszubildende (früher als Lehrlinge bezeichnet), das sind 30 % aller Jugendlichen zwischen 15 und 18 Jahren, die in einem Lehrberuf ausgebildet werden. Ihre Bedeutung wird anschaulich, wenn zum Vergleich die Zahl der Studenten, nämlich rund 430 000, herangezogen wird. Es ist aber festzustellen, daß die Zahl der Auszubildenden absolut zurückgeht, weil immer mehr junge Menschen weiterführende Schulen besuchen. Bei diesen Zahlen ist nicht zu verwundern, daß die Kosten der Ausbildung beträchtlich sind. So setzt die Industrie für die jährliche Ausbildung 600—700 Mio DM an [163, S. 56]. Praktisch handelt es sich um Investitionen in das Fähigkeitskapital der Betriebe.

Eine besondere Form der betrieblichen Ausbildung sind die Trainingsprogramme für den kaufmännischen und technischen Führungsnachwuchs. Jungen Wirtschaftlern oder Ingenieuren wird nach Abschluß ihres Studiums an einer Hochschule oder Fachhochschule die Möglichkeit geboten, als Trainees oder Assistenten ein 12 bis 18 Monate dauerndes Praktikum zu absolvieren, das sie durch die wichtigsten Betriebsstätten des jeweiligen Unternehmens führt.

Nach dem Berufsbildungsgesetz soll es die berufliche Fortbildung ermöglichen, die beruflichen Kenntnisse und Fertigkeiten zu erhalten, zu erweitern, der technischen Entwicklung anzupassen oder beruflich aufzusteigen (Anpassungs- bzw. Aufstiegsfortbildung). Für die zu treffenden personalpolitischen Entscheidungen ist es wichtig, daß die langfristige Sicherung der Wettbewerbsfähigkeit eines Unternehmens mehr und mehr von der Qualifikation der Mitarbeiter abhängt. Im einzelnen geht es darum, ob und in welchem Umfange eine auf der Berufsausbildung aufbauende systematische Fortbildung der Mitarbeiter und insbesondere der Führungskräfte durchgeführt wird. Dabei ist zu prüfen, ob es zweckmäßiger ist, z. B. die Fortbildungsmaßnahmen für Führungskräfte in eigener Regie zu betreiben oder sich Einrichtungen Dritter zu bedienen. Im Großunternehmen gibt es mannigfache betriebseigene Fortbildungsveranstaltungen, die teilweise in eigenen landschaftlich schön gelegenen Fortbildungszentren praktiziert werden. Diese internen Fortbildungsveranstaltungen werden u. U. ergänzt durch den Besuch externer Seminare verschiedener Institute und Verbände. Kleinere und mittlere Unternehmen beschränken sich häufig nur auf die letztere Maßnahme.

Die betrieblichen Aus- und Fortbildungsmaßnahmen sind zugleich Grundlage des beruflichen Aufstiegs. Eine typische Form der Fortbildung zwecks Aufstiegs ist die Meisterausbildung in der Industrie. Die Mitarbeiter legen heute mehr und mehr Wert darauf, im eigenen Betriebe Aufstiegsmöglichkeiten zu sehen. Die Entscheidungen über die betriebliche Aus- und Fortbildung müssen daher diesen Aspekt des Aufstiegs besonders berücksichtigen.

2.1.2.7 *Lohnpolitik*

Lohn wird umfassend als Entgelt verstanden; dazu gehören also Lohn und Gehalt. Die personalpolitischen Entscheidungen sind abhängig davon, ob Einzelverträge oder Kollektivverträge abgeschlossen werden. Die Einzelverträge gibt es bei den sogenannten außertariflich entlohnten Angestellten und der besonderen Gruppe von Führungskräften. Zu den AT-Angestellten zählen z. B. alle Angestellten mit qualifizierten betriebswirtschaftlichen, technischen oder sonstigen Leistungen, wie z. B. wissenschaftliche Tätigkeit oder Forschung. Die Anstellungsverträge für leitende Angestellte haben wegen der Abgrenzung zum Arbeitnehmerbegriff gemäß § 5, Abs. 3 BetrVG eine besondere Bedeutung erhalten.

Die Lohnregelung im Tarifbereich ist systematisch aufgebaut. Das trifft in der Regel nicht zu für die Entgelte im außertariflichen Sektor. Hier ist es in den letzten Jahren teilweise auch zu Spannungen gekommen, weil sich vor allem viele leitende Angestellte in ihrer Gehaltspolitik nicht so behandelt fühlten, wie dies bei Tarifverträgen der Fall ist. Ein Vergleich der Bezüge leitender Angestellter ist allerdings schwierig, weil sie vielfach mit zusätzlichen Leistungen verbunden sind, die sehr individuell festgelegt sind, wie z. B. Regelungen für Auto, Sonderurlaub, Gewinnbeteiligung usw. Jedenfalls ist die Personalpolitik in bezug auf die Entgelte für leitende Angestellte eine überaus wichtige Frage geworden, die größte Beachtung verdient. Bei den Führungskräften in den Spitzenpositionen ist das eine selbstverständliche Notwendigkeit, die sich nicht zuletzt aus der Knappheit an qualifizierten Spitzenkräften ergibt [240, S. 335 ff.] vgl. auch [59].

Betriebe, die tarifvertraglichen Regelungen unterliegen, haben für ihre Lohnpolitik einen mehr oder weniger vorgezeichneten Spielraum. Zunächst gilt es, die Bestimmungen des Tarifvertrags zu erfüllen. Dazu gehören die Einstufung in die Grundlohnstufen, die Erfüllung der vorgeschriebenen Leistungslohnvorschriften und der sonstigen materiellen und normativen Vereinbarungen. Im Jahre 1972 wurden für rund 10 Mio Arbeitnehmer neue Tarifverträge abgeschlossen. Neben den Lohn- und

Gehaltssteigerungen wurden in zahlreichen Tarifbereichen die Verbesserungen der Arbeitsbedingungen vereinbart, so z. B. verstärkte Anhebung der unteren Lohn- und Gehaltsgruppen, Arbeitszeitverkürzungen, Urlaubsverlängerungen, Einführung vermögenswirksamer Leistungen und Schutz der Arbeitnehmer vor den nachteiligen Folgen des technischen Fortschritts durch Abschluß weiterer Rationalisierungsschutzabkommen.

Eigentliche lohnpolitische Überlegungen sind erforderlich, wenn es sich aufgrund der örtlichen Arbeitsmarktverhältnisse — besondere Knappheit bei einzelnen Berufsgruppen — oder spezieller betrieblicher Arbeitserschwernisse als notwendig erweist, einzelne Bestimmungen des Tarifvertrages entsprechend anzupassen. Aufgrund der Unabdingbarkeit können seine Regelungen nicht zum Nachteil der Arbeitnehmer abgeändert werden. Abweichungen zu ihren Gunsten sind jedoch zulässig. So werden vielfach Betriebsvereinbarungen abgeschlossen, aufgrund derer dann der Effektivlohn vom vereinbarten Tariflohn abweichen kann. Besondere Schwierigkeiten ergeben sich hierbei in Zeiten großer Personalknappheit und der schneller werdenden Geldwertverschlechterung, wie sie sich 1972 und 1973 abzeichnete. In den Betrieben ist abzuwägen, inwieweit mit zusätzlichen Vereinbarungen die Tarifverträge durchlöchert werden. Gegebenenfalls bedarf es vorgezogener Gespräche der Tarifvertragsparteien.

Zur Veranschaulichung über die Höhe der Entgelte mögen einige Angaben aus der Statistik (Stand: Juli 1972) dienen. Bei den männlichen Arbeitern in der Industrie stand nach wie vor der Bruttostundenverdienst in der Druckerei- und Vervielfältigungsindustrie mit 9,28 DM an der Spitze der Lohnskala. In der Leistungsgruppe 1 (Facharbeiter und entsprechend qualifizierte Arbeiter) gab es in einigen Ländern durchschnittliche Bruttostundenverdienste von bis zu über 11,00 DM. Am Ende der Verdienstskala stand bei den Männern die Zigarrenindustrie mit 5,93 DM. Bei den Arbeiterinnen variieren die Bruttostundenverdienste zwischen 7,42 DM in der Kraftwagen- und Kraftradindustrie und 4,45 DM in der obst- und gemüseverarbeitenden Industrie sowie in der Zigarrenindustrie. Der Bruttomonatsverdienst der männlichen Angestellten in Industrie und

Handel, bei den Kreditinstituten und im Versicherungsgewerbe lag im Juli 1972 bei 1855,00 DM und bei den Frauen bei 1166,00 DM [20] [208].

2.1.2.8 *Ausweitung der Lohnpolitik*

Das Lohnproblem ist so vielschichtig, daß es nicht nur aus betriebswirtschaftlichen Überlegungen heraus gesehen werden kann, sondern daß auch außerbetriebliche, gesellschaftliche und volkswirtschaftliche Erfordernisse beachtet werden müssen. So sind im Laufe der Zeit Forderungen aufgestellt worden, die auf Erweiterung der Lohnformen abzielen, worüber die Betriebe dann zu entscheiden haben. Dazu zählen insbesondere die Vorstellungen, mit dem Lohn eine Ergebnis- oder Gewinnbeteiligung zu verbinden oder das Lohnproblem an Fragen der Vermögensbildung, der Sozialpolitik oder Bildungspolitik zu koppeln.

Wie für die im nächsten Abschnitt besprochene Ergebnis- und Gewinnbeteiligung gibt es auch für die mit der Lohnpolitik verbundene Vermögensbildung eine Vielzahl von Plänen. Beide Formen fließen teilweise ineinander über. Praktisch geht es darum, daß die Arbeitnehmer am innerbetrieblichen Vermögenszuwachs teilnehmen. Entsprechende Regelungen können kollektiv zwischen den Arbeitgeberverbänden und den Gewerkschaften ausgehandelt werden.

Inzwischen hat der Gesetzgeber durch das Gesetz zur Förderung der Vermögensbildung der Arbeitnehmer vom 1. 7. 1965 mit seiner Neufassung vom 27. 6. 1970 — 3. Vermögensbildungsgesetz — eine steuerlich begünstigte Vermögensbildung geschaffen. Danach wird die vermögenswirksame Anlage eines Betrages bis zu 624,00 DM jährlich, entnommen aus den Einkünften aus nicht selbständiger Arbeit, steuerlich in der Weise begünstigt, daß eine Arbeitnehmer-Sparzulage gezahlt wird, die nicht Bestandteil des Lohnes oder Gehaltes und steuer- und beitragsfrei ist. Von den hier gegebenen Möglichkeiten ist einschließlich der vorangegangenen Gesetze in hohem Maße Gebrauch gemacht worden. 1972 haben bereits rund 17 Mio Arbeitnehmer mehr als 8 Mrd. DM vermögenswirksam gespart. Manche Betriebe haben sich entschieden, aufgrund tarifvertraglicher Vereinbarungen die steuerbegünstigten vermögenswirksamen Leistungen ganz oder teilweise als Lohnbestandteil zu übernehmen. Die Gewerkschaften sind dieser Art von Vermögensbildung nur zögernd gefolgt, haben sie aber inzwischen, insbesondere in Verbindung mit den tarifvertraglichen Vereinbarungen vermögenswirksamer Leistungen, auch zum Bestandteil ihrer Vermögenspolitik gemacht, wenn auch die Probleme der Vermögensbildung in Arbeitnehmerhand grundsätzlich anders gesehen werden [146, S. 93 ff.].

Die Kombination von Vermögensbildung und Sozialpolitik sieht der sogenannte Leberplan vor [124]. Darauf aufbauend wurde im Baugewerbe zwischen den Arbeitgebern und den Gewerkschaften 1965 ein entsprechender Tarifvertrag abgeschlossen. Darin ist vorgesehen, daß die von den Arbeitgebern aufzubringenden Beträge an einen Fonds abgeführt werden. Durch Ausgabe von Anteilscheinen sind die Arbeitnehmer in Höhe ihres jeweiligen Anspruchs daran beteiligt. Die Anteilscheine sollen in der Regel bei Erreichen der Altersgrenze oder Gewährung einer Sozialversicherungsrente wegen Erwerbs- oder Berufsunfähigkeit an den Fonds gegen Auszahlung des angesammelten Kapitals zurückgegeben werden. Das Problem, Lohn- und Bildungspolitik miteinander zu verknüpfen, ist in jüngster Zeit aktuell geworden. Dazu gehört die Forderung nach Bildungsurlaub.

2.1.2.9 *Mitarbeiterbeteiligung*

Es ist historisch bemerkenswert, daß die Diskussion über die Gewinnbeteiligung oder die Vermögensbildung in Arbeitnehmerhand durch Miteigentum seit Mitte des vorigen Jahrhunderts in größeren Abständen regelmäßig wiederkehrte. Nach dem 2. Weltkrieg haben die Erörterungen darüber allerdings nicht nachgelassen und sind von den Parteien und sozialpolitischen Institutionen gefördert worden. Im Laufe dieser Jahre sind die verschiedensten Modelle entwickelt worden. Die Gewerkschaften verfolgen damit das Ziel, den Anteil aller Arbeitnehmer am Sozialprodukt zu vergrößern und eine gerechtere Verteilung des Produktionsergebnisses zu erreichen. Zu Beginn der 50er Jahre stand bei ihnen der Plan eines Sozialkapitalfonds zur Debatte, der Anfang 1973 in modifizierter Form erneut vorgeschlagen wurde.

Diesen Vorstellungen sind seit dem vorigen Jahrhundert von seiten einzelner Unternehmer Pläne der Mitarbeiterbeteiligung entgegengestellt und in die Praxis umgesetzt worden, die als Pläne für Miteigentum, Partnerschaft oder betriebliche Ertragsbeteiligung bekannt wurden. Da sie betont nur betriebliche Regelungen darstellen, werden sie von den Gewerkschaften abgelehnt. Sie gelten als systemstabilisierend und verteilungsunwirksam. Teilweise werden diese Regelungen mit allen anderen genannten Formen der Vermögenspolitik abgelehnt, weil „eine gerechte Vermögensverteilung nicht zu erreichen ist, ohne das kapitalistische System zu überwinden"*.

Die von einzelnen Unternehmern angebotenen und durchgeführten Formen der Mitarbeiterbeteiligung gehen, wenn sie ideologisch begründet werden, von völlig anderen Vorstellungen aus. Sie sehen darin eine Synthese von Kapital und Arbeit, die zu einem neuen Wirtschaftssystem führen kann [82, S. 6]. Weniger weitgreifende Ziele sieht *Guido Fischer,* für den die Grundsätze der Betriebsorganisation im partnerschaftlichen Betrieb in zwei Zielsetzungen gipfeln: Stärkung der Persönlichkeit des einzelnen arbeitenden Menschen und Auflösung der Vermassungstendenz moderner Technik durch eine bewußt geübte und gepflegte Gruppenbildung. Dabei möchte er diese Forderung nicht nur auf Partnerschaftsbetriebe beschränkt wissen. Für ihn ist die Mitarbeiterbeteiligung eine Konsequenz aus dem Partnerschaftsverhältnis [44, S. 29].

Die Betriebe, die sich für eine Form der Mitarbeiterbeteiligung entscheiden wollen, stehen vor einer Vielzahl spezieller Formen, die sich in drei Gruppen zusammenfassen lassen:

— Erfolgsbeteiligung
— Kapitalbeteiligung
— Kombinationsformen.

* [105, S. 109]; in dieser Ausgabe ist im übrigen eine gute Übersicht über die verschiedenen Standpunkte zur Vermögensbildung in Arbeitnehmerhand gegeben.

Bei der Kapitalbeteiligung lassen sich zwei Grundtypen herausschälen, nämlich die direkte und die indirekte Form. Die ersteren können individuelle Mitarbeiterdarlehn, stille Beteiligung, Gesellschafter einer Personengesellschaft, einer GmbH oder einer Aktiengesellschaft sein. Bei indirekten Kapitalbeteiligungen sind Beteiligungsgesellschaften zwischengeschaltet. Im einzelnen sind sorgfältige Analysen erforderlich. Wichtig sind auch die steuerlichen Gesichtspunkte, die bei einer Mitarbeiterbeteiligung beachtet werden müssen [58, S. 15 ff.]. In seinen Berichten zur Sozialpolitik hat das Deutsche Industrieinstitut ausgewählte Modelle betrieblicher Vermögensbeteiligung dargestellt [36].

2.1.2.10 *Sozialleistungen*

Neben dem für die Arbeitsleistung gezahlten Arbeitsentgelt werden von den Betrieben verschiedene Aufwendungen für sogenannte soziale Leistungen erbracht. Sie sind in den Jahresabschlüssen der Unternehmen unter verschiedenen Positionen ausgewiesen. So verlangt das Aktiengesetz außer Löhnen und Gehältern den Ausweis von sozialen Abgaben und Aufwendungen für Altersversorgung und Unterstützungen. Zu den „sozialen Abgaben" gehören lediglich die gesetzlichen Pflichtabgaben wie die Beiträge für Invalidenversicherung, Angestelltenversicherung, Knappschafts- und Berufsgenossenschaften, Krankenversicherungen. Die „Aufwendungen für Altersversorgung" umfassen Pensionszahlungen mit oder ohne Rechtsanspruch. Pensionsrückstellungen, sofern sie passiviert werden, müssen von den übrigen Rückstellungen getrennt ausgewiesen werden. Zu den „Aufwendungen für Unterstützung" zählen die verschiedenen Ausgaben der Betriebe im Falle von Krankheiten, Unfällen; Familienfürsorgezahlungen, Zuweisungen an Sozialkassen usw. Der Katalog der hier möglichen Leistungen ist von Unternehmen zu Unternehmen oft recht umfangreich und vielfältig. Die über die Pflichtbeiträge hinausgehenden zusätzlichen sozialen Aufwendungen können verschiedene Motive haben, die von der Erhaltung und Steigerung der Leistungsfähigkeit über die Hilfsbereitschaft gegenüber den Mitarbeitern bis zur Nutzung von Steuerbegünstigungen reichen.

Interessant ist ein geschichtlicher Rückblick. Er zeigt, daß die betrieblichen Sozialleistungen insbesondere in der totalitären Zeit des Nationalsozialismus, in der der Lohnstopp und ein weitgehender Preisstopp herrschten, stark angestiegen sind. Die Erklärung dafür ist, daß sie bis zu einem gewissen Grade dazu dienten, den Lohnstoppmaßnahmen entgegenzuwirken, also Ausgleich für sonst gezahlte höhere Löhne waren. In den schwierigen Jahren nach 1945 bis zur Währungsreform hatten die zusätzlichen betrieblichen Aufwendungen für die Arbeitnehmer wiederum den Charakter, unzureichende Entlohnung auszugleichen, wobei es in einzelnen Wirtschaftszweigen, die, wie z. B. der Kohle-Bergbau, lebenswichtig waren, Sondervergünstigungen gab. Das Ergebnis ist alles in allem, daß sich über die vertraglich gesicherten Löhne und Gehälter hinaus ein hoher Anteil von zusätzlichen betrieblichen Sozialleistungen entwickelt hat, der außerhalb der Tarifverträge gewährleistet wurde. Es ist daher verständlich, daß die betriebliche Sozialpolitik sowohl in den Vereinigungen der Arbeitgeber als auch der Arbeitnehmer und nicht zuletzt in den Betrieben selbst nach 1945 neu diskutiert wurde. Ebenso beteiligten sich Vertreter der Wissenschaft daran [184] [37] [84].

Eine wichtige Rolle spielen die Aufwendungen für die betriebliche Altersversorgung, eine betriebliche Einrichtung, die auf eine lange Geschichte zurückblicken kann. Heute haben etwa 60 von 100 der Arbeitnehmer, wenn sie wegen Alters oder Invalidität in den Ruhestand treten, neben ihrer Sozialrente und etwaigen Einkünften aus einer Eigenvorsorge noch zusätzliche Bezüge aus einer betrieblichen Altersversorgung zu erwarten [90, S. 9]. Mit dem weiteren Ausbau der gesetzlichen Rentenversicherung hat sich die Aufgabenstellung der betrieblichen Altersversorgung gewandelt. War sie früher oft die einzige Versorgung, wenn von der Eigenversorgung abgesehen wird, so ist sie heute im wesentlichen eine Zusatzsicherung zur Rentenversicherung geworden. Sie hat deswegen aber keineswegs an Bedeutung verloren, was nicht zuletzt die Erörterungen in der Öffentlichkeit darüber beweisen. Eines der Probleme ist hierbei, daß die betrieblichen Versorgungsanwartschaften beim vorzeitigen Ausscheiden eines Arbeitnehmers aus dem Betriebe verfallen.

Im Bundesministerium für Arbeit und Sozialordnung sind bei Drucklegung dieses Buches Gesetzesvorlagen in Arbeit, die eine größere Unverfallbarkeit gewährleisten sollen.

Für die Entscheidungen zur Altersversorgung ist bestimmend, welche Gesamtsicherung angestrebt werden soll. Vielfach ist die Beamtenpension das „Leitbild", die nach Ausscheiden aus dem aktiven Dienst bei Erreichen der Altersgrenze 75 % der letzten Bezüge als Altersruhegeld beträgt. Die erreichbare Sozialrente — ein ununterbrochenes Arbeitsleben vorausgesetzt — liegt für Arbeitnehmer mit Bezügen bis zur Beitragsbemessungsgrenze (1973 = 2300,— DM) schätzungsweise bei etwa 50 vom Hundert der letzten Bezüge. Je nachdem, mit welchem Anteil der eigenen Vorsorge für das Alter gerechnet werden kann, geben diese Zahlen Anhaltspunkte für eine mögliche betriebliche Altersversorgung. Für Arbeitnehmer, die mehr verdienen, vergrößert sich die zu deckende Lücke der Altersversorgung in dem Umfange, wie die Bezüge die Beitragsbemessungsgrenze übersteigen. Bei den Entscheidungen der Betriebe zu einer ergänzenden betrieblichen Altersversorgung spielen neben sozialen Motiven finanzwirtschaftliche und steuerliche eine Rolle. Nicht zuletzt müssen im Hinblick auf die jährlichen Zuführungen ertragswirtschaftliche Überlegungen angestellt werden. Die Entscheidungen sind bei Unternehmen mit strukturell bedingter geringerer Rentabilität oder stark schwankenden Erträgen schwieriger als bei Unternehmen mit besserer Ertragslage. Lohnintensive Betriebe haben wiederum andere Überlegungen anzustellen als kapitalintensive Unternehmen.

Soll eine betriebliche Altersversorgung eingeführt werden, können die Betriebe fünf verschiedene Gestaltungsformen wählen, die auch miteinander kombiniert werden können [90, S. 125]. Sie unterscheiden sich dadurch, wer Träger der Versorgung ist:

— Unternehmen selbst (Ruhegeldverpflichtungen)
— Unternehmen der privaten bzw. öffentlich-rechtlichen Lebensversicherung (Direktversicherung)

— Betriebliche Pensionskasse
— Betriebliche Unterstützungskasse
— Höherversicherung oder Weiterversicherung bei der gesetzlichen Rentenversicherung.

Anfang der 70er Jahre stand eine besondere Variation der betrieblichen Altersversorgung zur Diskussion: Die flexible Altersgrenze [214, S. 2] [6]. Sie ist mit dem Rentenreformgesetz vom 16. Oktober 1972 (BGBl I 1972, S. 1965) geregelt worden. Bis dahin wurde Altersruhegeld grundsätzlich von der Vollendung des 65. Lebensjahres an gezahlt. Frauen konnten Altersruhegeld von der Vollendung des 60. Lebensjahres beantragen, wenn sie in den letzten zwanzig Jahren überwiegend rentenversicherungspflichtig tätig waren. Männern und Frauen konnte Altersruhegeld von der Vollendung des 60. Lebensjahres an gewährt werden, wenn sie davor mindestens ein Jahr lang ununterbrochen arbeitslos waren. Voraussetzung war stets die Erfüllung der Wartezeiten. Neben dem Bezug des Altersruhegeldes vom vollendeten 60. Lebensjahr an durfte Arbeitseinkommen nur in bestimmten Grenzen erzielt werden.

Seit dem 1. Januar 1973 ist es den Versicherten, die 35 Versicherungsjahre zurückgelegt haben, freigestellt, ob sie die Altersrente von der Vollendung des 63. Lebensjahres oder erst von einem späteren Zeitpunkt an beziehen wollen. Das Altersruhegeld erhöht sich um einen bestimmten Prozentsatz für jeden Kalendermonat, in dem ab Vollendung des 65. Lebensjahres bis zur Vollendung des 67. Lebensjahres Altersruhegeld nicht in Anspruch genommen wird. Dazu kommt ggf. die Steigerung der Rente infolge weiterer Beitragsleistung. Das Rentenreformgesetz vom 16. Oktober 1972 sah vor, daß neben dem Bezug von Altersruhegeld wegen Vollendung des 62. bzw. des 63. Lebensjahres ebenso wie bei Bezug von Altersruhegeld nach dem 65. Lebensjahr Arbeitseinkommen in beliebiger Höhe erzielt werden darf. Das am 31. März 1973 verkündete 4. Rentenversicherungs-Änderungsgesetz (RVÄndG) läßt eine unbeschränkte Weiterarbeit neben dem flexiblen Altersruhegeld nicht mehr zu. Danach darf der Rentner im 63. und 64. Lebensjahr nur bis zu maximal 30 % der Rentenbeitragsbemessungsgrenze unbeschadet zur Rentenzahlung zuverdienen.

Die betriebspolitischen Entscheidungen zur Sozialpolitik sind wie alle personalpolitischen Entscheidungen als Teil der Unternehmenspolitik zu sehen. In dieser Sicht umfaßt sie über das Arbeitsentgelt hinaus die Gegenleistung für den persönlichen Einsatz der Belegschaft, für Leistungen, die im einzelnen nicht erfaßbar und abgeltbar sind und deshalb der Belegschaft in kollektiver Form zugute kommen. „Es entfallen dann auch die Schwierigkeiten, die sich immer wieder bei der Abgrenzung zwischen der betrieblichen Sozialpolitik und den Maßnahmen der Arbeitsökonomie ergeben. In der neuen Sicht dienen alle diese Maßnahmen der Leistungssteigerung. Man wird lediglich unterscheiden zwischen arbeitsökonomischen Maßnahmen, die unmittelbar der Leistungssteigerung dienen, und den Maßnahmen der betrieblichen Sozialpolitik, die dasselbe Ziel auf mittelbare Weise anstreben. Es besteht also kein Gegensatz mehr zwischen den Bestrebungen nach Ökonomisierung und nach Humanisierung des Arbeitsprozesses: beide bedingen einander, und beide Ziele sind optimal nur gleichzeitig erreichbar" [85, S. 13].

2.1.2.11 *Sicherheit des Arbeitsplatzes*

Für den in abhängiger Arbeit Tätigen ist der Arbeitsplatz im Betrieb die einzige Existenzgrundlage. Damit erhalten wirtschaftliche Krisen und Arbeitslosigkeit eine zentrale Bedeutung für unsere Gesellschaft. Die Forderung nach Vollbeschäftigung ist deshalb in den modernen Industriegesellschaften eine selbstverständliche Maxime der Wirtschaftspolitik geworden. Aber selbst eine durch die Wirtschaftspolitik erreichte Vollbeschäftigung verhindert nie, daß einzelne Branchen in Schwierigkeiten geraten oder daß es Zeiten der Rezession gibt, die zu Entlassungen führen können.

Wenn auch die ökonomische Sicherheit des Arbeitsplatzes letztlich eine Aufgabe ist, die nur von der Wirtschaftspolitik des Staates oder im werdenden Europa der EG gewährleistet werden kann, bieten sich dennoch für den Betrieb zahlreiche Möglichkeiten an, betriebsbezogene Lösungen zu finden. Eine sehr weitgehende Regelung ist die Unkündbarkeit, wie sie z. B. für die Beamten besteht und in öffentlichen Betrieben auch für Arbeitnehmer vereinbart worden ist, wenn sie 15 Jahre lang im Unternehmen tätig gewesen sind. Regelungen in Großunternehmen der Wirtschaft bestehen z. B. darin, daß Arbeitnehmer, die 50 Jahre und älter sind und mehr als 20 Jahre dem Betrieb angehören, unkündbar sind. Eine andere Regelung ist die Ausweitung der gesetzlichen Kündigungsschutzbestimmungen zugunsten des Arbeitnehmers. Entsprechende Vereinbarungen sind in den Manteltarifabkommen zu finden.

Die Ursachen für notwendige Personaleinsparungen sind häufig auf Maßnahmen der Rationalisierung zurückzuführen. Hier hat der Betrieb die Möglichkeit, durch langfristige Personalplanung die notwendigen Personaldispositionen vorzubereiten. Es bieten sich langfristig vorbereitete Programme für Anpassungen an. Dazu gehören meist Umschulungsmaßnahmen. In einzelnen Wirtschaftszweigen sind mit den Gewerkschaften Rationalisierungsschutzabkommen vereinbart worden. Ein erstes Abkommen dieser Art wurde in der Textil-Industrie abgeschlossen. Es sah die Bildung einer von den Gewerkschaften und dem Arbeitgeberverband paritätisch besetzten Rationalisierungskasse vor, in die der Arbeitgeber regelmäßige Zahlungen leistete. Daraus sollen dann entlassene Mitarbeiter Zahlungen erhalten, wenn sie keinen Arbeitsplatz mehr finden. Eine andere Praxis, die vor allem im Bergbau und auch in der eisenschaffenden Industrie anzutreffen ist, sind sogenannte Sozialpläne, in denen z. B. bei notwendig gewordenen Stillegungen sozialorientierte Übergangsregelungen vereinbart werden. Ein Bestandteil dieser Regelungen ist z. B. die vorgezogene Altersrente. Das Betriebsverfassungsgesetz hat diese Praxis im übrigen in § 112 übernommen. Darin ist der Sozialplan angesprochen als eine Betriebsvereinbarung über den Ausgleich oder die Milderung der wirtschaftlichen Nachteile, die den Arbeitnehmern infolge der geplanten Betriebsänderungen entstehen.

Eine Variante der Rationalisierungsschutzabkommen ist der sogenannte garantierte Jahreslohn, wie er in den USA zwischen Vertretern der Gewerkschaften und der Unternehmen vereinbart worden ist, vornehmlich in der Automobil-Industrie. Darin ist festgelegt, daß die Unternehmungen, die aus Rationalisierungsgründen Arbeitskräfte entlassen, diesen für eine Zeit von z. B. 26 Wochen weiterhin die Löhne zahlen. Praktisch handelt es sich dabei um einen zeitlich begrenzten betrieblichen Schutz des Arbeitnehmers vor den Auswirkungen der Mechanisierung und Automatisierung in der Industrie.

2.1.2.12 *Personal-Marketing*

In den Zeiten der Vollbeschäftigung und gar der Überbeschäftigung ist das Beschaffen der Mitarbeiter, aber ebenso auch ihre dauerhafte Tätigkeit im Betriebe, wichtiger denn je. Analog der Entwicklung im Absatz, die heute durch das Marketing-Denken gekennzeichnet ist, das weitgehend Bestandteil der Unternehmenspolitik schlechthin geworden ist, wird auch im betrieblichen Personalwesen das Personal-Marketing gefordert. Darunter wird die aktive Gestaltung und Formung des speziellen Marktes für das Personal, also des außerbetrieblichen und innerbetrieblichen Arbeitsmarktes, verstanden. Damit soll einmal betont werden, daß sich die Betriebe um eine spezielle Konzeption für die Beobachtung und Beeinflussung des Arbeitsmarktes bemühen. Das verlangt die systematische Entwicklung von Lösungen für die Personalprobleme. Voraussetzung sind ausreichende Informationen; deshalb sind die exakten Untersuchungen am regionalen Arbeitsmarkt und im Betriebe notwendig. Aufgrund der entwickelten Strategien für die Gewinnung von Personal sind die entsprechenden Maßnahmen zu planen. In Großbetrieben kommt es darauf an, daß die Anstrengungen der verschiedenen Teilbetriebe koordiniert werden. Hierzu bedarf es der Festlegung von Grundsätzen und Zielen für die Beschaffung, Auswahl, Einstellung und Einführung neuer Mitarbeiter. Dazu gehört auch, daß der angebotene Arbeitsplatz „marktorientiert“ dargestellt wird. Letztlich fallen alle weiteren Einrichtungen und dauerhaften Regelungen der Personalpolitik und Personalführung darunter.

Marketing im Personalbereich fordert vom Betrieb, ähnlich wie im Absatzbereich, hohe Anpassungsbereitschaft und Anpassungsfähigkeit. Gedacht ist an die möglichst weitgehende Anpassung an die Erwartungen, Wünsche und Interessen der Mitarbeiter. Darunter wird nicht eine bequeme oder passive Anpassung verstanden. Es geht vielmehr darum, die Interessen des Betriebes durch flexibles Eingehen und aktives Einflußnehmen auf konkrete Arbeitsmarkt-Situationen optimal zu wahren.

„Marktpartner“ sind nicht nur die potentiellen Mitarbeiter, die das Unternehmen neu gewinnen (oder zurückgewinnen) will, sondern auch die gegenwärtigen Mitarbeiter, die dem Betrieb erhalten bleiben sollen. Sie sind gleichzeitig ein Personalreservoir für freigewordene Positionen. Man muß sich stets bewußt sein, daß es im eigenen Betrieb Führungskräfte und Mitarbeiter gibt, die nicht immer voll ausgenutzt sind. „Dieses ungenutzte Potential weiß die Konkurrenz zumeist besser zu schätzen als die eigene Firma, denn nur so erklärt sich, daß eine Vielzahl von Personalinseraten sich an die ‚Leute im zweiten Glied‘ richtet“ [32, S. 24]. Für das Personal-Marketing gilt ebenso, daß es keine kurzfristigen Lösungen gibt. Es zeigt nur aus einem speziellen Blickwinkel oder in neuen Kombinationen die Mittel und Wege moderner Personalarbeit auf, die eine Voraussetzung für längerfristige Erfolge des Unternehmens sein können. Natürlich sind damit Anregungen für die kurzfristige Personalarbeit verbunden. Das Besondere des Personal-Marketing ist nicht, wie übrigens im Marketing des Absatzbereiches auch, daß völlig neue Methoden und Techniken erfunden werden; es geht vielmehr darum, daß bei der Engpaßsituation im Personalwesen die zu entwickelnden Konzeptionen in allen Unternehmensbereichen gegenwärtig sein müssen und das Denken und Handeln der Betriebs- und Unternehmensführung bestimmen.

2.2 Personalführung

2.2.1 *Der Begriff der Führung*

In Literatur und Praxis werden die Begriffe Führung und Leitung mit unterschiedlichem Begriffsinhalt oder auch synonym verwendet. Beide Ausdrücke sind auf das Althochdeutsche und Mittelhochdeutsche zurückzuführen. Eine für das Personalwesen wichtige Erläuterung ist, daß Führen soviel bedeutet wie „jemanden in der Richtung seines Handelns bestimmen“. Ist das Objekt eine Sache, so liegt auch die direkte oder indirekte Hervorbringung der Bewegung im Begriff des Führens [159, S. 217]. In der Organisationsliteratur unterscheidet *Albert Meier* begrifflich zwischen Führungs- und Leitungsaufgaben. Für die Führungsaufgaben ist charakteristisch, daß sie aus sich selbst heraus bestimmen, was anzuordnen ist. Das gilt z. B. für die Bestimmung des Unternehmungsgegenstandes oder die Struktur- und Grundsatzplanung. Die Aufgabe der Leitung beginnt, wenn der Unternehmungsgegenstand bestimmt ist und die Grundsätze festgelegt sind, nach denen verfahren werden soll. Dann müssen die hiernach erforderlichen Maßnahmen ergriffen werden; es muß angeordnet werden, was zu tun ist, wer es zu tun hat und wann es getan werden soll. Leitungsaufgaben bestehen aus der Anordnung, Anweisung und Überwachung der nachgeordneten Kräfte. „Das Ausmaß, in dem leitende Kräfte sich mit Führungs- und Leitungsaufgaben zu befassen haben, ist verschieden. Der Anteil der Führungsaufgaben nimmt in der Hierarchie des Unternehmungsaufbaus nach unten in dem Maße ab, wie der Umfang der Leitungs- und schließlich der Ausführungsaufgaben zunimmt“ [137, S. 18].

Eine andere in der Organisationsliteratur zu findende Definition geht davon aus, daß Führung „das personenbezogene Pendant zur sachbezogenen Leitung ist, die beide zusammen den schwer zu übersetzenden angelsächsischen Begriff des Management bilden“ [149, S. 328].

In dieser Schrift soll Führung personenbezogen verstanden werden. Diese Begriffsdeutung ist identisch mit der Definition im sozialpsychologischen Sinne, nämlich als das Veranlassen und Sicherstellen eines gewollten Tuns, bezogen auf den zu führenden Menschen. Wie schon an anderer Stelle erwähnt, sind Begriffe Handwerkszeuge. Für den Erfolg der Personalpolitik ist entscheidend, daß ihre Ziele in die Tat umgesetzt werden. Dieses in-die-Tat-Umsetzen oder die unmittelbare Durchführung personalpolitischer Maßnahmen gegenüber den Mitarbeitern ist dann der Begriffsinhalt der Personalführung. Es ist *Hans-Martin Müller-Nobiling* zuzustimmen, wenn er dann den Begriff Personalführung als eine Tautologie bezeichnet. Bei der Vielfalt der Definitionen des Führungsbegriffes soll diese Unkorrektheit wegen der besseren Klarstellung in Kauf genommen werden.

2.2.2 *Tätigkeitsmerkmale der Personalführung*

Die spezifische Leistung jeder Führung besteht darin, Entscheidungen zu treffen. Wie umfangreich sie für die oberste Leitung von Betrieben sind, geht aus einer Zusammenstellung des Arbeitskreises *Krähe* in seiner Schrift über die Organisation der Geschäftsführung hervor. Danach sind solche Entscheidungen einmal zu treffen für die zahlreichen Fragen in der Geschäftspolitik, im Bereich der Planung und hinsichtlich grundsätzlicher Fragen der Personalorganisation. Daneben gibt es zahlreiche Einzelentscheidungen, die von der Spitze des Betriebes getroffen werden müssen, wenn es zu Meinungsverschiedenheiten zwischen Personalabteilung und Linieninstanzen kommt. Darüber hinaus werden fallweise Entscheidungen erforderlich, wenn es sich um einmalige oder außerordentliche Maßnahmen handelt [120, S. 115]. Dazu muß bemerkt werden, daß Personalentscheidungen von Führungskräften meist eng gekoppelt sind mit Sachentscheidungen. Daraus resultiert die für das Personalwesen so wichtige Erkenntnis, daß die Tätigkeit der Führungskräfte in einem meist nicht gesehenen Ausmaß Personalführung bedeutet. Je mehr Führungskräfte auf nachgeordneten Stufen tätig sind, desto stärker ist in der Regel ihr Freiheitsspielraum für Entscheidungen eingeschränkt. Sie haben Teilentscheidungen jeweils unter Beachtung der allgemeinen oder besonderen Zielsetzung für ihre Teilaufgaben zu fällen.

Entscheidungen der Führungskräfte können auf Personen, Sachen und Prozesse gerichtet sein. Entscheidungen der Personalführung beziehen sich dann unmittelbar oder mittelbar auf Personen. Sie werden erst wirksam, wenn sie gegenüber Mitarbeitern ausgesprochen werden. In der Literatur finden wir hierfür die Bezeichnungen Anordnung oder Anweisung. Die übliche Form, Weisungen zu geben, ist die Erteilung von Aufträgen. In Verbindung mit der Auftragserteilung kann eine Arbeitsunterweisung erforderlich sein, wenn dem Mitarbeiter für die ordnungsgemäße Ausführung des Arbeitsablaufs eine Anleitung zu geben ist. Und zwar ist hier an die unmittelbar vom Vorgesetzten zu gebende Anleitung gedacht. Sie kann eine Art Ausbildung am Arbeitsplatz sein, wenn es z. B. in Montagebetrieben darum geht, Arbeiter für die ihnen zugewiesenen Arbeitsplätze kurzfristig zu schulen, was sich weniger auf das Fachwissen als auf die praktische Handhabung bezieht.

Jeder Vorgesetzte ist im Rahmen seiner Führungsverantwortung verpflichtet, sich Gewißheit darüber zu verschaffen, ob die von ihm angewiesenen und angeleiteten Arbeiten auch in der richtigen Weise ausgeführt worden sind. Bei dieser Überwachung kann zwischen Ausführungskontrolle und Ergebniskontrolle unterschieden werden. Stößt der Vorgesetzte bei der Überwachung auf Mängel oder stellt er besondere Leistungen fest, hat er sie in zweckmäßiger Weise zu tadeln oder zu loben. Die verantwortlichen Führungskräfte bedürfen hier eines besonderen Einfühlungsvermögens. Das gilt nicht zuletzt auch für die Leistungsbeurteilung der Mitarbeiter. Zu empfehlen ist die regelmäßige Beurteilung und nicht nur die gelegentliche.

Normalerweise sind in einer Abteilung oder in einer Werkstätte die Arbeiten auf mehrere Mitarbeiter aufgeteilt. Sie müssen dann so aufeinander ausgerichtet sein, daß sie sich nicht gegenseitig widersprechen, sondern ergänzen und verstärken. Deshalb ist die richtige Auftragserteilung bei einer entsprechenden zweckmäßigen Aufgabenabgrenzung so wichtig. Treten aber Störungen auf, bedarf es der Koordination durch den Vorgesetzten, sofern keine Selbst-Koordination erfolgt.

Im Zeichen einer guten Personalführung ist die Information der Mitarbeiter eine besonders wichtige Tätigkeit der Führungskräfte. Immer wieder ist zu hören oder zu lesen, daß es in den Betrieben daran mangelt, daß die Mitarbeiter zu wenig durch ihre Vorgesetzten informiert werden. Dabei geht es um sachliche Aufklärung über die inner- und außerbetrieblichen Vorgänge, die mit der Arbeit zusammenhängen. Ein wichtiges Informationsinstrument ist die regelmäßige Mitarbeiterbesprechung, aber auch das Einzelgespräch.

Die vom einzelnen Vorgesetzten erforderlichen Tätigkeiten zur Durchsetzung getroffener Entscheidungen können in unterschiedlicher Weise praktiziert werden, was zu einem nicht geringen Teil von der Persönlichkeit der einzelnen Führungskraft abhängig ist. Psychologisch gesehen gibt es so viele Formen des Führungsverhaltens, wie es Charakterstrukturen gibt. Der eine führt durch Ruhe, Kritik und Überlegung, der andere durch Initiative und sprühendes Temperament, der dritte durch schöpferische Ideen, der vierte durch zähen Willen. Der eine erwirbt sich Respekt durch Strenge und sachliche Überlegenheit, der andere durch Großmut, Güte und ein ausstrahlendes Vertrauen [24, S. 106].

2.2.3 *Leitbilder der Personalführung*

Das Verhalten des Menschen wird in nicht geringem Umfange durch sein Herkommen und seine Erfahrungen beeinflußt. Dabei spielen überkommene Leitbilder eine große Rolle. Sehr vereinfachend kann gesagt werden, daß bis in die Gegenwart hinein zwei Vorbilder für die Führung in der Wirtschaft, insbesondere der Industrie, eine Rolle gespielt haben. Es sind dies der Handwerksmeister und der militärische Vorgesetzte [102].

Für Deutschland und Europa ist der Handwerksmeister tief im Mittelalter verwurzelt. Er war in einer Person Unternehmer, Organisator, Konstrukteur, Arbeitsvorgesetzter und sein bester Facharbeiter zugleich. Er war für alles verantwortlich und zuständig, was in seiner Werkstatt vorging. Dieses Bild des Werkstattmeisters fand *Taylor* um die Jahrhundertwende noch vor, als er den vielfältigen Funktionsbereich des Werkstattmeisters in verschiedene Funktionsmeister auflöste. Der Handwerksmeister kalkulierte seine Preise und entwarf seine Werkstücke. Er setzte die Löhne fest, stellte die Mitarbeiter ein und überwachte die Arbeiten. Seine Autorität beruhte einmal auf seinem Fachwissen, zum anderen auf seinem in der Regel höheren Alter, das ihn zu einer gleichsam väterlichen oder patriarchalischen Autorität werden ließ.

Der Typ des militärischen Vorgesetzten ist differenzierter, je nachdem, von welcher Rangstufe ausgegangen wird.

Kennzeichnend ist für alle, daß seine Autorität in erster Linie auf seiner Stellung beruht, die ihm eine entsprechende Macht verleiht. Auf der Rangstufe des Feldwebels oder des Unteroffiziers ist das Bild besonders geprägt durch seine Aufgabe, die notwendige Zucht und Ordnung zu halten. Für die Epoche des Nationalsozialismus in Deutschland war charakteristisch, daß die militärische Führung schlechthin zum Vorbild für die Führung in der Wirtschaft wurde.

Mit den technisch-organisatorischen Wandlungen unseres Jahrhunderts sind diese und ähnliche Vorbilder überholt. Die immer größer werdenden Betriebe mit ihrer wachsenden Mechanisierung und Automatisierung verlangen von den arbeitenden Menschen ein anderes Verhalten als früher, nämlich Mitdenken und stärkere Mitverantwortung. Vielfach bestimmen Maschinen Takt und Arbeitsgeschwindigkeit. Die Fertigung muß vorgeplant werden. Die Organisation der Arbeitsabläufe kann nicht mehr von Fall zu Fall geschehen. Es bedarf systematischer Kenntnisse in Arbeitsstudien, Eignungsstudien, Kostenrechnung usw. Die Leistung des einzelnen wird weniger faßbar als früher, da sie zunehmend von Maschinen und maschinellen Anlagen bestimmt wird. Es geht immer mehr darum, daß die Arbeitsabläufe in Gang gehalten und überwacht werden. Das entsprechende Verhalten des einzelnen Mitarbeiters kann nur bedingt durch Maßnahmen des Vorgesetzten beeinflußt werden. Die technisch-organisatorischen Veränderungen in den Betrieben verlangen ein anderes Führungsverhalten.

Im übrigen hat sich ein ähnlicher Wandel im Führungsstil auch im militärischen Bereich ergeben. Hier wirken sich das hochtechnisierte System der modernen Armeen zu Wasser, zu Lande und in der Luft aus und ebenso die Tatsache, daß damit eine Vielzahl selbständiger, von einem allein nicht mehr zu übersehender Einzelfunktionen geschaffen worden ist, deren reibungsloses Zusammenwirken erst die Einheit der Führung bedeutet. Das verlangt eine besonders hohe Einzelverantwortung, was wiederum Mitdenken und aktives Mitwirken voraussetzt. „Das einstige Leitbild vom Vorgesetzten, der alles besser kann und weiß und allein kraft seiner Stellung Autorität ausübt, ist für immer geschwunden. Das neue Leitbild muß vom Mitarbeiterverhältnis ausgehen, von der gestuften Verantwortlichkeit, die jeder Mensch in seiner Funktion trägt, vom Fachwissen und Können des Untergebenen, von der Notwendigkeit seiner Mitinitiative, von der Würde und dem Wert des einzelnen Menschen und von seiner Ansprechbarkeit auf ein gemeinsam zu erreichendes Ziel“ [191, S. 58].

2.2.4 *Führung und Motivation*

Die bisherigen Ausführungen machen deutlich, daß wir es bei der Personalführung mit einem vielschichtigen Prozeß zu tun haben. Nach den modernen Erkenntnissen der Sozialpsychologie ist eine optimale Kombination des Führungsverhaltens nicht zu fixieren, weil dieses von zu verschiedenen Faktoren abhängig ist. Hauptergebnis der Forschungen ist, daß die Eignung zum Vorgesetzten und das Führungsverhalten weitgehend von der Situation abhängig sind, in der sich eine zu führende Gruppe befindet, welches Ziel gerade angestrebt wird, welche Aufgabe ausgeführt werden soll und welcher Strukturwandel sich im Gefüge der jeweiligen Gruppe vollzieht. Ebenso ist es nicht erreichbar, die optimale Kombination der wesentlichen Charakterzüge für eine hervorragende Führungspersönlichkeit zu finden.

Nach *Ernst Bornemann* besteht das eigentliche Wesen der Führung in dem wechselseitigen seelischen Geschehen zwischen Führer und Folgenden; es liegt darin, daß der Führende irgendwelche psychologischen Mittel einsetzt, die bestimmte Motive des Folgens bewirken. In der amerikanischen Soziologie wird von „interaction" gesprochen, ein Begriff, der auch in der deutschen Literatur Eingang gefunden hat. *Bornemann* kommt insgesamt zu 12 Führungsmitteln, die er so anordnet, daß sie sich zwischen den beiden Extremen eines autoritativen und kooperativen Führungsverhaltens bewegen (Abb. 4).

An der Spitze der Führungsformen stehen die autoritativen Führungsmittel mit der Berufung auf die Amtsstellung, was wirksam werden kann, wenn bei dem zu Führenden persönlicher Gehorsam und Ergebung erwartet werden darf. Beispiel für ein Führungsmittel des kooperativen Führungsverhaltens ist die gemeinsame Beratung, bei der die Mitarbeiter Mitverantwortung tragen und auch eigene Entschlußkraft besitzen müssen. Nicht unerwähnt bleiben soll in diesem Katalog, daß auch das Vorbild ein wirksames Führungsmittel ist. Ein Vorbild besonderer Art ist für die sachbezogene Führung die für die Arbeit der Stäbe charakteristische „funktionale Autorität". Darunter wird die Chance verstanden, „aufgrund persönlicher Sachverständigkeit das zukünftige Handeln bzw. die zukünfti-

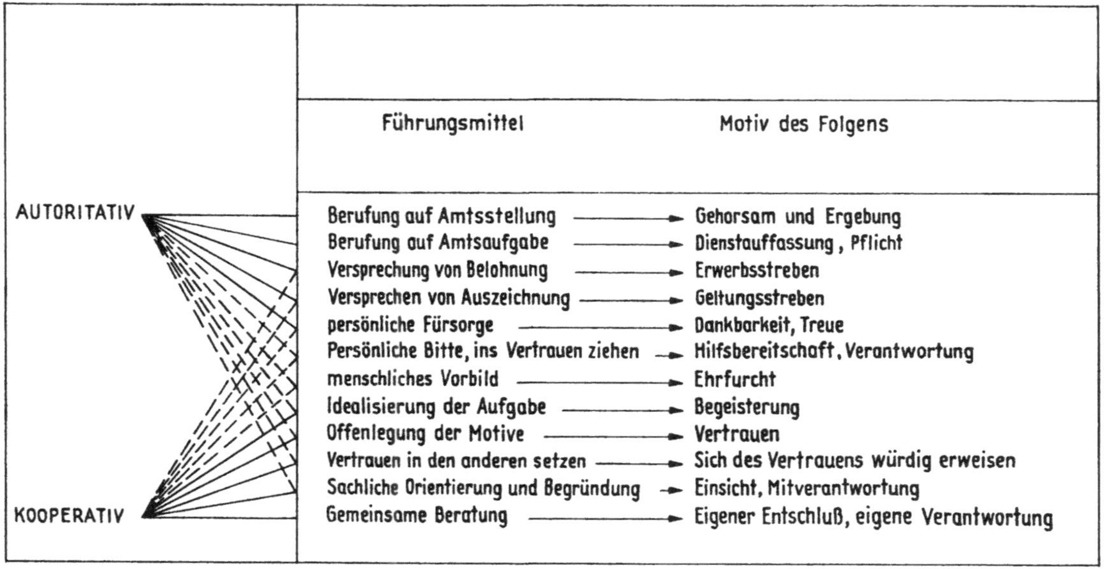

Abb. 4: Systeme der Führungsformen [25, S. 98]

ge Einstellung anderer zu ändern. Die Experten der Stabsabteilungen gelten meist als Exponenten solcher funktionaler Autorität" [81, S. 6]. Das Schaubild ergänzt die Feststellung, daß die Führungstätigkeit recht vielfältig strukturiert ist. Gleichzeitig sehen wir, daß die Motive, Anordnungen oder Anleitungen der Führungskräfte zu folgen, ebenso vielfältig sind.

Zweck der Personalführung ist, die für die Erfüllung der Aufgabe notwendige Leistung zu veranlassen. Wie bereits in Abb. 2 dargestellt, sind die entscheidenden Faktoren hierfür die Leistungsfähigkeit und die Leistungsbereitschaft. Die letztere ist abhängig von der Kondition und Disposition, dem physiologischen Faktor und dem psychologischen Faktor des Leistungswillens. Für den Psychologen ist der Wille gleichsam das Bewußtsein der Macht, die es dem Menschen gestattet, in sein eigenes seelisches und körperliches Geschehen sowie in die äußeren Umstände einzugreifen. Die Beweggründe hierfür werden Motive genannt. Motive oder auch Antriebe sind Gewohnheiten, Interessen und Bedürfnisse jeder Art. Sie können kurz dauern oder als Grundeinstellung gegeben sein. Kurzdauernde Motive oder Willensantriebe können durch Ärger über Störungen, Fehler oder durch Enttäuschungen usw. entstehen. Davon sind die bleibenden oder statischen Einstellungen zu unterscheiden, die damit den Menschen insgesamt charakterisieren. Wir sprechen von Motivationsstrukturen, wenn wir von einem relativ stabilen Gefüge der Ziel- und Wertvorstellungen des Menschen oder einer Gruppe von Menschen ausgehen. Auf die Arbeit bezogen gibt es dafür die Begriffe der Arbeitshaltung, der Arbeitsgesinnung oder auch der Arbeitsmoral. Die Frage ist, wie eine für die Betriebsziele positive Einstellung erreicht wird. Dazu müssen wir uns zunächst des Grundsatzes bewußt sein, daß jeder Mensch viele Motive besitzt und daß jede individuelle Motivationsstruktur anders geartet ist. „Demnach gibt es auch kein einziges Motiv, das allein die Reaktion aller Arbeiter auf ihre Arbeit determiniert, und keine eindeutige Strategie, die bei allen Arbeitnehmern in sämtlichen Betrieben eine gute Arbeitsmoral und Produktivität gewährleistet" [62, S. 207]. Dabei ist besonders das Spannungsverhältnis zwischen den persönlichen Zielen und den Zielen des Betriebes von Bedeutung.

2.2.5 *Doppelpersönlichkeit und Identifikation*

Vom Systemansatz her ist der Betrieb ein künstlich geschaffenes Gebilde, das keinen natürlichen oder Selbstzweck hat und daher nur „überleben" kann, wenn es durch seine Aktivität Funktionen für andere Systeme ausübt. Es kommt daher auf seine Zwecksetzung und Ziele an, d. h. die vom Betrieb selbst entwickelten Absichten. *Barnard* hat bei der Zielsetzung oder dem Zweck einer Organisation zwischen dem kooperativen und subjektiven Zweck unterschieden. Analytisch gesehen sei jedes Mitglied einer Organisation eine zweifache Person; eine Organisationspersönlichkeit und eine individuelle Persönlichkeit. Würden für ein Unternehmen Ziele formuliert, so werde die Organisationspersönlichkeit im einzelnen Mitarbeiter angesprochen. Genau genommen habe aber das Ziel der Organisation für das Individuum keine direkte Bedeutung, wichtig seien nur die Beziehungen z. B. zwischen Unternehmen und Mitarbeitern, etwa welche Belastungen ihnen zugemutet und welche Vorteile geboten werden.

Nach *Barnards* Meinung wird in den theoretischen Erörterungen über Organisationen zu häufig unterstellt, daß der allgemeine Zweck und das individuelle Motiv identisch sind oder sein sollten. Von einer einzigen Ausnahme abgesehen, sei das jedoch niemals der Fall; unter modernen Bedingungen dürfe sogar die Ausnahme fraglich werden. Sie ist dann gegeben, wenn die Erfüllung eines organisatorischen Zwecks selbst zur Quelle persönlicher Befriedigung und zum Bedürfnis für viele Menschen in vielen Organisationen wird. Die Diskrepanz zwischen der Organisationspersönlichkeit und der individuellen Persönlichkeit veranschaulicht *Barnard* am Beispiel für militärische Aktionen. Hier könne das persönliche Verhalten so von der Organisationspersönlichkeit beherrscht sein, daß es in äußerstem Widerspruch zu dem stehe, was das persönliche Bedürfnis fordern würde [11] [12].

Bei diesen analytischen Ausführungen müssen wir uns darüber klar sein, daß sie grundsätzlich für alle Mitarbeiter im Betriebe gelten, für die Führungskräfte aller Stufen ebenso wie für die ausführenden Kräfte. Für die Lebensfähigkeit des Betriebes ist es nun wichtig, ob und in welchem Umfange eine Bereitschaft der in ihr tätigen Menschen gegeben ist, eine optimale Leistung für die Ziele und Aufgaben des Betriebs zu erbringen. Diese Bereitschaft setzt die Überzeugung voraus, daß das Ziel der Unternehmung erreicht werden kann. Ist diese Überzeugung nicht vorhanden, kann die Wirksamkeit der Leistung absinken. In der Alltagssprache wird dies mit der Solidarität, dem Korpsgeist oder der Stärke der Organisation, die für die Produktivität eines Unternehmens von Bedeutung ist, charakterisiert. Für den einzelnen handelt es sich darum, ob seine Erwartungen befriedigt oder nicht befriedigt werden. Sie bilden sich durch Vergleich mit alternativen Möglichkeiten, die von anderen Unternehmen angeboten werden oder persönlicher Natur sind. „Vom Standpunkt des Individuums ist Bereitschaft zur Zusammenarbeit somit das Ergebnis der Abwägung von persönlichen Wünschen und Abneigungen, vom Standpunkt einer Organisation das Resultat der Abwägung der sachlichen Anreize und der verlangten Opfer. Der Maßstab, nach dem das Ergebnis beurteilt wird, ist freilich ganz individuell und subjektiv. Insofern sind Organisationen abhängig von den Motiven der Individuen und den Anreizen, die sie zufriedenstellen“ [12, S. 81].

Anders formuliert bedeuten diese Erkenntnisse, daß es ein Kernproblem der betrieblichen Personalpolitik ist, inwieweit eine Identifikation der Mitarbeiter mit den Betriebszielen möglich ist. *Hax* untersucht, ob und wie weit es überhaupt erreichbar ist, eine Angleichung oder gar eine völlige Übereinstimmung der Betriebsziele und der Ziele der Mitarbeiter herbeizuführen. Die Identifikation sei durchaus ein Mittel, um die Wirksamkeit einer Organisation zu steigern. „Zu berücksichtigen ist aber, daß die Unternehmung als organisatorische Einheit nur eine Zelle in einem größeren sozialen Körper ist, und daß sie in Wechselbeziehung zu sozialen Einheiten anderer Art steht. Wenn sie mit ihren Maßnahmen, in unserem Fall mit dem Versuch zu einer vollkommenen Identifikation, mit anderen übergeordneten oder gleichgeordneten sozialen Einheiten in Konflikt gerät, wird dadurch der angestrebte Zweck von außen her gefährdet. Bedenken gegen eine zu weit getriebene Identifikation können sich ergeben aus allgemeinwirtschaftlichen Erwägungen oder aus gesellschaftspolitischen Gründen im Hinblick auf die freie Entfaltung des Individuums" [88, S. 27 f.].

Aus diesen Ausführungen wird verständlich, daß es wegen der individuellen Motivationsstrukturen ein sehr differenziertes Identifikationsbild innerhalb der Mitarbeiterschaft gibt. Die Skala ist sehr weit und umfaßt auf der einen Seite diejenigen, die nach *Kurt Pentzlin* in ihrer Berufsarbeit ausschließlich die Gelegenheit zum Gelderwerb sehen, deren „Interessen" eindeutig im „Lebensraum" außerhalb der Arbeit liegen, und auf der anderen Seite diejenigen, die im „Arbeitsraum" selbst Befriedigung (neben dem Gelderwerb) suchen, die sich mit dem Unternehmen und dem Betriebsgeschehen innerlich identifizieren und dementsprechend bereit sind, zusätzliche Verantwortung zu übernehmen [161].

Zu einem wichtigen Ergebnis kommt *Gellermann* mit seiner Feststellung, daß die letztliche Motivation auf die Verwirklichung des eigenen Persönlichkeitsbildes abzielt: „Also entsprechend der bevorzugten Rolle zu leben, gemäß dem bevorzugten Rang behandelt und so entlohnt zu werden, wie es den persönlichen Vorstellungen über die eigenen Fähigkeiten entspricht. Demnach jagen wir ständig der Realisierung der in unseren Augen verdienten Rolle nach und versuchen, unsere subjektiven Vorstellungen über uns selbst in objektive Wahrheiten zu verwandeln. Wenn unsere Erfahrungen diese Vorstellungen zu bestätigen scheinen, empfinden wir das Leben als angenehm und die Welt als gerecht, doch wenn die unseres Erachtens verdienten Erfahrungen ausbleiben, werden wir zu der Ansicht neigen, daß in der Welt irgendetwas nicht stimmt" [62, S. 352]. In den Anwendungsmöglichkeiten der Forschungsergebnisse vom Verhalten des Menschen sieht *Gellermann* eine Herausforderung an die Führungskräfte; sie besteht in erster Linie in der Anerkennung der schwierigen Verantwortung, „daß man die Auffassung der Leute, mit denen man unabhängig von übereinstimmenden oder abweichenden Ansichten auskommen muß, zu verstehen sucht und nicht einfach abtut" [62, S. 355].

2.2.6 *Führungsstile*

In Abwandlung der Ausführungen von *Müller-Armack* über die Wirtschaftsstile soll unter Führungsstil die sichtbare Einheit von Ausdruck und Haltung der Führungskräfte eines Betriebes verstanden werden [147, S. 21]. Der Führungsstil wird mit anderen Worten dadurch geprägt, wie sich die einzelnen in ihrer Führungstätigkeit zum Ausdruck bringen. *Knut Bleicher* versteht unter Führungsstil „die allgemeine raum- und zeit-(epochen-)spezifische Art der Ausführung von Führungsfunktionen“ [17, S. 31]. Danach drückt ein Führungsstil über die qualitativ gewählten und quantitativ — in ihrer Häufigkeit — ausgeprägten Führungselemente eine tendenziell einheitliche Lebensform in der Führungsgruppe aus. „Innerhalb einer derartigen generellen Stilprägung kann eine recht unterschiedliche Verwendung einzelner, individueller Führungsformen gegeben sein“ [17, S. 33]. In seiner zum Teil geschichtlichen Darstellung über die soziale Betriebsführung kommt *Geck* zu einer Dreiteilung, die er als historische Grundtypen der sozialen Betriebsführung kennzeichnet: patriarchalisch orientierter Führungsstil, liberal orientierter Führungsstil, kooperativ orientierter Führungsstil [61]. Dabei weist er als selbstverständlich darauf hin, daß diese Typen nicht stets in reiner Form auftreten, daß vielmehr mancherlei Mischtypen vorkommen.

Robert R. Blake und *Jane S. Mouton* haben ein Verhaltensgitter entwickelt, das die Vielzahl der Alternativen aufzeigt, die sich für den Führungsstil in der Praxis ergeben [16]. Sie lassen sich dabei leiten von drei für das Führungsverhalten wesentlichen Grundsätzen. Der erste Grundsatz ist die Betonung der Produktion, d. h. der Grad der Wichtigkeit, den der Vorgesetzte darauf legt, daß die gewünschte Leistung hervorgebracht wird. Der zweite Grundsatz ist die Betonung der Menschen. Der dritte Grundsatz ergibt sich aus dem Aspekt der Hierarchie des Führungsaufbaus.

Das Verhaltensgitter (Abb. 5) zeigt die Skala der verschiedenen Betonungen einzelner Faktoren und bestimmter Aktionen. Die waagerechte Linie bezeichnet die Betonung des Faktors Produktion, während die senkrechte Linie die Betonung des

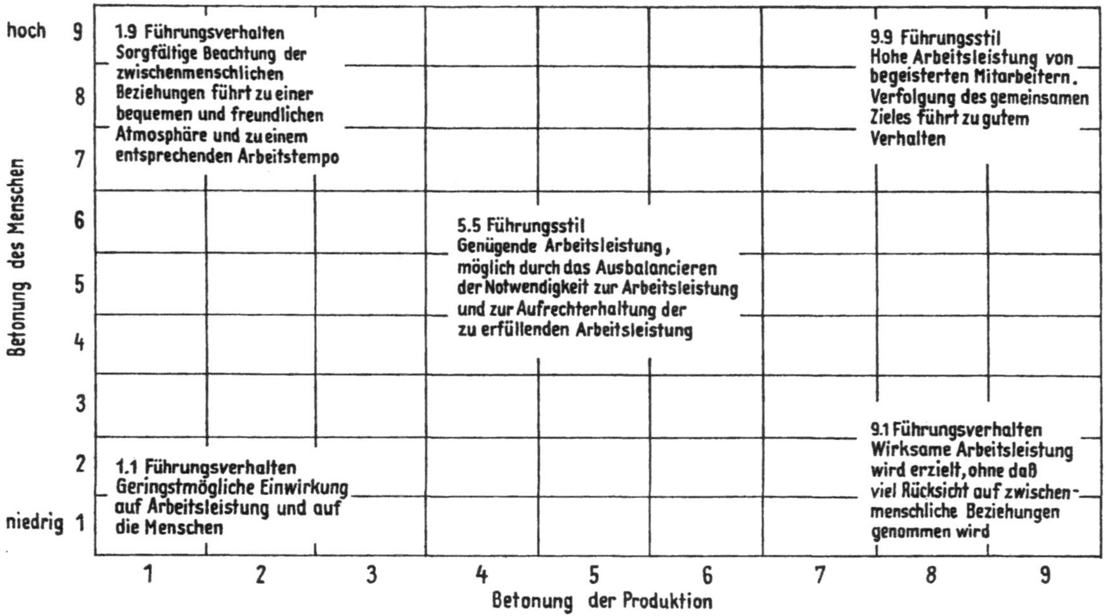

Abb. 5: Das Verhaltensgitter [16, S. 33]

Faktors Mensch darstellt. Der Grad der Betonung ist durch eine neunstufige Skala ausgedrückt. Die Zahl 1 hat jeweils geringste Bedeutung, die Zahl 9 höchste Bedeutung für die Betonung des Faktors.

In der linken unteren Ecke des Verhaltensgitters finden wir den Führungsstil 1.1. In diesem Falle sind beide Betonungen, die der Produktion und die des Menschen, minimal. Geht man in der senkrechten Spalte nach oben, zu Führungsstil 1.9., trifft man auf eine minimale Betonung der Produktion, aber auf eine maximale Betonung des Menschen. Analog dazu findet sich in der rechten unteren Ecke eine hohe Betonung der Produktion und eine minimale Berücksichtigung der menschlichen Aspekte. In der oberen rechten Ecke findet sich der Führungsstil 9.9., bei dem sowohl großer Wert auf die Aspekte des Menschlichen wie auch der Produktion gelegt wird. In der Mitte befindet sich Führungsstil 5.5. Er stellt eine Art Mittelposition dar, weil er einen mittleren Grad in der Betonung der vorhin genannten Faktoren aufweist.

Mit diesen fünf Stilen sind nur einige typische Formen des Führungsverhaltens dargestellt. Das Verhaltensgitter macht deutlich, daß es 81 verschiedene Mischungen hinsichtlich der Berücksichtigung des Faktors Produktion und des Faktors Mensch gibt. *Eduard Gaugler* weist darauf hin, daß der Führungsstil trotz seiner eigenen Komplexität nicht aus übergeordneten Bezügen herausgegriffen und ohne die ihn prägenden Abhängigkeiten betrachtet werden darf. In Anlehnung an *H. H. Kunze* und *J. Häusler* unterscheidet er drei Stilbereiche:

— Wirtschaftsstil
— Firmenstil
— Führungsstil.

Zwischen diesen drei Stilbereichen bestehen Abhängigkeiten, „wobei im Einzelfall zu untersuchen wäre, ob und welche Freiheitsgrade die Prägung des innerbetrieblichen Führungsstils gegenüber den Einwirkungen aus dem Wirtschafts- und Firmenstil besitzt“ [57, S. 116].

Es ist für den Beginn der 70er Jahre in der Bundesrepublik charakteristisch, daß gegenüber den teilweise als „Markenartikel“ verkauften Methoden der Führung, meist als Modelle bezeichnet, eine gewisse Ernüchterung eingetreten ist. Das ist teilweise darauf zurückzuführen, daß einzelne Betriebe das neue Führungssystem zu schnell eingeführt haben. Das gilt vor allem für den Übergang von einem mehr oder weniger autoritativen Führungsstil auf den kooperativen Führungsstil. Die kritische Überprüfung zeigt, daß, wie so oft bei neuen Organisationsformen, große Fehler in der Einführungsphase gemacht wurden. Bei der Entwicklung neuer Führungsstile kommt es außerdem sehr darauf an, daß man sich über die Verhaltens- und Rollenerwartungen der Mitarbeiter ein genaues Bild macht, um Fehlschläge zu vermeiden [107].

2.2.7 *Informelle Autorität und Status*

Mit der Feststellung, daß in jeder Art von Organisation ein gewisses Maß an Überzeugung notwendig ist, um die Mitwirkung der Menschen zu gewinnen und zu erhalten, stehen die Führungskräfte in den Unternehmungen vor der Frage, mit welchen Mitteln sie diese Forderung erfüllen können. In der Praxis hören wir oft, daß jemand schnell überzeugt werden kann, wenn der Vorgesetzte die entsprechende Autorität besitzt.

Barnard weist auf die Unterscheidung zwischen der formellen und der informellen Autorität hin, die auch als subjektive Autorität bezeichnet wird. Die formelle Autorität ist durch die einem Vorgesetzten übertragenen Kompetenzen und die damit verbundenen Anordnungsbefugnisse gegenüber seinen Mitarbeitern charakterisiert. Die informelle Autorität ist dagegen von verschiedenen subjektiven Faktoren abhängig, wie dem Prestige, dem Respekt vor den persönlichen und fachlichen Eigenschaften, nicht zuletzt von dem Einfluß, den der Vorgesetzte auszuüben in der Lage ist. Formelle Autoritäten entstehen durch Ernennungen und können dementsprechend auch abberufen werden; die informelle Autorität ist gekennzeichnet durch Anerkennung; sie besteht in der Bereitwilligkeit und in der Fähigkeit der Geführten zu folgen. Es kann z. B. beim Abbau der formellen hierarchischen Strukturen in Fabrikwerkstätten durch Übergang zu Gruppenarbeit im Sinne der Arbeitsbereicherung (job enrichment) eine neue informelle Autoritätsstruktur entstehen. Die Gruppe braucht z. B. nur ein Mitglied mit besonderem Machtstreben zu haben, dem sich die anderen leicht unterzuordnen bereit sind.

Zu den informellen Beziehungen gehört die Wertschätzung eines Vorgesetzten in der von ihm geleiteten Abteilung und in der Unternehmung insgesamt. In der Soziologie wird dafür der Begriff des Status geprägt, wenn es sich um eine ziemlich konstant bleibende Wertschätzung handelt. Sie leitet sich nicht nur aus den Bedingungen des Betriebes ab, sondern aus den allgemeinen Verhältnissen der Gesellschaft und den besonderen Bedingungen der Gruppen, denen die Mitarbeiter des Betriebes angehören oder angehört haben. So steht neben der formellen Führungsorganisation ein informelles Statussystem. Darin ist der einzelne Vorgesetzte in einen bestimmten Verhaltensrahmen eingespannt, der durch Rechte und Pflichten, Privilegien und gesellschaftliche Zwänge gekennzeichnet ist. Der Status bestimmt gleichsam, welche soziale Rolle der einzelne Vorgesetzte innerhalb des Unternehmens spielen soll und darf. Seine äußeren Kennzeichen sind oft bestimmte Insignien und Titel. Nach *Barnard* haben sie die Wirkung von Beglaubigungsschreiben. Sie erzeugen eine Mutmaßung über den Charakter, die Befähigung und spezifische Tätigkeit oder Funktion des einzelnen Vorgesetzten. Der Status befriedigt das Bedürfnis nach Anerkennung im Menschen. „Der unbezweifelte Status stützt und sichert das Selbstbewußtsein des Menschen und integriert ihn soweit in eine von ihm selbst anerkannte soziale Umwelt, daß er nicht von dem Gefühl einer übermäßigen oder gar unerträglichen Isolierung betroffen wird“ [106, S. 76].

Barnard hat nicht nur auf die Vorteile, sondern auch auf die Nachteile des Statussystems hingewiesen.

So kann es zu Statusverlusten kommen, wenn z. B. bei Fusionen der ehemalige Vorstand einer Aktiengesellschaft jetzt nur noch Direktor einer rechtlich unselbständigen Gruppe ist. Im übrigen ist der Katalog der negativen Folgen für die Führungsorganisation recht groß. Das Statussystem tendiert auf die Dauer zu einer Fehleinschätzung des Positionsinhabers. Es kann die Zirkulation der Eliten ungebührlich behindern. Ebenso wird durch das Statussystem die Bürokratie zu Lasten der Möglichkeiten ausgeweitet, die durch aktive selbständige Persönlichkeiten ausgeschöpft werden können. Das ist vor allem immer dann der Fall, wenn das Statussystem die symbolmäßige Funktion über das zulässige Maß hinaus steigert und die Symbole, wie z. B. Autotypen, abgestufte Büroausstattung oder Titel, zu einer Hypertrophie geworden sind. Damit begrenzt das Statussystem auch die Anpassungsfähigkeit der Unternehmensorganisation.

2.2.8 *Notwendige Zone der Indifferenz*

Unsere Feststellungen zur Personalführung basieren auf den Erkenntnissen der psychologischen Wissenschaft. Im Grunde analysieren sie aber nur die in der Praxis anzutreffenden Tatbestände. Nach *Barnard* sind es vier Bedingungen, die eine Personalführung einhalten muß. Es ist erforderlich, daß der Mitarbeiter eine Anweisung versteht, daß er im Augenblick der Entscheidung überzeugt ist, daß sie mit dem Zweck der Organisation nicht kollidiert, daß sie mit seinem persönlichen Interesse im ganzen vereinbar ist und daß der Mitarbeiter schließlich in der Lage ist, der Anweisung geistig und physisch Folge zu leisten. Diese Forderungen können in der Praxis optimal selten erfüllt werden, da wir es eben immer wieder mit der Differenziertheit und der Unbeständigkeit des Menschen zu tun haben.

Bei dieser Sachlage ist die Frage berechtigt, wieso Betriebe überhaupt erfolgreich operieren können. Hierauf antwortet *Barnard* aus der langjährigen Erfahrung des Praktikers, daß es für jeden einzelnen eine Zone von Indifferenz gibt, innerhalb derer Anweisungen annehmbar sind, ohne daß bewußt der Grad der Abhängigkeit vom Betrieb geprüft wird. Die Erhaltung dieser Zone sei weitgehend eine Funktion der informalen Organisation, die von den vielfältigen persönlichen Beziehungen zwischen Mitarbeitern untereinander und Vorgesetzten und Mitarbeitern getragen wird. Es gilt aber auch das allgemeine Erfahrungswissen: Anweisungen in einer Unternehmung werden anerkannt, weil man sie im Grunde bereits akzeptiert hat, als man in das Unternehmen eingetreten ist. „Die Zone der

Indifferenz ist enger und größer, je nachdem, wie weit die Anreize die Zumutungen und Opfer übersteigen, die mit dem Beitritt zur Organisation verbunden sind" [12, S. 144]. Die Ausführungen *Barnards* stammen aus den 30er Jahren. Wir müssen deshalb auf die neueren Erkenntnisse von *Likert* verweisen, der besonders auf die strukturellen Veränderungen in der Gesellschaft der letzten Jahrzehnte hingewiesen hat, die sich auf das Verhältnis von Mitarbeitern und Betrieben ausgewirkt haben [126, S. 9 ff.]. Im wesentlichen geht es darum, daß die Mitarbeiter stärker am Geschehen des Betriebes mitbeteiligt sein wollen. Gleichwohl wird es eine Zone der Indifferenz weiterhin geben.

Für die Praxis der Personalführung ist allerdings noch zu bedenken, worauf *Gellermann* aufmerksam gemacht hat. Er stellt fest, daß bei aller Beständigkeit eine Dynamik der Motive gegeben ist. Das beruht auf dem individuell menschlichen Reifeprozeß. „Mit dem Heranwachsen des Individuums vollzieht sich ein normaler Prozeß des Auftauchens und Verschwindens von Motiven, und seine Probleme verlagern sich schwerpunktmäßig von denen des Jugendlichen zu denen der Erwachsenen, anschließend zu denen der Reife und zu guter Letzt des hohen Alters. Wenn er sich in der glücklichen Lage befindet, die Probleme des jeweiligen Stadiums gelöst zu haben, bevor er in das nächstfolgende eintritt, wird er sich reibungslos den neuen Bedürfnissen und Problemen zuwenden und anpassen" [62, S. 215 f.].

2.2.9 *Anforderungen an die Führungskräfte*

Nach *Kosiol* hebt sich die leitende (oder führende) Tätigkeit von der ausführenden Tätigkeit dadurch ab, daß sie drei spezifische Merkmale hat, und zwar:

— Entscheidung
— Anordnung
— Initiative.

Wenn auch der Ausführende Entscheidungen zu fällen hat, denn es gibt so gut wie keinen Arbeitsvorgang, in dem nicht zwischen zwei Möglichkeiten zu wählen ist, betreffen sie jedoch nur seine eigene Person bzw. die eigene Tätigkeit. Führungskräfte haben dagegen Entscheidungen gegenüber anderen, über andere Mitarbeiter zu treffen. Das Phänomen der Führung oder Leitung ist ja gerade durch die personale Trennung von Entscheidung und Ausführung gekennzeichnet. Dementsprechend ist auch zwischen Führungsverantwortung und Handlungsverantwortung zu unterscheiden.

Die Führungsverantwortung besteht darin, „daß organisatorisch und führungstechnisch alle Maßnahmen getroffen werden, die ein Optimum an Erfolg versprechen, daß die Aufgabenstellung richtig erkannt und mit den Entscheidungsbefugnissen an die hierfür richtige Stelle delegiert wird, daß Planungen rechtzeitig und zweckmäßig erfolgen und daß Dienstaufsicht, Kontrolle und richtige Personalauswahl und -führung die Durchführung der erteilten Weisungen garantieren" [191, S. 65].

Die Handlungsverantwortung bedeutet die Verantwortung für die Durchführung einzelner Maßnahmen im Rahmen mehr oder weniger geregelter Arbeitsabläufe. Dabei ist zu differenzieren zwischen der disziplinarischen und der fachlichen Verantwortung. Fachliche Verantwortung bedeutet, daß sich der Vorgesetzte darum kümmert, daß die übertragenen Aufgaben in der erforderlichen Zeit, mit der erforderlichen Menge und der erforderlichen Qualität durchgeführt werden. Unter der disziplinarischen Verantwortung wird die Verantwortung für die äußere Ordnung, die durch Vereinbarungen, Satzungen oder Gewohnheiten festgelegt ist, verstanden. Dazu gehören z. B. das pünktliche Erscheinen am Arbeitsplatz, das Nichtverlassen des Arbeitsplatzes ohne Erlaubnis, evtl. das Rauchverbot, um einige Beispiele zu nennen.

Bei den von den Führungskräften zu treffenden Entscheidungen geht es einmal um die persönliche Entscheidung, an den geforderten Anstrengungen mitzuwirken. Zum anderen muß über das Ziel, das erreicht werden soll, und über die dafür nötigen Mittel entschieden werden, wofür die betriebsbezogenen Interessen maßgebend sind. Entscheidungen werden nicht nur in der Unternehmensspitze getroffen, sondern gehören zur Verantwortung aller Führungskräfte, gleich auf welcher Stufe sie stehen. Nachgeordnete Führungskräfte haben die Aufgabe, ihre Entscheidungen jeweils unter Beachtung der allgemeinen oder besonderen Zielsetzung zu fällen. Hieraus erwächst die so wichtige Aufgabe der obersten Unternehmens- oder Betriebsleitung, den Führungskräften Zwecke und oberste Zielsetzungen derart nahezubringen, daß sie fähig sind, sinnvolle Entscheidungen über Details zu fällen.

Bei der Frage nach den Anforderungen an die Führungskräfte, die den oben skizzierten Ansprüchen genügen sollen, ist es nicht einfach, die hierfür charakteristischen Merkmale aufzuzeigen. Wie allgemein bei der Personalbeurteilung hat es sich auch bei der Beurteilung von Führungskräften als praktisch undurchführbar erwiesen, ein eindeutiges System von Beurteilungsmerkmalen zu finden. Der Mensch ist nicht Summe seiner Teile; seine Charaktereigenschaften und Fähigkeiten durchdringen und beeinflussen sich, so daß es kein Merkmalsystem ohne Überschneidungen gibt. Es kann sich also nur darum handeln, eine sinnvolle Anordnung der Anforderungen zu finden, die eine Beurteilung ermöglichen, ob z. B. eine Führungskraft die für ihre Führungstätigkeit notwendigen Voraussetzungen mitbringt oder nicht [120, S. 89 ff.].

Bei den Anforderungen an die Führungskräfte muß auch an ihre Aufgaben von morgen gedacht werden. Dazu sei kurz wiedergegeben, was *Christian Gasser* in seiner neuen Schrift über die Unternehmensführung im Strukturwandel zum Konzept der Unternehmensführung gesagt hat. Stark vereinfachend sieht er drei Epochen. In der Führung industrieller Unternehmen war das 19. Jahrhundert — bis etwa zum Ende des 1. Weltkrieges — die Epoche der Erfahrung und des Ausprobierens. Nach dem 1. Weltkrieg begann die Epoche des Managements mit dem Schwergewicht des Einsatzes der Spitzenleute auf die organisatorische Durchstrukturierung der Unternehmungen, mit dem Ziel, eine Vielzahl von Menschen in produktiver Arbeit optimal zu vereinigen. Inzwischen sei jedoch ein neues Schwergewicht entstanden und damit eine dritte Epoche im Konzept der Unternehmensführung angebrochen; sie wird vor allem in jenen industriellen Unternehmungen augenfällig, die sich mit hochtechnischen Produkten befassen. „Die Unternehmung wird zum Instrument der Verwirklichung von Neuerungen, und zwar nicht etwa nur in Forschung und Entwicklung, sondern von der

Forschung an durch alle Teile der Unternehmung hindurch bis und mit dem Marketing. Aus der Epoche des strukturierenden Managements sind wir in eine seltsame, neuartige Welt hineingerutscht, die verlangt, dauernd neue und immer wieder andersartige Aufgaben zu bewältigen" [56, S. 88].

2.3 Personalverwaltung

2.3.1 *Der Begriff der Personalverwaltung*

Der Begriff Verwaltung wird in Theorie und Praxis unterschiedlich definiert und verwendet. So versteht man darunter einmal die Öffentliche Verwaltung des Bundes, der Länder oder der Gemeinden, zum andern wird Verwaltung auch als Begriff der Führung und Leitung von Betrieben verstanden, z. B. Verwaltungsorgane der Aktiengesellschaft, Betriebsverwaltung. *Henry Faiol* hat den Versuch unternommen, eine betriebswirtschaftliche Verwaltungslehre zu begründen [43]. In der deutschsprachigen Literatur sind ähnliche Schritte unternommen worden [130]. Wie oft bei Definitionen, kann der Begriff Verwaltung als Vorgang oder als Institution verstanden werden.

In der Organisationstheorie und vielfach in der Praxis werden, auf den Zweck eines Betriebes bezogen, seine Aufgaben in unmittelbare und mittelbare Aufgaben unterschieden. Die unmittelbaren Aufgaben werden auch als Kernaufgaben oder Zweckaufgaben bezeichnet und die mittelbaren Aufgaben als Verwaltungsaufgaben. Eine ähnliche Einteilung kennt die angelsächsische Organisationspraxis. Unmittelbare Funktionen werden in den USA als line functions, primary functions, operating functions bezeichnet und mittelbare oder Verwaltungsfunktionen sind gleich staff functions oder auxiliary functions. (Aufgaben und Funktionen seien synonym gebraucht).

Unmittelbare Aufgaben sind solche, die die Grundlagen des Betriebes bestimmen, z. B. in einem Industriebetrieb die Beschaffung von Rohstoffen und Materialien, ihre Be- oder Verarbeitung und ihr Absatz. Hierbei werden sie durch die mittelbaren Aufgaben unterstützt. Diese dienen der Erhaltung der betrieblichen Funktionsfähigkeit und erstrecken sich auf die im Betrieb tätigen Personen, die vorhandenen Arbeits- und Betriebsmittel und Anlagen. Sie sollen gewährleisten, daß die unmittelbaren Aufgaben der Beschaffung, Leistungserstellung und des Absatzes optimal erfüllt werden. Die für die Durchführung der unmittelbaren Aufgaben verantwortlichen Instanzen sind daran interessiert, daß sich alle Aufgabenträger (Menschen und Maschinen) stets im Zustand optimaler Leistungsfähigkeit befinden, und daß sie darüber laufend unterrichtet werden. Mit einer derartigen Unterstützung können die Linieninstanzen bewußter planen und disponieren. Eine typische mittelbare Aufgabe ist die Personalverwaltung. Dabei wird zweckmäßig unterschieden zwischen einer Verwaltung im weiteren und engeren Sinne.

Personalverwaltung im weiteren Sinne umfaßt alle Maßnahmen, die der Erhaltung der menschlichen Arbeitsleistung dienen. Ihre Aufgabe ist, dafür zu sorgen, daß die Leistungsfähigkeit der im Betriebe tätigen Menschen erhalten bleibt und erforderlichenfalls entwickelt wird, die Leistungsbereitschaft gefördert, Leistungshemmnisse beseitigt werden. Unter Personalverwaltung im engeren Sinne kann dagegen in Anlehnung an *Hans-Joachim Opitz* die verwaltungstechnische Funktion verstanden werden, die vornehmlich durch Bildung und Bearbeitung von Belegen, ihrer Auswertung und Archivierung gekennzeichnet ist [158, S. 165]. Diese Unterscheidung ist natürlich nur eine analytische. In der Praxis vermischen sich beide Bereiche. Es hat eine längere Zeit gedauert, bis die Aufgaben der Personalverwaltung organisatorisch verselbständigt wurden. Ihr Charakter, eine mittelbare Aufgabe zu sein, bringt es aber bis heute mit sich, daß es immer wieder Diskussionen darüber gibt, was organisatorisch zum Personalwesen zu rechnen ist oder nicht.

Der Begriff Verwaltung hat in den Betrieben der Wirtschaft meist keinen guten Klang, weil er meist mit Vorstellungen von der öffentlichen Verwaltung verbunden wird, die oft wenig gemein hat mit der auf Wirtschaftlichkeit abgestellten Betriebstätigkeit. Das überrascht nicht, weil sie mit einigen ihrer Formen zur allgemein zugänglichen Realität gehört und sich daher mit einem entsprechenden Sprachgebrauch abfinden muß. Der Bürger, gleichgültig ob innerhalb oder außerhalb der Betriebe, sieht von der öffentlichen Verwaltung meist nur einen Teil, den der Ordnungsverwaltung, z. B. in Gestalt von Polizeiämtern, Kraftfahrzeugämtern, Paßämtern usw. Er übersieht, daß es daneben noch weit mehr Verwaltungsaufgaben gibt. Es sind vor allem die Tätigkeitsbereiche, in denen die Voraussetzungen für ordnungsmäßige Abläufe geschaffen werden. Sie wirken als Führungshilfe mit den Aufgaben der Beobachtung und Planung zur Vorbereitung von Entscheidungen der politischen Führung. Wenn wir den Begriff der Verwaltung für das Personalwesen übernehmen, soll dieser weite Inhalt darunter verstanden werden.

Hans Friedrichs unterscheidet bei den Stadien der bisherigen Entwicklungen des betrieblichen Personalwesens zwischen der Verwaltungsperiode, der Anerkennungsperiode und der Integrationsperiode [53, S. 10/11]. Im Sinne der hier dargelegten begrifflichen Erläuterung wäre die erste Periode als eine verwaltungstechnische Phase des betrieblichen Personalwesens zu bezeichnen, in der die Personalverwaltung im engeren Sinne für die Personalarbeit im Betriebe charakteristisch ist. Die Anerkennungsperiode und die Integrationsperiode sind dann praktisch der Schritt, der von der nur ordnenden Verwaltung zur gestaltenden Verwaltungsaufgabe führt. Wenn nachstehend die wichtigsten Aufgaben der Personalverwaltung besprochen werden, lassen wir uns in erster Linie von den Regelungen leiten, wie sie sich mehr oder weniger in der Praxis entwickelt haben; die hier dargelegten analytischen Unterscheidungen in der Aufgabe der Verwaltung vermischen sich darin.

2.3.2 *Arbeitsmarktbeobachtung und Personalforschung*

Auf den Betrieb in der Marktwirtschaft wirken viele interne und externe Faktoren ein. Ein wichtiger externer Faktor ist der Arbeitsmarkt. Die Maßnahmen der Personalbeschaffung sind davon abhängig, inwieweit der Betrieb auf den Arbeitsmarkt zurückgreifen kann. Die dafür zu treffenden Entscheidungen und zu entwickelnden Strategien bedürfen genauer Unterlagen darüber. Wie im Absatzmarkt bedarf es auch im Arbeitsmarkt einer laufenden Beobachtung. Nur durch entsprechende Marktanalysen kann der einzelne Betrieb Arbeitsmarktprognosen aufstellen, die Grundlage für seine Personalplanung sind.

Es hat lange gedauert, bis dem Arbeitsmarkt in Theorie und Praxis die Beachtung geschenkt wurde, die er ebenso verdient wie der Absatzmarkt. Auf einer Arbeitstagung der *Schmalenbach-Gesellschaft* im Jahre 1962 mußte *Neuloh* feststellen, daß er vergeblich nach geeigneter aktueller Literatur über die Mangel- und Knappheitserscheinungen auf dem Arbeitsmarkt gesucht habe [155]. Inzwischen ist das *Institut für Arbeitsmarkt- und Berufsforschung* der *Bundesanstalt für Arbeit gegründet* worden, das eine große Zahl von Forschungsprojekten in Angriff genommen und durchgeführt hat, die sich mit den einschlägigen Problemen auseinandersetzen. In den „Mitteilungen" und „Materialien" aus der Arbeitsmarkt- und Berufsforschung sind die wichtigsten Ergebnisse daraus zu entnehmen.

Von genereller Bedeutung sind die Schätzungen des *Statistischen Bundesamtes* über die voraussichtliche Bevölkerungsentwicklung. Diese Zahlen sind geeignet, die sonstigen Schätzungen der wirtschaftlichen Entwicklung zu kontrollieren. So befand sich die Bundesrepublik Anfang der 70er Jahre immer noch in einem Wachstumsoptimismus, der von den Ergebnissen der Vergangenheit geprägt war. Mit den Auswertungen der Volkszählung 1970 ist jedoch die Erkenntnis aufgekommen, daß auf dem Gebiet der Bevölkerungs- und wohl auch der Wirtschaftsentwicklung Grenzen sichtbar werden, die manche Vorstellung über die kommende Entwicklung revidieren dürfte.

Materialien zur Bevölkerungsentwicklung sind auch in den Raumordnungsberichten zu finden. So heißt es in einem entsprechenden Bericht der Bundesregierung aus dem Jahre 1972, daß die raumordnerischen Zielvorstellungen bislang auf der Voraussetzung einer ständig wachsenden Bevölkerung beruhten. Im Hinblick auf die sich abzeichnende Bevölkerungsstagnation schiene es jedoch geboten, die diesbezüglichen Pläne zu überprüfen. Für den Arbeitsmarkt der Betriebe in ihrem engeren Umland, in den Gemeinden und Städten, sind die Einwohnerprognosen der statistischen Ämter der größeren Städte eine weitere gute Erkenntnisquelle. Die für sie wichtige Entwicklung der Einwohnerzahlen ist gleichfalls ein Indiz für den Arbeitsmarkt. Bei der Arbeitsmarktanalyse müssen im Zeichen der großen Zahl von in der Bundesrepublik beschäftigten Ausländern auch die ausländischen Arbeitsmärkte beobachtet werden, wenn der Betrieb auf deren Reservoir an Arbeitskräften angewiesen ist oder sich dafür interessiert.

So wichtig diese Unterlagen für langfristige Personalplanungen sind, ist bei Personalknappheit das Material für kurzfristige Dispositionen wichtiger, das durch eigene Erhebungen zu ergänzen ist. Beispiele sind: Auswertung der Stellenanzeigen, um so gewissermaßen eine Art Konkurrenzanalyse auf dem Arbeitsmarkt zu gewinnen; wenn es um den Nachwuchs für die Betriebe geht, kann es zweckmäßig sein, sich um entsprechende Abgängerzahlen der Schulen in der jeweiligen Region zu bemühen. Neben diesen Informationen über den unorganisierten Arbeitsmarkt muß selbstverständlich der organisierte Arbeitsmarkt ebenso laufend verfolgt werden. Er ist in den Arbeitsämtern und — soweit zugelassen — in den privaten Stellenvermittlungsbüros institutionalisiert. Hier kommt es allerdings weniger auf die Materialien als auf die regelmäßigen Kontakte an. Nicht zuletzt beeinflussen zahlreiche interne Faktoren das Personalwesen. Deshalb bedarf es der regelmäßigen und fallweisen Beobachtung des „innerbetrieblichen Arbeitsmarktes". Im Abschnitt über die Information wird ausführlicher darauf eingegangen.

Im letzten Abschnitt des Kapitels über die Personalpolitik wurde auf die umfassende Konzeption des Personal-Marketing hingewiesen; sie kann als das Konzept einer unternehmerischen Strategie Bestandteil der Unternehmenspolitik sein. Eine der wichtigsten Voraussetzungen hierfür ist die statistische Beobachtung des Arbeitsmarktes. Im Sinne eines umfassenden Personal-Marketing-Konzeptes reicht das aber nicht aus. Es bedarf darüber hinaus einer ausgesprochenen Forschungsarbeit, die sich natürlich nur Großbetriebe erlauben können. Dazu gehören Untersuchungen über das Erscheinungsbild des Unternehmens in der Öffentlichkeit, vor allem im Hinblick auf die zu umwerbenden Mitarbeiter. Die zu beantwortenden Fragen sind sowohl Fragen der Betriebsgröße als auch des Standortes. Denken wir nur daran, daß es Städte mit einem hohen und niedrigen Freizeitwert gibt. Zu den Forschungsaufgaben gehören sekundärstatistische Analysen aus dem Informationsmaterial des Betriebes, z. B. über den Einzugsbereich qualifizierter Fachkräfte, Entwicklungen auf dem Gebiete des Ausbildungswesens, der Umschulung usw.

Praktisch geht es bei der Personalforschung um alle Gebiete, die den arbeitenden Menschen im Betrieb beeinflussen und die er umgekehrt beeinflussen kann. Untersuchungen des Arbeitsplatzes und seiner Umwelt sind hier ebenso zu nennen wie Unfalluntersuchungen, Untersuchungen über den Krankenstand usw. „Auf jeden Fall muß sie sicherstellen, daß das Unternehmen auf möglichst objektiver Basis über das allgemeine und spezielle Meinungsbild der Belegschaft informiert ist und vor allem zukünftige Entwicklungen abschätzen kann“ [53, S. 195]; vgl. auch [188].

2.3.3 *Personalplanung*

Eine Verwaltungsaufgabe im weiteren Sinne ist die Personalplanung. Wie jede Planung kann sie durch eine systematische Analyse der Erwartungen, durch Schätzungen und Rechnungen eine Hilfe für die unternehmerische Entscheidung sein, die dann Ergebnis der Planung ist. Planung kann, und so wird sie hier verstanden und praktiziert, auch Instrument zur Transformation oder Realisierung der Unternehmensziele sein.

Aus Erhebungen des *Rationalisierungs-Kuratoriums der Deutschen Wirtschaft* geht hervor, daß es eine beachtlich große Zahl von Betrieben gibt, die ohne Pläne arbeiten. Wenn Pläne vorhanden sind, dann sind es meist einzelne Teilpläne, und nur eine geringe Zahl von Betrieben kennt eine umfassende Gesamtplanung. Eine größere Zahl von Teilplänen und eine Gesamtplanung finden wir in erster Linie bei den großen Unternehmen mit mehr als 1000 Beschäftigten. Natürlich arbeitet kein Unternehmen planlos, wenn darunter soviel wie Absicht, Ziel oder Vorbereitung der betrieblichen Maßnahmen verstanden wird. Wird unter Planung jedoch eine systematisch aufgebaute lang-, mittel- und kurzfristige Planung für den gesamten Unternehmensbereich verstanden, zeigt die Praxis dieses unterschiedliche Bild. Das ist auf verschiedene Gründe zurückzuführen. Vielfach wird keine systematische Planung aufgestellt, weil es von der Lage im Wettbewerbsmarkt nicht für erforderlich gehalten wird. Die Betriebe benötigen das Instrument der Planung vor allem dann, wenn die Märkte unstabil sind und daher angestrebt wird, sich durch Planung eine Ordnung zu schaffen, in der ein möglichst gleichmäßiger und reibungsloser Arbeitsablauf gewährleistet ist, worin nach *Gutenberg* das wesentliche Merkmal der Unternehmensplanung besteht [72, S. 15].

Die Betriebe sind in einer Vielzahl von Märkten eingebettet, die jeweils einen sehr verschiedenen Grad der Unstabilität haben. Wenn ein Industriebetrieb z. B. mit einem Teil seiner Produktion Unterlieferant eines Großkonzerns ist, hat er eine größere Stabilität, als das für den übrigen Bereich seiner Erzeugnisse gilt, die er z. B. im starken, täglich spürbaren Wettbewerb absetzen muß. Recht differenziert sind die für den Betrieb wichtigen Teilmärkte des Arbeitsmarktes, wenn wir z. B. an die unterschiedlichen Verhältnisse für die Beschaffung junger anzulernender Arbeitskräfte, hochqualifizierter Facharbeiter oder Führungskräfte denken. Eine weitere Vielfalt der Planungsbedürfnisse ergibt sich nicht nur aus der schon erwähnten Betriebsgröße, sondern auch aus den unterschiedlichen Betriebsstrukturen in den einzelnen Wirtschaftsbereichen. Anlageintensive Betriebe mit relativ geringer Mitarbeiterzahl stehen vor anderen Problemen als z. B. arbeitsintensive Betriebe im Dienstleistungsbereich. Ebenso beachtlich ist, ob „Käufermärkte" oder „Verkäufermärkte" gegeben sind oder nicht, um eine wichtige Differenzierung aus dem Absatzbereich zu nennen.

Von Bedeutung ist schließlich, wie hoch der Grad der Unsicherheit bei der Schätzung der Marktlage ist. So wird z. B. bei Überbeschäftigung die Personalplanung deshalb besonders schwierig, weil zu viele situationsbedingte ad-hoc-Maßnahmen erforderlich sind und dadurch eine zu große Unsicherheit verursacht wird, weswegen die Planung oft fallengelassen wird. Auch darf nicht übersehen werden, daß die Planung von Menschen durchgeführt wird, die auf einzelne Situationen unterschiedlich reagieren können. Notwendig ist jedenfalls, sich stets diese Vielfalt der betrieblichen Umstände, die auf die Planung einwirken können, vor Augen zu halten, wenn man sich generell damit befaßt, wie das z. B. durch in Bestimmungen des Betriebsverfassungsgesetzes zur Personalplanung oder auch in der Fachliteratur und nicht zuletzt in dieser Schrift geschieht.

Mit der im Betriebsverfassungsgesetz den Betrieben indirekt auferlegten Pflicht, Personalpläne aufzustellen, dürfte eine zweifache Entwicklung eingeleitet werden. Überall da, wo bisher Teilpläne aufgestellt wurden, bei denen aber die ökonomisch-technische Planung einen Vorrang vor der Personalplanung hatte, wird diese jetzt gleichrangig. Dort, wo bisher keine systematische Planung bestand, kann der Personalplan zum Ansatzpunkt für den Aufbau einer Planung werden, da er viele betriebliche Bereiche berührt. Der Zusammenhang zwischen der Personalplanung und anderen Teilplänen des Betriebes ergibt sich einmal daraus, daß diese mit den Kosten und Leistungen der Mitarbeiter rechnen müssen, wie das z. B. bei Fertigungsplänen der Fall ist. Zum andern können viele Teilbereiche des Betriebes nur dann ordnungsgemäß geführt werden, wenn sie eine entsprechende Personalvorschau haben. Wenn ein Betrieb z. B. das Fertigungsprogramm erweitern will, ist es nicht möglich, nur die Produktion der Erzeugnisse zu steigern, ohne sich darüber zu vergewissern, ob neben den notwendigen Investitionen und Finanzierungen die erforderliche Zahl und Qualität der Mitarbeiter vorhanden sein wird. Je nach der Personalknappheit kann der Personalbereich dem Produktionsplan sogar eine Grenze setzen. *Gutenberg* spricht in solchen Fällen vom Gesetz der „Dominanz des Minimumsektors“, wonach die gesamte Planung kurzfristig vom schwächsten Teilbereich der betrieblichen Tätigkeit bestimmt wird. Langfristig muß es jedoch Ziel der Betriebsführung sein, zu einem Ausgleich zu kommen, was als „Ausgleichsgesetz der Planung“ bezeichnet wird [73, S. 163].

2.3.3.1 *Formen der Personalplanung*

Wie bei den übrigen Plänen können wir auch bei der Personalplanung zwei verschiedene Zwecke unterscheiden. Sie kann eine Programm-, Rahmen- oder strategische Planung sein, aber auch als Vollzugs-, Durchführungs- oder operative Planung verstanden werden. Die Vollzugsplanung ist eine Detailplanung aufgrund der Programmplanung. *Gutenberg* unterteilt sie weiter in eine Bereitstellungsplanung und eine Arbeitsablauf- oder

Prozeßplanung. Die Personalbereitstellungsplanung hat die Aufgabe, die für den Vollzug z. B. des Produktionsprogramms notwendigen Arbeitskräfte nach Qualität und Quantität sowie zu den angegebenen Terminen so zur Verfügung zu stellen, daß der Produktionsprozeß rationell und planmäßig durchgeführt werden kann. Bei der Prozeß- oder Arbeitsablaufplanung geht es um die Reihenfolge der Arbeitsvorgänge z. B. bei Reihenfertigung.

Nach dem Gegenstand der Planung ist zu unterscheiden zwischen der Planung von Strukturen, von Maßnahmen und der Objektplanung. Zur Personalstrukturplanung gehört z. B. der Stellenplan. Zu den Maßnahmeplänen gehören Pläne für Personalbeschaffung oder Personalausbildung. Die verschiedenen Formen der Planung stehen in einer gewissen Wechselwirkung zur Fristigkeit. Es wird zwischen kurz-, mittel- oder langfristigen Plänen unterschieden. Die Abgrenzung hängt in der Praxis von der Art der Fertigung oder Dienstleistung ab. Eine häufige Einteilung ist, daß als kurzfristig alle Planperioden bezeichnet werden, die Zeiträume bis zu einem Jahr umfassen; mittelfristig sind Pläne für mehr als ein Jahr bis zu maximal fünf Jahren. In allen anderen Fällen wird von langfristigen Plänen gesprochen. Die mittelfristige oder langfristige Planung ist in der Regel eine Programm- oder Rahmenplanung. Die kurzfristige Planung ist üblicherweise eine Vollzugsplanung.

Beim Planungsablauf, insbesondere der mittel- und langfristigen Planung, sind in Anlehnung an *Karl Hax* folgende Stufen zu unterscheiden [86, S. 607 ff.].

1. Bestimmung der Erwartungsgrößen: Vorschau oder Prognose;
2. Planung der unternehmerischen Aktionsmöglichkeiten: Eventualplanung;
3. Entscheidung für einen bestimmten Plan: Planfixierung;
4. Planungskontrolle: Plankorrekturen und Maßnahmenkorrekturen.

2.3.3.2 *Teilpläne*

Der Begriff Personalplanung hat in Theorie und Praxis einen unterschiedlichen Inhalt. Meist wird darunter die Personalbedarfsplanung verstanden, wie sie auch in § 92 BetrVG angesprochen ist. Personalplanung kann aber darüber hinaus noch andere Pläne umfassen. Es sind in der Regel Maßnahmenpläne, die in der Praxis oft je nach Bedarf aufgestellt werden. Nachstehend seien die möglichen Teilpläne kurz erörtert.

2.3.3.2.1 Personalbedarfsplanung

Im einzelnen ist zu unterscheiden zwischen der Planung des Ersatzbedarfs und des Neubedarfs. Dort, wo die betriebliche Entwicklung rückläufig ist, z. B. infolge einer Rezession oder struktureller Änderungen in der Branche, kann die Personalbedarfsplanung eine Personaleinschränkungsplanung sein. Vor einer solchen Aufgabe steht z. B. die *Ruhrkohle-Aktiengesellschaft,* die ihre Förderung an den rückläufigen Bedarf durch Zechenstillegungen anpassen muß.

In industriellen Großbetrieben, in denen die Personalplanung am weitesten entwickelt ist, zerfällt diese wieder in verschiedene Teilpläne. Es hat sich als zweckmäßig erwiesen, nach kurzfristig und langfristig ersetzbaren Kräften zu unterscheiden. Die Ersetzbarkeit ist dabei nicht nur eine Frage des Arbeitsmarktes, sondern auch des Ausbildungsganges. Dementsprechend gibt es häufig eine Unterteilung nach der Planung für gewerbliche Arbeitnehmer, Angestellte und qualifizierte Führungskräfte. Bei Großbetrieben ist es für die Geschäftsführung notwendig, daß die verschiedenen Teilpläne wieder zusammengefaßt werden, damit sie sich am Gesamtplan orientieren kann [128].

Die Planungsfristen sind bei den verschiedenen Teilplänen für den Personalbedarf abhängig von den jeweiligen zu planenden Gruppen, aber auch von den Planungsanlässen. Große Investitionen oder organisatorische Umstellungen, Umstrukturierung der Belegschaft bei Mechanisierung und Automatisierung spielen hierbei ebenso eine Rolle wie die Fristen für die Beschaffung, welche oft durch die Ausbildungsdauer bestimmt werden. Die Bedürfnisse für die Planung können auch kurzfristiger sein, wie z. B. die Ergänzung der Fertigungsplanung durch den Personaleinsatzplan.

Bei den längerfristigen Programmplanungen des Personalbedarfes bedient man sich häufig der Schätzungen. Hier arbeitet die Praxis bei der Planung nach Fachbereichen oder Verwendungszwecken meist mit gewissen Faustregeln. Die langfristige Personalplanung kann sich aber auch genauerer Produktionskennziffern bedienen, wobei bestimmte Annahmen für die zukünftige Kapazitätsausnutzung gemacht werden müssen. Eine häufig anzutreffende Methode, den kurzfristigen Arbeitskräftebedarf unter besonderer Berücksichtigung der Qualifikation der Mitarbeiter für einen bestimmten Arbeitsplatz zu erfassen, ist die Stellenbesetzungsplanung, auch als Personaleinsatzplanung bezeichnet. Nach *Fischer* sollte in jeder Abteilung für einen bestimmten Zeitraum nach Quantität und Qualität ein Besetzungsplan festgehalten sein, möglichst sogar im Rahmen einer finanziellen Budgetierung, um so ständig drohenden Nachforderungen im Sinne des *Parkinson*'schen Gesetzes entgegentreten zu können. Ein solcher Stellenbesetzungsplan mit Vergleich zwischen Soll und Ist sollte ebenso vorhanden sein, wenn die gewünschte ideale Besetzung aus verschiedenen Gründen zunächst nicht möglich ist [45, S. 22]. In der Industrie wird dieses Verfahren auch als Arbeitsplatzmethode bezeichnet; es setzt eine Durchgliederung aller Betriebsbereiche in Arbeitsplätze mit den einzelnen Arbeitsgängen voraus. Diese Methode hat den Nachteil, daß sie arbeitsplatzorientiert ist. Sie ist typisch für alle Betriebe, die anlageintensiv sind, wie z. B. Hochofenbetriebe oder Kraftwerke, und ist deshalb auch für die Personalbedarfsrechnungen in den Büros der kaufmännischen und technischen Verwaltungen geeignet, wo die Zahl der Arbeitsplätze nicht unmittelbar von der Beschäftigung abhängt.

Werden Anlage- oder Maschinenkapazitäten unterschiedlich genutzt, sollten bei der Personalbedarfsplanung Fertigungspläne zugrunde liegen, aufgrund derer der Personalbedarf durch Kennziffern wie Arbeitsstunden je Maschine oder Stundenaufwand je Aufgabe ermittelt wird. Sie kann auch von Produktionskennziffern ausgehen, die z. B. den proportionalen Zeitaufwand für eine Leistungseinheit, wie Stunden pro Tonne Erzeugung in der eisenschaffenden Industrie, ausdrücken. Für die Lösung der bestehenden Zuordnungsprobleme bedient sich die Praxis der Großbetriebe bereits moderner Planungsmethoden, wie des Linear Programming.

Für die öffentliche Verwaltung ist der Stellen(-besetzungs)-plan von besonderer Bedeutung. Er wird dort definiert als das Verzeichnis der in der Verwaltung in einem bestimmten Zeitabschnitt für notwendig gehaltenen Stellen nach Art, Zahl und Bewertung. Er hat organisatorische, rechtliche und personalwirtschaftliche Bedeutung [112, S. 11]. Da die Aufgaben letztlich den Personalbedarf bestimmen, kann ein ordnungsgemäßer Stellenplan erst aufgestellt werden, wenn der Aufgabengliederungsplan und der Betriebsorganisationsplan vorliegen.

2.3.3.2.2 Beschaffungsplanung

Die Beschaffungsplanung hat das Ziel, den quantitativen und qualitativen Fehlbestand, der sich aus den Daten der Bedarfsplanung hinsichtlich der Art, Menge und des Zeitpunktes der erforderlichen Arbeitsleistungen ergibt, zu decken [132, S. 61]. Sie ist eine typische Maßnahmenplanung. Ihr wesentlicher Inhalt ist die Planung der Personalwerbung.

Es ist zunächst an eine bewußte Meinungspflege auf dem externen und internen Arbeitsmarkt zu denken. Entsprechende Maßnahmen können die konkrete Personalwerbung im Einzelfall günstig beeinflussen. Praktisch handelt es sich um Öffentlichkeitsarbeit im Hinblick auf neu zu gewinnende Mitarbeiter. Im wesentlichen kommt es darauf an, durch systematische Informationen über das betriebliche Personalwesen im Arbeitsmarkt ein gutes Meinungsbild zu erreichen. Sie können sich auf Verbesserungen am Arbeitsplatz, neueingerichtete interne Ausbildungslehrgänge, besondere soziale Einrichtungen usw. beziehen.

Die langfristige Personalwerbung kann sich auch an bestimmte Personenkreise wenden. Sollen z. B. die Studenten bestimmter Fachrichtungen langfristig angeworben werden, können hier entsprechende Pläne aufgestellt werden. Dazu gehören regelmäßige Kontakte mit den einschlägigen Universitätsseminaren, Durchführung von Informationsveranstaltungen und Herausgabe von Informationsschriften. Entsprechende spezielle Werbemaßnahmen können sich auf Mitarbeiter für die Forschung, Datenverarbeitungsspezialisten ebenso wie auf Facharbeiter der verschiedenen Richtungen erstrecken. Zu den langfristigen Maßnahmen der Personalwerbung gehört ferner die systematische

Kontaktpflege mit den Institutionen des organisierten und unorganisierten Arbeitsmarktes.

Neben den langfristigen Maßnahmen der Beschaffungsplanung gibt es im Einzelfalle kurzfristige Maßnahmen, die oft als Beschaffungsaktionen bezeichnet werden. So hatte ein Großunternehmen mit einigen hundert Lebensmittelfilialbetrieben z. B. für die Anwerbung von neuen anzulernenden Mitarbeitern ein Zehnpunkteprogramm aufgestellt. Darin war vorgesehen: Besuch der Berufsberater im Ausbreitungsgebiet, Einsatz von Busfensterplakaten, Einschaltung von Dias in den Filmtheatern, Schülereinladungen zur Zentrale usw. Aus diesen kurzen Hinweisen dürfte deutlich werden, daß die Maßnahmen der Personalbeschaffungsplanung, also im wesentlichen der Personalwerbung, mit der gleichen Gründlichkeit geplant werden sollten wie die Maßnahmen im Bereich der Absatzwerbung. Es ist deshalb nicht unangebracht, sich der Fachleute zu bedienen, die mit der Personalwerbung vertraut sind.

Eng verbunden mit der Beschaffungsplanung ist die Planung der Ausleseverfahren. Auch hier ist es eine wichtige Aufgabe der Verwaltung im weiteren Sinne, daß die angeworbenen Mitarbeiter nach einem systematischen Ausleseverfahren überprüft werden.

2.3.3.2.3 Ausbildungsplanung

Wenn die benötigten Mitarbeiter nicht über den außerbetrieblichen Arbeitsmarkt, sondern nur aus dem Mitarbeiterkreis beschafft werden können, ist es erforderlich, eine systematische, langfristige Ausbildungs- und Nachwuchsplanung aufzustellen. Nur dadurch wird es möglich, auf lange Sicht die notwendigen Nachwuchskräfte aus den eigenen Reihen zu bekommen. Für diese Maßnahmenplanung ist zunächst wieder erforderlich, klare Vorstellungen über die anzustrebenden Ziele zu entwickeln. Dazu stellt man planmäßig fest, wer auszubilden ist. Es bedarf einer Planung der Ermittlung des Ausbildungsbedarfs. Eine der wichtigsten Methoden zu seiner Bestimmung sind Mitarbeiterbeurteilungen, für die entsprechende betriebseinheitliche Personalbeurteilungsbogen verwendet werden sollten. Dann sind die Lernziele zu planen; es ist festzulegen, in welchen Stoffgebieten ausgebildet werden soll. Dabei sind die verschiedenen auszubildenden Gruppen zu unterscheiden. Für Anzulernende ist das Stoffgebiet anders als für die Ausbildung von Facharbeitern zwecks Erwerbung des Meisterbriefes oder die Ausbildung von Führungskräften. Bei diesen kann es darum gehen, die Führungsfähigkeiten zu entwickeln oder die technischen Fertigkeiten zu vervollkommnen.

Bei der Planung der Methoden ist zu unterscheiden zwischen der individuellen und Gruppen-Ausbildung. Zur ersten gehören: Ausbildung am Arbeitsplatz (training on the job); gelenkte Erfahrungsvermittlung; Assistenten- und Nachfolgerstellungen, Arbeitsplatzringtausch (job rotation). Daneben gibt es die Methoden der Gruppenausbildung durch passives Lernen (Vorlesungs- und Vortragsmethode) und durch aktives Lernen (Fallmethode, Rollenspiel u. a.) [198, S. 76 ff.]. Im Zusammenhang mit der Stoffplanung bedarf es einer Planung der Medien, die eingesetzt werden. Hier sei z. B. auf die modernen audiovisuellen Lehrmittel hingewiesen. Schließlich ist das Lernmilieu zu überdenken und festzulegen. Es ist immer wieder festzustellen, welche Bedeutung es hat, ob die Ausbildung innerhalb des eigenen Betriebes oder außerhalb, z. B. in eigenen Schulungsstätten oder angemieteten Hotels, durchgeführt wird. Wie bei jeder Planung ist schließlich die Plankontrolle wichtig. Eine systematische Beschäftigung mit diesen Fragen zeigt recht bald, daß es mehr Faktoren für die Plankontrolle der Ausbildung und Fortbildung gibt, als man zunächst glaubt [224, S. 61].

2.3.3.2.4 Planung optimaler Arbeitsbedingungen

Auf die Bedeutung der Arbeitsbedingungen für den im Betriebe tätigen Menschen ist ausführlich hingewiesen worden. Im Zusammenhang mit der Personalplanung sei auf die enge Verbindung verwiesen, die sich aus der planmäßigen Gestaltung des Arbeitsplatzes und der Arbeitsumwelt mit den übrigen Zielen der Personalplanung ergibt. Nach *Ulrich/Staerkle* sind folgende Verbindungsstellen zu erwähnen und in der Praxis zu beachten:

— Eine genaue Ermittlung des zukünftigen Personalbedarfs ist nur möglich, wenn es gelingt, die zukünftig zu leistende Arbeit zu quantifizieren und mit Hilfe von Leistungsstandards in Personenzahlen umzusetzen.

— Umgekehrt können ungünstige sachliche Arbeitsbedingungen, insbesondere auch als negativ empfundene Veränderungen derselben, die Fluktuationsziffer erhöhen und die Personalbeschaffung erschweren, während günstige äußere Arbeitsbedingungen werbend wirken.
— Einführung und Durchführung eines Leistungslohnsystems sind nur dann erfolgreich und wirken nur dann gerecht, wenn zweckmäßige Arbeitsbedingungen vorliegen, die im einzelnen bekannt sind und bei der Lohngestaltung mit berücksichtigt werden.
— Zutreffende Arbeitsplatzbeschreibungen (Stellenbeschreibungen) und Arbeitsbewertungen (Stellenbewertungen), welche wichtige Hilfsmittel der Personalplanung darstellen, können nur aufgestellt werden, wenn die Arbeitsbedingungen jeder Stelle im einzelnen bekannt sind.
— Das Erfordernis, daß alles unternommen wird, was zur Unfallverhütung und zum Schutz der Gesundheit des Mitarbeiters beitragen kann, führt zu spezifischen Anforderungen, die bei der Gestaltung der äußeren Arbeitsbedingungen nicht übersehen werden dürfen.

Die Arbeitsbedingungen haben einen wesentlichen Einfluß auf das Arbeitsklima. Maßnahmenpläne zur optimalen Gestaltung der Arbeitsbedingungen stellen daher ein wichtiges Mittel zur Verbesserung des Arbeitsklimas dar [224, S. 32].

2.3.3.2.5 Planung der Löhne und sozialen Leistungen

Bei der Unternehmungsplanung, die auch die menschliche Arbeitskraft berührt, sind deren Kosten und Aufwendungen automatisch ein Bestandteil der Planung. Aber auch unabhängig hiervon können Löhne und soziale Leistungen geplant werden. Dabei geht es praktisch um die Zielsetzung für die Lohnpolitik und die Grundsätze, welche bei den sozialen Leistungen in den kommenden Jahren einzuhalten sind. Allerdings hat hier der einzelne Betrieb nur einen begrenzten Spielraum für Entscheidungen, da Gesetz, tarifvertragliche und Betriebsvereinbarungen vielfach Regelungen fixiert haben, die entweder überhaupt nicht oder nur nach Ablauf der Vertragszeiten geändert werden können.

In den Grundlagen des Personalwesens wurde die Problematik von Lohn und Leistung ausführlich dargelegt. Daraus ist deutlich geworden, daß dieser Komplex von der Unternehmung stets sorgfältig beobachtet und nach Möglichkeit auf lange Sicht im voraus überdacht, also geplant wird. Nur so ist der einzelne Betrieb in der Lage, bei plötzlich notwendigen Änderungen die Richtung zu wissen, in der er handeln kann und soll. Die langfristige Planung ist auch dann besonders notwendig, wenn die Lohnkosten insgesamt und je Produktionseinheit gestiegen sind und aus betriebswirtschaftlichen Gründen wieder reduziert werden sollen. Die notwendigen Schritte können nur durch eine langfristige Planung zu einem Ergebnis führen.

Eingangs des Abschnittes über die Personalplanung wurde darauf hingewiesen, wie unterschiedlich die betrieblichen Verhältnisse und die Arbeitsmarktverhältnisse sein können, und wie verschieden die Praxis der Planung ist. Was für die Planung generell gilt, hat in besonderem Maße Bedeutung für die Personalplanung. Das zeigt z. B. das Ergebnis einer empirischen Studie des Ifo-Institut für Wirtschaftsforschung zum Stand der Personalplanung in den Industrieunternehmen. Sie wurde im Auftrag der Bundesanstalt für Arbeit erstellt und kam im Dezember 1968 zu folgenden Ergebnissen:

— Personalpläne sind seltener vorhanden als Investitions-, Finanzierungs-, Absatz-, Produktions- und Kostenpläne und sind auch schlechter entwickelt;
— die Häufigkeit schriftlicher Personalpläne steigt mit zunehmender Unternehmensgröße;
— bei den Unternehmen, die Personalpläne aufstellen, ist der Planungshorizont relativ kurz (bis zu einem Jahr);
— die Personalpläne sind häufig nicht mit den Planungen anderer Bereiche abgestimmt, so daß die Personalabteilung bei Betriebsveränderungen improvisieren muß;
— bei der Besetzung der gehobenen Positionen wird stärker geplant als bei der Zuteilung der weniger qualifizierten Tätigkeiten.

Im Hinblick auf die Bestimmungen des Betriebsverfassungsgesetzes wird der Personalplanung von amtlicher Seite wachsende Bedeutung beigemessen. Aus dem sozialpolitischen Gesprächskreis beim Bundesminister für Arbeit und Sozialordnung ist 1970 ein Arbeitskreis „Betriebliche Personalplanung“ gebildet worden, der Vorschläge unterbreiten soll, wie die betriebliche Personalplanung gefördert und intensiviert werden kann. Im Jahre 1971 konnte die sozialpolitische Gesprächsrunde bereits Empfehlungen aussprechen, die von allen Spitzenverbänden, insbesondere der Arbeitsgeber- und Arbeitnehmer-Organisationen, getragen werden. Inzwischen hat es mehrere Tagungen von Fachverbänden gegeben, die sich ebenfalls mit dem Thema der Personalplanung befaßten.

2.3.4 *Einstellung und Einführung Versetzung und Kündigung*

Die mit der Personaleinstellung verbundenen Verwaltungsarbeiten sind recht umfangreich und stellen eine Art Visitenkarte dar. So sind für die Einstellung von neuen Mitarbeitern das Ausschreiben von Stellenangeboten, die Erledigung der Eingangskorrespondenz, das Ausschreiben des Anstellungsvertrages und vor allem die Einrichtung der Personalakte erforderlich. Darin sind die Angaben über allgemeine Personalien, Ausbildung und beruflichen Werdegang, Gesundheitszustand, Arbeitsvertragsbedingungen, wie die Regelung der Bezüge, des Urlaubs usw. enthalten. Es gehört weiter zu den Aufgaben, daß der Einstellungsvorgang ordnungsgemäß abläuft. In größeren Betrieben melden die anfordernden Stellen ihren Personalbedarf auf Personalanforderungsformularen an, worin die notwendigen Personaldaten für die zu besetzende Stelle angegeben sind. Nach § 93 BetrVG kann der Betriebsrat verlangen, daß zu besetzende Arbeitsplätze innerhalb des Betriebes ausgeschrieben werden. Bei Eingang der Bewerbungen sind die Bewerbungsunterlagen aufzubereiten, wobei sich sogenannte Prüflisten bewährt haben, in denen die bei Bewerbungen zu beachtenden Punkte angeführt sind.

Bei der Auslese der Bewerber ist darüber zu wachen, daß nicht improvisiert wird. Das Urteil nach ersten Eindrücken mag oft zutreffen, ist aber für die Einstellung nicht ausreichend. Es gibt systematisch zusammengestellte Beurteilungskriterien, nach denen vorgegangen werden sollte. Die persönlichen Interviews können durch psychologische Eignungsprüfungen ergänzt und unterstützt werden. Es ist eine Verwaltungsaufgabe, bei Eignungsuntersuchungen dafür zu sorgen, daß jeder eignungspsychologischen Begutachtung eine möglichst genaue Arbeitsplatzanalyse vorausgeht, damit der Psychologe klare Vorstellungen über die einzelnen Arbeitsanforderungen bekommt. Das ist z. B. wichtig für solche Arbeitsplätze, die hinsichtlich ihrer psychischen Belastung als auch der Gefährdung durch Unfälle besondere Leistungen beanspruchen.

Neben der Einstellung ist die Einführung am Arbeitsplatz ein ebenso wichtiger Vorgang. Es darf nicht vorkommen, daß der eingestellte Mitarbeiter in den ersten Tagen nicht so recht weiß, was er anfangen soll. Die unzureichende Einführung ist oft ein Grund dafür, daß der neue Mitarbeiter recht bald kündigt. So ist die Kündigungsquote in den ersten Monaten der Betriebszugehörigkeit in vielen Unternehmen besonders hoch. Auch bei der Einführung gibt es einen Katalog der notwendigen Maßnahmen, die zu beachten sind. Wichtige Punkte hieraus sind:

— Einführungsgespräch;
— Information über den Betrieb und die Arbeit;
— unmittelbare Einführung in die Arbeit;
— Nachfassen nach einigen Wochen oder Monaten.

Im übrigen hat das Betriebsverfassungsgesetz zur Einführung der Mitarbeiter besondere Bestimmungen erlassen. In § 81 BetrVG heißt es, daß der Arbeitgeber den Arbeitnehmer über dessen Aufgabe und Verantwortung sowie über die Art seiner Tätigkeit und ihrer Einordnung in den Arbeitsablauf des Betriebes zu unterrichten hat. Er hat den Arbeitnehmer vor Beginn der Beschäftigung über die Unfall- und Gesundheitsgefahren, denen dieser bei der Beschäftigung ausgesetzt ist, sowie über die Maßnahmen und Einrichtungen zur Abwendung dieser Gefahren zu belehren.

Zu den Verwaltungsaufgaben gehören neben den verschiedenen Maßnahmen bei Einstellung und Einführung alle Arbeiten, die sich mit sonstigen Personalveränderungen verbinden, insbesondere bei Versetzung und Kündigung. Wie bei den Einstellungen sind auch bei der Kündigung Formulare zweckmäßig, die alle hierbei zu beachtenden Einzelheiten enthalten, damit keine ordnungsgemäß notwendige Meldung unterbleibt. So müssen Arbeitsbescheinigungen ausgefüllt werden, Zeugnisse sind zu schreiben, aufbewahrte Unterlagen sind auszuhändigen, die verschiedenen Kassen sind zu benachrichtigen u. a.

2.3.5 *Ausbildung und Fortbildung*

Die personalpolitischen Entscheidungen im Bereiche der Aus- und Fortbildung lösen oft umfangreiche Verwaltungsarbeiten aus. Ist z. B. entschieden, daß der Nachwuchs aus den eigenen Reihen zu fördern ist, hat das Auswirkungen auf Maßnahmen der Aus- und Fortbildung, der Einstellungen und der Aufstiegsmöglichkeiten. Das neue Berufsbildungsgesetz vom 12. 6. 1969 hat eine im Grundsatz umfassende und bundeseinheitliche Rechtsgrundlage für die berufliche Aus- und Fortbildung geschaffen. Ein Grundprinzip des Gesetzes für die Durchführung der Berufsbildung ist die klare sachliche Ordnung des Bildungsganges in den Betrieben und sonstigen Bildungsstätten, um zu möglichst wirkungsvollen Bildungsmaßnahmen zu kommen. § 1, Abs. 2 fordert, daß aus Gründen der Mobilität zunächst eine breit angelegte berufliche Grundbildung und anschließend die für die Ausübung einer qualifizierten beruflichen Tätigkeit notwendigen fachlichen Fertigkeiten und Kenntnisse (Fachbildung) zu vermitteln sind. Zu beachten ist der Hinweis des Gesetzes, daß Berufsausbildung in einem geordneten Ausbildungsgang durchgeführt werden muß. § 4 ergänzt diese Bestimmung, wonach der schriftlich niederzulegende Ausbildungsvertrag die sachliche und zeitliche Gliederung der Berufsausbildung auszuweisen hat. Je nach der Intensität, mit der im Betriebe Fortbildungsmaßnahmen betrieben werden, erweitern sich die Personalverwaltungsaufgaben.

Alles das, was für die systematische Berufsausbildung gilt, gilt in gleicher Weise für die Maßnahmen der Fortbildung; es ist z. B. dafür Sorge zu tragen, daß Fortbildungsprogramme aufgestellt sind, die auf die verschiedenen Bildungszwecke Rücksicht nehmen. Die für die Fortbildung erforderlichen betrieblichen Einrichtungen sind aufzubauen und laufend zu überwachen. In den Fertigungsbetrieben gehören dazu z. B. der Werkunterricht, in den kaufmännischen Verwaltungen können Planspiele mit Übungsfirmen durchgeführt werden. Je größer die Betriebe, desto eher sind sie in der Lage, eigene Ausbildungszentren zu schaffen. Werden ausländische Arbeitnehmer beschäftigt, bedarf es in der Regel umfassender Umschulungsmaßnahmen mit den entsprechenden Einrichtungen. Zusammenarbeit mit den zuständigen Arbeitsämtern gehört ebenfalls zu den hier durchzuführenden Aufgaben. Werden die Lehrgänge außer Haus durchgeführt, bedarf es entsprechender verwaltungstechnischer Hilfeleistung.

2.3.6 *Lohnfindung und Lohnüberwachung*

Die Ausführungen im Abschnitt Lohnpolitik haben gezeigt, vor welcher Fülle von Aufgaben die Betriebe stehen, um die richtigen Löhne im Verhältnis zur Leistung zu zahlen bzw. die hierfür gerechten Maßstäbe zu finden. Wird die analytische Arbeitsbewertung zugrunde gelegt, gibt es zahlreiche Detailarbeiten, die bei den Vorbereitungen, z. B. Schulung der Bewerter, beginnen und Stellen- oder Arbeitsplatzbeschreibungen mit ihren Bewertungen erfordern, damit schließlich die Punktwerte ermittelt werden können. Es bedarf umfangreicher Formularunterlagen, damit die durchzuführenden Arbeiten so ordnungsmäßig wie möglich erledigt werden. Bei anderen Lohnformen sind ebenfalls entsprechende Arbeiten durchzuführen. Dabei ist wieder auf die einschlägigen Vorschriften des Betriebsverfassungsgesetzes und auf die notwendige enge Zusammenarbeit mit dem Betriebsrat hinzuweisen. Nach § 82, Abs. 2 BetrVG kann der Arbeitnehmer z. B. verlangen, daß ihm die Berechnung und Zusammensetzung seines Arbeitsentgelts erläutert werden.

Die einmal festgesetzten Löhne sind keine statische Größe. Sie ändern sich durch vertragliche Einzelabreden, Betriebsvereinbarungen oder neue Lohntarifabschlüsse. Im letzteren Falle gehört es zu den Personalverwaltungsaufgaben, die für die

Tarifverhandlungen notwendigen Daten zur Verfügung zu stellen. Weiterhin sind alle Lohneinstufungen auf ihre Ordnungsmäßigkeit im Hinblick auf rechtliche und betriebliche Vorschriften zu überwachen. Bei Eingruppierungen und Umgruppierungen ist § 99 BetrVG zu beachten.

Für die Lohnabrechnung bedarf es zahlreicher Vorarbeiten, und zwar einmal für die Bruttolohnermittlung, wenn Fertigungsbetriebe vorhanden sind, und zum andern für die Nettolohnermittlung. Bei der letzteren sind zahlreiche Bestimmungen zu beachten, z. B. über die Lohnsteuer und die gesetzlichen Sozialabzüge. Auch die ordnungsgemäße Abwicklung der Zahlungen für Vermögensbildung, Zusatzversicherungen muß gewährleistet sein. Bei Mitarbeitern im Außendienst kommen Reisekostenabrechnungen, Trennungsentschädigungen, Auslösungen hinzu.

Eine Frage, die stets Meinungsverschiedenheiten mit sich bringt, ist die Einordnung der Lohn- und Gehaltsabrechnung, die umfangreiche verwaltungstechnische Arbeiten erforderlich macht. Ihre Zugehörigkeit in den für die Personalverwaltung zuständigen Bereich wurde schon diskutiert, bevor es elektronische Datenverarbeitung gab. Ein häufig anzutreffender Standpunkt war, daß die mit der Lohnabrechnung verbundenen organisatorischen und rechnungsmäßigen Arbeiten dem Funktionskreis des Personalwesens fremd seien und deshalb zweckmäßigerweise mit dem Bereich der Betriebsabrechnung unmittelbar verbunden werden. Dort, wo elektronische Datenverarbeitung besteht, dürfte sich das noch mehr empfehlen. Es gibt aber nach wie vor Leiter des Personalwesens, die auch in diesen Fällen auf ihrer Zuständigkeit für die Lohn- und Gehaltsabrechnung bestehen, während andere sie als Ballast bezeichnen, den sie gerne abgeben [217, S. 54].

2.3.7 *Beurteilungen*

Im betrieblichen Personalwesen gibt es mehrere Anlässe, die die Beurteilung von Mitarbeitern verlangen. Es fängt bei ihrer Einstellung an, setzt sich fort bei Ablauf der Probezeit, bei Versetzungen, Beförderungen, Lohnerhöhungen, bei Entsendung zu Fortbildungsveranstaltungen oder bei Gewährung besonderer sozialer Vergünstigungen und endet schließlich bei Entlassungen. Je nach den Anlässen ist die Beurteilung mehr oder weniger eingehend. Verantwortlich ist stets der jeweilige unmittelbare Vorgesetzte, im Einzelfall ergänzt durch weitere Beurteilungen, wenn z. B. bei Einstellungen mehrere Führungskräfte das Einstellungsgespräch führen.

Einer der wichtigsten Grundsätze für das Personalwesen ist, daß alle Mitglieder eine möglichst objektive Behandlung erfahren. Es ist zweckmäßig, durch Verwaltungsmaßnahmen diese Forderung zu unterstützen. Weiterhin ist es sehr wichtig, daß Personalbeurteilungen nicht nur bei gegebenem Anlaß, sondern in größeren Zeitabständen regelmäßig durchgeführt werden. Ergibt sich in der Zwischenzeit ein Vorgang, der eine Beurteilung erforderlich macht, kann und sollte sie den Charakter einer Ergänzung haben. Für die Durchführung regelmäßiger Beurteilungen bedarf es entsprechender verwaltungsmäßiger Hilfe. Sie besteht nicht nur darin, die einjährigen oder zweijährigen Beurteilungstermine zu überwachen. Aufgabe der Verwaltung ist es, dafür Sorge zu tragen, daß die Beurteilung selbst möglichst systematisch vorgenommen wird. Die verschiedenen Disziplinen der Arbeitswissenschaften haben Beurteilungsmethoden entwickelt, die von der Praxis mehr oder weniger angewendet werden.

Wenn wir von der Unterstützung durch Dritte, z. B. durch graphologische Gutachten, absehen, hat sich in der Praxis der Betriebe der sogenannte Beurteilungsbogen als nützlich erwiesen. Er ermöglicht die Vereinheitlichung und Objektivierung der Urteile durch die unmittelbar Vorgesetzten. Dabei können die Fragen von vornherein so formuliert werden, daß sie sich einfach mit ja oder nein beantworten lassen. Dies ist meist dort anzutreffen, wo es um die Beurteilung weniger qualifizierter Arbeiten geht. Eine abgewandelte Art des schematisierten Beurteilungsbogens besteht darin, daß man die Beurteilungsmerkmale bereits vorgeschrieben hat. Eine andere Schematisierung ist in der Weise möglich, daß die vorzunehmende Bewertung der einzelnen Kriterien mittels numerischer oder graphischer

Skalen festgehalten wird [39]. Schließlich gibt es die völlig freie Formulierung durch den Beurteilenden. Literatur und Praxis kennen zahlreiche ausgearbeitete Beurteilungsbogen, deren Techniken nur beispielhaft angedeutet worden sind.

Bei den Beurteilungen sind die einschlägigen Vorschriften des Betriebsverfassungsgesetzes zu beachten. Nach § 82 BetrVG kann der Arbeitnehmer verlangen, daß mit ihm die Beurteilung seiner Leistungen sowie die Möglichkeiten seiner beruflichen Entwicklung im Betrieb erörtert werden. Unabhängig davon gilt es generell als zweckmäßig, bei durchgeführten Beurteilungen das Ergebnis mit dem Mitarbeiter in einem sogenannten Beurteilungsgespräch zu erörtern. Der Zustimmung des Betriebsrates bedürfen nicht nur Personalfragebogen für Einstellungen, sondern auch Beurteilungsgrundsätze und zu ihrer Anwendung verwandte Formulare (§ 94, Abs. 2 BetrVG). Diese Bestimmung ist in Verbindung mit § 83 BetrVG zu sehen, die die Einsicht in die Personalakten vorsieht, da Personalbeurteilungen in der Regel Bestandteil der Personalakte werden.

Ein besonderes Problem der Beurteilung ist die regelmäßige Beurteilung leitender Angestellter, im Angelsächsischen auch mit appraisal bezeichnet. Eine Systematisierung derartiger Maßnahmen ist ebenso notwendig wie bei den übrigen Mitarbeitern. Es ist immer wieder festzustellen, wie gerade die Beurteilung oberer Führungskräfte von Zufälligkeiten abhängig ist. Auch hier bedarf es der Systematisierung und einer dementsprechenden verwaltungsmäßigen Unterstützung. „Zur Personalführung moderner Großbetriebe gehören Appraisal-Programme für Manager ebenso wie Gehalts- oder Fortbildungsprogramme. Ihre Wichtigkeit und Bedeutung liegen vorwiegend in der Zusammenstellung, Analyse und Anwendung von Informationen über Qualifikation und Leistung von leitenden Angestellten. Diese Programme ermöglichen eine systematische Erfassung des Leistungspotentials und damit eine gezielte und methodische Zukunftsplanung für alle leitenden Positionen des Unternehmens sowie eine sorgfältige Planung und Durchführung der erforderlichen Entwicklungsmaßnahmen für alle leitenden Angestellten“ [225, S. 77].

2.3.8 *Sicherheits- und Gesundheitsdienste*

Für die Arbeitssicherheit im Betrieb gibt es zahlreiche Vorschriften. Eine Art Grundgesetz ist die maßgebliche Vorschrift des § 120a der Gewerbeordnung, aufgrund dessen zahlreiche Sondervorschriften für bestimmte Wirtschaftszweige, ebenso Verordnungen und Richtlinien des Bundes und der Länder ergangen sind, die sich mit speziellen Fragen der Arbeitssicherheit befassen. Die Berufsgenossenschaften bringen ihrerseits kraft autonomen Rechts über die Bestimmungen der Gewerbeordnung hinaus weitere Unfallverhütungsvorschriften heraus, die die Betriebe im Dienste der Arbeitssicherheit (§ 708 Reichsversicherungsordnung) zu beachten haben. Die Unfallverhütungsvorschriften sind Mindestnormen und bedürfen einer besonders strengen Überwachung. § 719 der Reichsversicherungsordnung schreibt für Betriebe mit mehr als 20 Beschäftigten vor, daß Sicherheitsbeauftragte zu bestellen sind. Die Zentralstelle für Unfallverhütung beim Hauptverband der gewerblichen Berufsgenossenschaften in Bonn hat Grundsätze zur Förderung der Arbeitssicherheit in den Betrieben durch den Einsatz von Arbeitssicherheitsorganen aufgestellt. Die Aufgaben, die mit der Durchführung der verschiedenen Arbeitssicherheitsvorschriften verbunden sind, erstrecken sich auf kleinste verwaltungstechnische Arbeiten wie die entsprechende Betriebsbeschilderung an allen Unfallstellen bis hin zu regelmäßigen Arbeitsschutzaktionen.

Die Verwaltungsaufgaben im Gesundheitsdienst sind nicht weniger umfangreich. Ebenso wie für den Arbeitsschutz und die Arbeitssicherheit ist es für die Gesundheitsdienste erforderlich, daß entsprechende Programme vorliegen und auch durchgeführt werden. Hierbei geht es einmal um die Einrichtung von Verbandsräumen oder Unfallstationen in größeren Betrieben, zum andern um Untersuchungen durch den Betriebsarzt bei Neueinstellungen oder periodische Untersuchungen der gesamten Belegschaft. In diesem Zusammenhang sei hingewiesen auf die Vereinbarungen über den werksärztlichen Dienst zwischen der Bundesvereinigung der Deutschen Arbeitgeberverbände, dem Deutschen Gewerkschaftsbund und der Werksärztlichen Arbeitsgemeinschaft. Die Personalverwaltungsaufgaben umfassen schließlich alle Maßnahmen hygienischer und sanitärer Art, die in der Industrie eine große Rolle spielen.

2.3.9 *Sozialdienste und Sozialbetriebe*

In Großbetrieben haben die hierzu gehörenden Verwaltungsaufgaben Ähnlichkeit mit der Sozialverwaltung einer Gemeinde. Die einschlägigen Aufgaben umfassen einmal die Vielzahl fürsorgerischer Maßnahmen und die Verwaltung entsprechender Einrichtungen. Das beginnt mit der Bearbeitung laufender Anträge für die von den Betrieben gewährten Sozialleistungen, wie z. B. für Unterstützungen verschiedener Art, Belegungen von Werkswohnungen usw. Die zu treffenden Entscheidungen bedürfen einer gründlichen Vorbereitung. Die entsprechende Mitwirkung des Betriebsrates ist sicherzustellen. Hierher gehören auch alle Maßnahmen für Belegschaftsmitglieder, die als Teilinvaliden nicht mehr voll verwendbar sind. In größeren Betrieben gibt es Fürsorgerinnen und Pflegerinnen, die sich um die persönliche Fürsorge für einzelne Belegschaftsmitglieder sowie deren Familien bemühen.

Ein anderer Komplex der Personalverwaltung ist die Betreuung der im Sozialbereich oft vorhandenen Sozialbetriebe verschiedenster Art, was jeweils von der Größe des Betriebes abhängig ist. Dazu gehören die schon erwähnten Werkswohnungen, aber auch Gemeinschaftsunterkünfte, z. B. für ausländische Arbeitnehmer, Ledigenheime oder Heime für Jugendliche, die ausgebildet werden. Sind Werksküchen vorhanden, zählen sie ebenfalls hierzu. Bei Großbetrieben finden sich außerdem Einrichtungen, die kulturellen und sportlichen Zwecken dienen, wie z. B. Lesestuben, Sportplätze. Dazu gehören entsprechende Betriebsvereinigungen wie Sportvereine usw. Es handelt sich immer nur um eine beispielhafte Aufzählung. In Betrieben mit 30—40 000 Beschäftigten und mehr nehmen diese Bereiche einen großen Umfang an und verlangen eine entsprechende intensive Verwaltungstätigkeit.

2.3.10 *Rechnungswesen*

In den verschiedenen Abschnitten wurde darauf hingewiesen, daß Entscheidungen im Personalwesen Aufwand verursachen, der in die Jahresrechnung eingeht. Bei diesem Aufwand handelt es sich zu einem großen Teil um direkte Kosten, die für die Kalkulation der Produkte bestimmend sind. Das gilt insbesondere für das Arbeitsentgelt in seinen verschiedenen Formen. Bei der immer wichtiger gewordenen Funktion des Personalwesens ist es verständlich, daß die damit verbundenen Ausgaben nach Ursachen und Verwendung genau ermittelt werden. So ist aus einer *EWG*-Statistik über „Aufwendungen der Arbeitnehmer für Personal und Personalnebenkosten" zu entnehmen, daß für je 100 DM Arbeitsentgelt in Industrie und Handwerk (produzierendes Gewerbe, Betriebe über 50 Beschäftigte) durchschnittlich weitere 43 DM Lohnnebenkosten gezahlt werden. Sie setzen sich zur Hälfte aus Zahlungen auf gesetzlicher Grundlage und zur andern Hälfte aus Leistungen aufgrund tariflicher Vereinbarungen und zusätzlichen sozialen Leistungen zusammen. Bei den Angestellten verhalten sich die entsprechenden Leistungen je ein Drittel zu zwei Drittel [237, S. 201].

In der Praxis spielt der zusätzliche betriebliche Sozialaufwand, der weder gesetzlich noch tariflich vorgeschrieben ist, eine wichtige Rolle, ohne Rücksicht darauf, ob solchen „sozialen" oder „freiwilligen" Leistungen tatsächlich soziale Beweggründe zugrunde liegen oder ob sie aus produktions- oder betriebsbedingten Gründen gewährt werden. Schwierig ist ihre rechnerische Überwachung, so z. B. bei der innerbetrieblichen Ausbildung, weil hier wohl die Ausgaben ermittelt werden können, aber der Ausbildungserfolg nicht exakt zu messen ist. Immerhin ist nicht unwichtig, die laufenden Aufwendungen regelmäßig festzuhalten und z. B. zu trennen nach Aufwendungen für außerbetriebliche und innerbetriebliche Lehrgänge mit einer Differenzierung z. B. nach anteiligen Gemeinkosten, Sonderkosten und Kosten für ausgefallene Arbeitsstunden. Es wird sich weiterhin empfehlen, durch exakte Informationen ein Bild vom Ausbildungserfolg zu erhalten. Dazu gehört jedenfalls die Berichterstattung über die Teilnahme sowohl vom Lehrgangsbesucher als auch vom jeweiligen Vorgesetzten. Es empfiehlt sich ebenso, den Werdegang der Mitarbeiter, die verstärkt auf Lehrgänge geschickt worden sind, in der Personalkartei besonders zu verfolgen. Hier ist z. B. interessant, ob sie zu den Kräften gehören, die den Betrieb schneller verlassen als andere. Einige Betriebe verfahren bei der externen Ausbildung in der Weise, daß sie für die einzelnen Mitarbeitergruppen, die hier in Frage kommen, den Jahresaufwand je Person budgetieren. Die Mitarbeiter haben teilweise die Freiheit, zwischen mehreren Ausbildungsangeboten zu wählen.

Das Rechnungswesen sollte ferner die Ausbildungsinvestitionen bei Anschaffung neuer Anlagen ermitteln. Es genügt nicht, „bei Wirtschaftlichkeitsberechnungen nur die Kapitalinvestitionen für das Anlagevermögen (Zinsen, Versicherungen und Abschreibungen) und als Personalaufwand nur die effektiven Lohnbeträge zu berücksichtigen, wie sich diese bei einem eingearbeiteten Arbeitsteam ergeben. Auch die genannten Personalinvestitionskosten sind in die Überlegungen mit einzubeziehen" [132, S. 25].

Wenn man bedenkt, wie genau Investitionen in unbeweglichen und beweglichen Anlagen errechnet und berechnet werden, überrascht es, selten Rechnungen darüber zu finden, wie hoch die Kosten eines Arbeitsplatzes sind. In der Literatur gibt es gelegentliche Hinweise, denen mehr oder weniger exakte Rechnungen zugrunde liegen. Dabei ist die Kostenermittlung gar nicht so schwierig. Die Kosten eines Arbeitsplatzes setzen sich zusammen aus den Personalkosten (einschließlich gesetzlich und tariflich festgelegter Sozialleistungen sowie der zusätzlichen Leistungen), den Sachkosten des Arbeitsplatzes (Kosten der Einrichtung und Ausstattung, Raummiete) sowie den Gemeinkosten. Zum Teil können die Zahlen aus der betrieblichen Kostenrechnung entnommen oder abgeleitet werden. Sie sind von besonderer Bedeutung bei großer Fluktuation in der Belegschaft [122] [148] [162].

Nicht minder wichtig sind die Kosten der Arbeitsunfälle [27]. Hierbei sind die direkten Kosten von den indirekten Kosten zu unterscheiden. Letztere setzen sich z. B. zusammen aus Terminverspätungen, Überstunden, Arbeitsausfall, Arbeitsablaufstörung, Unterrichtskosten usw. Ihr Umfang wird teilweise mit dem gleichen Betrag geschätzt, den die direkten Kosten ausmachen. Eine andere Kostenziffer ist der Personalausfall mit den dadurch bedingten Fehlzeiten, in denen der Arbeitnehmer aus persönlichen Gründen nicht arbeitet [38]. Die hier zu erfassenden Zeiten sind z. B. Erholungsurlaub, Sonderurlaub, Urlaub aufgrund des Mutterschutzgesetzes, Hausarbeitstage, Kuren und Heilstättenbehandlung, Krankheitstage.

In der Praxis werden die Personalkosten in ihrer differenzierten Art kaum gesondert erfaßt, da sie ohne Schwierigkeiten als laufende Betriebsausgaben verbucht werden. *Carl Zimmerer* weist auf das Problem hin, ob nicht auch bei derartigen Ausgaben an Aktivierung und Abschreibungen zu denken sei, wobei er auf das Beispiel der Entlassungskosten hinweist, die nur im Jahre der Entstehung als Aufwand zu verbuchen sind, was aufstrebende Firmen begünstige und schrumpfende Unternehmen benachteilige. Er stellt folgenden Katalog von Ausgaben auf, die auf mehrere Perioden zu verteilen wären:

1. Aufwendungen der Akquisition von Arbeitskräften: Inserate, Einstellungsprüfung, Vorstellungskosten, anteilige Kosten der Personalverwaltung usw.
2. Kosten der Einführung und Einarbeitung: Minderleistung trotz voller Bezahlung, Ausschuß, entgangener Ertrag, anteilige Verzinsung des Kapitals usw.
3. Kosten der Aus- und Fortbildung: Lehrgänge, Informationsaufenthalte, bezogene Zeitschriften, Mitgliedsbeiträge in Fachverbänden usw.
4. Kosten der Entlassung: Abfindungen, vorzeitige Beurlaubung, Übergangshilfen usw. [241].

Der Vorschlag *Zimmerers* würde unsere ganze Bilanzierungspraxis umstürzen, weil dann Einführungskosten anderer Art, z. B. im Absatzbereich, mit einzubeziehen wären. Nichtsdestoweniger sollte der Versuch gemacht werden, derartige Kosten zu erfassen und sie evtl. in einer Nebenrechnung zusammenzustellen.

Für die Rechnungslegung im Bereich des Personalwesens ist in der amerikanischen Literatur bereits ein spezieller Ausdruck geprägt worden: human resource accounting. Es umfaßt ein neues Verfahren zur Erfassung, Verrechnung und Auswertung der Personalkosten und -investitionen [230, S. 287]. Gedankliche Grundlage dieses „Personalrechnungswesens“ sind die erwähnten Untersuchungen von *Likert*, der sich mit dem Zusammenhang von Führungsstil und Produktivität befaßte [126]. In dem zitierten Beitrag von *Burckhardt Wenzel* wird auf ein praktisches Beispiel hingewiesen. Darin heißt es, daß human resource accounting nicht zur Veröffentlichung bestimmt sei, etwa im Zusammenhang mit dem Jahresabschluß. Diese Art von Rechnungslegung ist primär gedacht als bessere Entscheidungsgrundlage, wie sie heute im Personalbereich meistens fehlt. Mit besonderem Nachdruck wird ebenfalls darauf hingewiesen, daß Personalkosten nicht immer Kosten, sondern vielfach Investitionen sind. Weniger systematisch, aber für die Praxis gut geeignet, ist die Aufstellung von Kennziffern für die Überwachung der verschiedenen Maßnahmen im Personalwesen [203].

2.3.11 *Information*

Für die Entscheidungen zur Personalpolitik und sonstigen Maßnahmen im Personalwesen bedarf es der genauen Kenntnis aller wichtigen Daten über die Mitarbeiter und ihre Arbeit in quantitativer und qualitativer Hinsicht. Die aus dem Rechnungswesen ermittelten Auswertungen müssen auf das Informationsbedürfnis der einzelnen Führungsstufen abgestellt sein. In mehrstufigen Betrieben müssen die Informationen zur Betriebsspitze hin in steigendem Maße verdichtet werden. So benötigt die Leitung einzelner Fertigungsbetriebe z. B. die tägliche Zusammenfassung der Fehlzeitmeldungen; für alle Betriebe und Abteilungen ist eine monatliche Zusammenfassung von Urlaub, Krankenstand usw. erforderlich; die Betriebsführung oder Werksleitung braucht monatlich eine Berichterstattung über die wichtigsten Daten aus den verschiedenen Teilbereichen. Wenn Datenerfassung, Datenverarbeitung und ihre Übermittlung in diesem Sinne systematisch aufgebaut werden, sprechen wir von einem Personal-Informations-System, insbesondere dann, wenn sich die Personalverwaltung der elektronischen Datenverarbeitung bedient.

Ein ausgebautes Personal-Informations-System ist eine gute Grundlage für die Planung. Die benötigten Daten fallen teilweise bei den Personalverwaltungsaufgaben an, teilweise sind sie aus anderen betrieblichen und überbetrieblichen Quellen zu gewinnen. Wichtigstes Hilfsmittel ist in der Regel die vorhandene Personalstatistik. Diese wird zweckmäßig aufgegliedert nach Berufs-, Tätigkeits- oder Tarifgruppen oder auch nach der Struktur der Beschäftigten bzw. dem Arbeitsrechtsverhältnis wie Arbeiter, Angestellte, Auszubildende oder zeitweilig Beschäftigte sowie nach dem Geschlecht. Ebenso wären ausländische Arbeitskräfte besonders auszuweisen. Weitere Unterlagen sind die Daten über Arbeitsanforderungen und Arbeitsbedingungen an den einzelnen Arbeitsplätzen, über Personaleinsatz, tarifliche Eingruppierungen, Leistungszahlen. Wichtige Kennziffern sind die Zahlen aus der Fluktuation, möglichst in Beziehung gesetzt zu verschiedenen einschlägigen Merkmalen, wie Dauer der Beschäftigung oder Art der Tätigkeit. Anschaulich und nützlich ist die „fortgeschriebene“ Alterspyramide.

Zur Informationsaufgabe im Bereich der Personalverwaltung gehören aber auch die Auswertung von aktuellen Veröffentlichungen aus dem Bereich des Personalwesens und ihre Weitergabe an die in Frage kommenden Führungsstellen. Das gilt nicht zuletzt für die Veröffentlichungen aus den verschiedenen Zweigen der Arbeits- und Sozialwissenschaften, soweit sie für das Personalwesen des Betriebes von Bedeutung sind. Neben diesen Informationen für die Betriebsführung auf allen Stufen gibt es einen zweiten gleichgewichtigen Bereich der Information, der sich unmittelbar an die Betriebszugehörigen wendet. Es ist die innerbetriebliche Information der Mitarbeiter.

Eines ihrer wichtigsten Mittel ist das gesprochene Wort, das im Sinne der Personalführung letztlich nie ersetzbar ist. Je größer der Betrieb, desto unentbehrlicher sind jedoch gleichzeitig auch schriftliche Informationen. Bei der Information gegenüber den Mitarbeitern sind die Bestimmungen des Betriebsverfassungsgesetzes aus dem Jahre 1972 zu beachten, das die Pflicht der Unternehmen zur Information ihrer Mitarbeiter aktualisiert und erweitert hat. In Kleinbetrieben obliegt die Mitarbeiterinformation dem Leiter des Betriebes unmittelbar, in Mittel- und Großbetrieben sind diese Aufgaben auf die nachgeordneten Führungskräfte delegiert. Es ist daher eine wichtige Verwaltungsaufgabe, für die ordnungsmäßige, vom Gesetzgeber vorgesehene Information Sorge zu tragen. Es sei

z. B. hingewiesen auf die Unterrichtung gegenüber dem Betriebsrat, dem Wirtschaftsausschuß und der Betriebsversammlung.

Darüber hinaus geht es um die gleichsam zusätzlichen Informationen als Mittel der Personalführung. Wie bei allen Sozialtechniken kommt es auch hier darauf an, das Mittel nicht zum Selbstzweck werden zu lassen. Sie dürfen weder über- noch unterbewertet werden. Es ist deshalb eine wichtige Verwaltungsaufgabe, für ihre sinnvolle Verwendung Sorge zu tragen. Im einzelnen handelt es sich um Rundschreiben, Betriebshandbücher und Einführungsschriften, Geschäfts- und Sozialberichte, Werkzeitung oder Werkzeitschrift. Nicht zu übersehen ist das „Schwarze Brett“, die Anschlagtafel, die in größeren Betrieben oft recht zahlreich vorhanden ist.

In dem vom Vorstand einer Aktiengesellschaft zu erstattenden Geschäftsbericht über das abgelaufene Geschäftsjahr ist ein Teil des Lageberichtes in der Regel der Sozialbericht, in welchem neben den sozialen Verhältnissen die Leistungen des Betriebes, die in den Aufwendungen für Altersversorgung und Unterstützung der Gewinn- und Verlustrechnung nur teilweise ausgewiesen sind, dargelegt werden. Einzelne Unternehmungen geben zusätzliche gesonderte Sozialberichte heraus, deren Zweckmäßigkeit nicht unbestritten ist.

Eine andere Frage ist, ob mit einer Form der Berichterstattung alle Empfängerkreise angesprochen werden können. Es wird deshalb oft so verfahren, daß der Geschäfts- und Sozialbericht für die innerbetriebliche Information, z. B. innerhalb der Werkzeitung, in einer für alle Betriebszugehörigen verständlichen Form aufbereitet wird. Zu vermeiden ist jedenfalls, daß der Sozialbericht als Werbeschrift entwickelt wird, in der der Informationsgehalt nicht mehr im Vordergrund steht.

Es ist zu überlegen, ob nicht unabhängig vom Geschäftsbericht ein Bericht völlig anderer Art gegeben wird, der weit über die Berichterstattung im Zusammenhang mit dem Geschäftsbericht hinausgeht [167]. Er könnte eine zusammenfassende Information über alle Daten des betrieblichen Personalwesens sein, die aus dem „Personalrechnungswesen“ gewonnen werden.

Dazu gehören dann die Fragen der innerbetrieblichen Lohnfindung ebenso wie die der Arbeitszeit-Regelung, der Aus- und Fortbildung, um einige Beispiele zu nennen. Wie der Geschäftsbericht der Aktiengesellschaft einen sozialen Teil enthalten soll, müßte dies umgekehrt für den hier vorgeschlagenen selbständigen Sozialbericht gelten. Er müßte die entsprechenden wirtschaftlichen Fakten einbeziehen, damit der Leser stets den Betrieb in der Gesamtheit seiner Probleme sieht.

Bei den Informationen handelt es sich nicht nur um entsprechende Maßnahmen von oben nach unten, sondern auch umgekehrt.

In § 82, Abs. 1, Satz 2 BetrVG heißt es, daß der Arbeitnehmer berechtigt ist, zu Maßnahmen des Arbeitgebers, die ihn betreffen, Stellung zu nehmen sowie Vorschläge für die Gestaltung des Arbeitsplatzes und des Arbeitsablaufs zu machen. In § 84 BetrVG ist das Beschwerderecht geregelt. Auch hierbei ist es eine Verwaltungsaufgabe, durch sachdienliche Maßnahmen die Informationen zu fördern.

Personalpolitik findet ihren Ausdruck in den grundsätzlichen Entscheidungen ebenso wie im täglichen Handeln der leitenden Mitarbeiter. Wegen ihrer Bedeutung ist es zweckmäßig, die grundsätzlichen Entscheidungen schriftlich festzuhalten und sie den Mitarbeitern bekanntzumachen. Dafür gibt es interessante Vorbilder. *Friedrich Alfred Krupp* gab z. B. 1872 ein Generalregulativ heraus, das die geschäftlichen Grundsätze und Rechte der Mitarbeiter in seiner Firma festlegte. Im Jahre 1888 entwickelte Generalpostmeister *Heinrich von Stephan* in einem Erlaß an die Oberpostdirektion seine grundsätzlichen Gedanken über die Art und Weise, wie ein Oberpostdirektionsbezirk zu leiten sei. Die Meinungen über die Zweckmäßigkeit solcher schriftlichen Festlegungen personalpolitischer Grundsätze sind geteilt. Ihre schriftliche Festlegung bietet bei größeren Betrieben eine Gewähr dafür, daß die Personalfragen gleichmäßig behandelt werden. Sie können eine gute Grundlage für die Schulung der Führungskräfte sein. In den USA und Großbritannien werden solche Handbücher als personnel policy manual bezeichnet. Bei diesen und ähnlichen Schriften, wie z. B. Organisationshandbücher, Führungsbreviere u. a., ist es die Verwaltungsaufgabe, für die sinnvolle innerbetriebliche Koordination Sorge zu tragen.

Exkurs: Moderne Bürotechnik in der Personalverwaltung

Die Beschaffung und Verarbeitung von Personaldaten sind vielfach ausgesprochene Routinevorgänge. Die moderne Bürotechnik bietet hierfür große Rationalisierungsmöglichkeiten. Dazu gehört die zweckmäßige Gestaltung von Formularen ebenso wie die Verwendung einer *ADREMA*-Kartei oder von Randlochkarten, die das Sortieren erleichtern. In jüngster Zeit drängt die Mikro-Verfilmung der Personalakten vor, mit der eine Mikro-Datei entsteht, die durch Duplizieren und Verwendung von Lesegeräten vielfach brauchbar ist, abgesehen von der raumsparenden Archivierung. Die elektronische Datenverarbeitung innerhalb der Betriebe oder außer Haus erleichtert die Lohn- und Gehaltsabrechnung, wobei weitere Verarbeitungsprogramme, z. B. für Arbeitszeitkontrolle, Fehlzeiten, Altersaufbau usw., die Datenauswertung verbessern. Weitere Rationalisierungsmöglichkeiten bieten sich in Zusammenarbeit mit den Zahlungsempfängern (z. B. Finanzamt, Sozialversicherung usw.) an. Entsprechende Regelungen über die Datendirektübermittlung zwischen Betrieben und Rentenversicherungsträgern sind bereits getroffen worden. Mit der Datenerfassungs-Verordnung (DEVO) (Bundesgesetzblatt Nr. 127 vom 30. Nov. 1972) und der Datenübermittlungs-Verordnung (DÜVO) (Bundesgesetzblatt Nr. 139 vom 21. Dez. 1972) hat der Bundesminister für Arbeit und Sozialordnung erste wichtige Schritte eingeleitet, die das Meldewesen im Sozialversicherungssystem erleichtern. Damit ist zugleich ein bundesweiter Datenaustausch zwischen den Betrieben und der öffentlichen Verwaltung eingeleitet. Tausende von Betrieben werden an Hunderte von Trägern der Sozialversicherung per Magnetband direkt aus den EDV-Anlagen diejenigen Informationen schicken, die seither mühevoll auf manuell auszufüllenden Belegen übermittelt wurden [235, S. 227].

2.4 Zusammenfassung: Wachsende Interdependenz aller wirtschaftlichen und sozialen Vorgänge

Es gibt kaum einen Funktionsbereich im Betrieb, der wie das Personalwesen so eng mit allen anderen Funktionen verbunden ist, aber auch von den Umweltbeziehungen mehr oder weniger beeinflußt wird. Gleichzeitig vollzieht sich ein Prozeß der zunehmenden Interdependenz aller Personalvorgänge. Wesentliche Ursache ist die immer intensivere analytische Durchdringung der Tätigkeiten im Bereiche des Personalwesens und die dadurch ausgelöste weitere Arbeitsteilung. Dies gilt insbesondere für die wachsende Bedeutung des menschlichen Faktors neben den überkommenen rein wirtschaftlichen und technischen Betrachtungsweisen, wodurch an alle Instanzen zusätzliche Anforderungen gestellt werden, die sie gleichzeitig in neue Beziehungszusammenhänge bringen. Die erörterten Fragen der Personalpolitik, Personalführung und Personalverwaltung verdeutlichen die Vielfalt der Verflechtungen, die ein Spiegelbild der wachsenden Komplexität der zu bewältigenden Aufgaben sind. Das führt auch im Personalwesen zu weitgehender Spezialisierung mit der entsprechenden Tätigkeit von Spezialisten.

Die Personalplanung ist ein Anschauungsobjekt für diese Entwicklung. Sie steht in Wechselbeziehung zur Absatz-, Investitions- und Produktionsplanung und zerfällt selbst wieder in verschiedene, voneinander abhängige Teile. Ein anderes Beispiel ist die Unfallursachen-Forschung. Die häufig anzutreffende Begründung für Betriebsunfälle, daß es sich um menschliches Versagen handelt, geht oft auf Ursachen im Zusammenleben außerhalb des Betriebes — wie in der Familie oder anderen Gruppen — zurück.

Bei der Verflechtung des Betriebes und der in ihm Beschäftigten mit den Entwicklungen in Wirtschaft und Gesellschaft wirkt sich ebenso die hier wachsende Komplexität auf das Personalwesen aus. Mit *Christian Gasser* ist anzunehmen, daß sich die Arbeitsteilung und damit die Interdependenz nicht nur zwischen den und innerhalb der Volkswirtschaften, sondern auch der Unternehmungen weiter verstärken wird [56, S. 37]. Er sieht sie einmal in den Veränderungen, die die Entwicklung zur

„nachindustriellen" Wirtschaft und Gesellschaft hervorrufen werden, in der der Anteil des bereits stark gewachsenen Dienstleistungssektors an der Gesamtzahl der Beschäftigten weiter zunehmen wird und schon eine neue Gruppe immaterieller, nicht ökonomischer Güter an Bedeutung gewonnen hat. Zum anderen gibt es in der Welt von morgen immer größer werdende Infrastrukturen und Umweltaufgaben, die an die Betriebe in der Wirtschaft „allerdings härtere Anforderungen und neuartige Ansprüche stellen, gleichzeitig aber neue Möglichkeiten bieten" [56, S. 72].

3. Aufgaben- und Abteilungsgliederung

3.1 Einheit des Personalwesens

Zu den allgemeinen Verwaltungsprinzipien von *Fayol* (1841—1925) gehört das Prinzip von der Einheit der Leitung. Er versteht darunter einen einzigen Leiter und einen einzigen Plan für eine Gesamtheit von Vorgängen, die auf denselben Zweck gerichtet sind. Die Einheit der Leitung ist „die notwendige Bedingung für die harmonische Tätigkeit, die Zuordnung der Kräfte und die einheitliche Zweckrichtung des Kraftaufwandes" [43, S. 22]. Wenn wir das Postulat *Fayols* modernisieren, können wir es so formulieren, daß der Betriebszweck nur dann optimal erfüllt werden kann, wenn durch eine einheitliche Willensbildung der Betriebsführung ein planvolles Handeln im ganzen Betrieb gewährleistet ist.

Es bedarf keiner weiteren Begründung, daß die so interpretierte Einheit der Leitung von besonderer Wichtigkeit für das betriebliche Personalwesen ist. Die Schwierigkeiten sind hier allerdings groß. Zunächst haben wir darauf hinweisen müssen, daß eine systematisch entwickelte und auch entsprechend formulierte Personalpolitik noch nicht allzu häufig anzutreffen ist. Da die Aufgaben der Personalführung zum Verantwortungsbereich jeder Führungskraft gehören, kommt es vor, daß es verschiedene Führungsgrundsätze und vielfach auch unterschiedlich gehandhabte Führungsmethoden gibt. Unterstellen wir dann noch den relativ oft anzutreffenden Fall, daß die Personalverwaltungsaufgaben nur in geringem Maße zentralisiert sind, also von den verschiedenen Instanzen mehr oder weniger intensiv wahrgenommen werden, fehlt auch diese Klammer, um die Einheit der Leitung im Personalwesen zu erreichen. Diese wenigen Hinweise machen aber deutlich, daß es vielfältiger Anstrengungen bedarf, das betriebliche Personalwesen zu verbessern.

Das, was zu tun ist, ist mit den kritischen Bemerkungen zum gegenwärtigen Zustand bereits angedeutet. So bedarf es zunächst einer bewußten Personalpolitik, die vom Leitbild des Betriebes und einer Umwelt- und Betriebsanalyse ausgehend die für das Personalwesen wichtigen langfristigen und kurzfristigen Ziele formuliert. Daraus ist eine Planung abzuleiten, in der die zur Zielerreichung notwendigen Strategien bzw. neuen Ziele ebenso wie für kürzere Zeiträume die Tätigkeiten und Mittel detailliert festgelegt werden. Je umfassender die Personalplanung ist, desto bedeutsamer wird der mit ihr ausgelöste innerbetriebliche Integrationsvorgang. Neben der Planung sind die Organisation und die Führung der Mitarbeiter die wichtigsten Instrumente zur Verwirklichung der Ziele. Unter dem Aspekt eines optimalen Personalwesens müssen sie aufeinander abgestimmt und einheitlich angewendet werden.

3.2 Zusammenfassung und Ausgliederung der Verwaltungsaufgaben

Die organisatorische Entwicklung in den Betrieben ist ein ständiger Prozeß der Aufgabenteilung und Aufgabenzusammenfassung. Hierauf wirken verschiedene Faktoren ein, die mehrfach angesprochen wurden wie der technische Prozeß der Mechanisierung und Automatisierung, ebenso aber auch die Abhängigkeit von den zur Verfügung stehenden Menschen in allen Stufen der organisatorischen Gliederung des Betriebes. Ein charakteristisches Merkmal ist die zunehmende Ausgliederung der mittelbaren Aufgaben und ihre organisatorische Zusammenfassung, entweder in enger Anlehnung an die Linienaufgaben oder losgelöst durch Zusammenfassung in selbständigen Abteilungen [168].

Besonders wichtige Entwicklungen dieser Art waren die Ausgliederung der Arbeitsvorbereitung und der Absatzvorbereitung, vor allem aber auch des betrieblichen Rechnungswesens.

Die Ausgliederung und organisatorische Verselbständigung der Personalverwaltungsaufgaben ist nicht mit der gleichen Intensität verlaufen. Eine Reihe dieser Aufgaben ist oft noch unmittelbar mit der Linieninstanz verbunden. Es ist bei kleineren Betrieben verständlich, aber auch bei mittleren und größeren Betrieben anzutreffen. So werden z. B. die Aufgaben der

Aus- und Fortbildung vielfach von den technischen oder kaufmännischen Abteilungen selbst durchgeführt. Soziale Aufgaben sind u. U. einem Chef-Sekretariat angegliedert oder mit der Lohnabteilung verbunden.

Zu den auszugliedernden Verwaltungsaufgaben im Personalwesen gehören die vielfältigen Arbeiten, die mit der Einstellung, Versetzung und Entlassung von Mitarbeitern verbunden sind, ebenso wie die mit dem Abschluß und der Überwachung von Arbeits- und Tarifverträgen, der Aus- und Fortbildung, der sozialen Maßnahmen und der Sozialbetriebe verbundene Verwaltungstätigkeit. Wie die Praxis fortschrittlicher Unternehmen zeigt, werden diese Aufgaben nicht nur als verwaltungstechnische Arbeitsvorgänge verstanden, sondern gleichzeitig als Führungshilfe der Personalpolitik und Personalführung. Auch aus den Stellenanzeigen ist zu entnehmen, daß die Aufgaben des betrieblichen Personalwesens in verstärktem Maße in der „gestaltenden Verwaltung" gesehen werden, wie sie auch in der modernen öffentlichen Verwaltung der „überkommenen Verwaltung" gegenübersteht. Die erstere greift in die vorhandene Ordnung verändernd ein, während die überkommene Verwaltung sie als etwas Gegebenes hinnimmt.

3.3 Personalverwaltungsaufgaben als Stabsaufgaben

Wenn im vorigen Abschnitt von der Verwaltung als Führungshilfe gesprochen wurde, sind damit Aufgaben genannt, die auch als Stabsaufgaben bezeichnet werden. Ihr Merkmal ist, daß sie aus ursprünglichen Linienfunktionen ausgegliedert worden sind. Sie haben ihr Vorbild in der militärischen Organisation, was schon bei *Fayol* zu lesen ist. Der Schwerpunkt ihrer Tätigkeit liegt im Prüfen und Bewerten, im systematischen Denken und Planen, in der sachkundigen Beratung und Empfehlung. Als Führungshilfe übernehmen sie Aufgaben, „die vor den Entscheidungen der Instanz liegen und diese (informatorisch und beratend) vorbereiten, oder Aufgaben, die sich an die erfolgten Entscheidungen anschließen und diese abwickeln, differenzieren, durch Anordnungen wirksam machen oder ihre Durchführung überwachen" [116, S. 137].

In der Praxis sind die Aufgaben, Verantwortungsbereiche und Kompetenzen der Stabsstellen nicht immer exakt abgegrenzt und verursachen dadurch manche Schwierigkeiten, worauf bereits hingewiesen wurde [172]. Praktisch geht es darum sicherzustellen, daß die Personalverwaltungsaufgaben mit Stabscharakter in ausreichender Weise wirksam werden können. Dazu gehört nicht nur die entsprechende Personalausstattung, wenn an größere Betriebe gedacht ist, sondern auch, daß entsprechende Mitwirkungsrechte festgelegt werden. Es genügt schon, daß die entsprechenden Aufgabenträger ein eigenständiges Recht zur Information und Beratung gegenüber allen Linieninstanzen einschließlich der Betriebsführung in der Spitze haben. Das bedeutet konkret, daß den Linienvorgesetzten gegenüber auch dann Informationen und Ratschläge erteilt werden können, wenn sie von diesen nicht erwünscht sind. Gerade im Personalwesen gibt es Grenzfälle, in denen ein fachlicher Rat unbequem sein kann, weil der jeweilige Linienvorgesetzte gezwungen ist, sich damit auseinanderzusetzen. Aber nur mit solchen Mitwirkungsrechten können die Personalverwaltungsaufgaben wirksam werden.

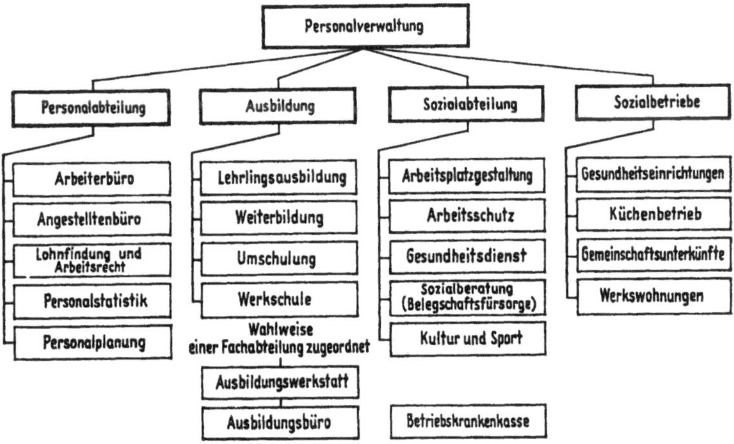

Abb. 6: Funktionsgliederung der Personalverwaltung im Großunternehmen

Mit den Verwaltungsaufgaben im Personalwesen sind zum Teil weitergehende Rechte der selbständigen Gestaltung verbunden. Das ist in der Praxis öfter bei den Aus- und Fortbildungseinrichtungen und manchen sozialen Einrichtungen anzutreffen. Diese Tatsache ist im übrigen auch ein Grund dafür, die Personalverwaltungsaufgaben im weiteren Sinne nicht schlechthin mit Stabsaufgaben gleichzusetzen, weil die Mischung der Aufgaben mit nur Beratungsrechten und eigenen Entscheidungsrechten zu vielfältig ist. Es kann sich sogar als praktisch erweisen, den zuständigen Stellen für die Personalverwaltungsaufgaben Entscheidungsrechte gegenüber den Linieninstanzen einzuräumen, z. B. für die Einstellung bestimmter Mitarbeitergruppen.

3.4 Grundmodelle der Personalverwaltungsorganisation

Wie im Betriebsaufbau generell kann auch für die Strukturierung der Personalverwaltung zwischen der funktionalen und der Objektgliederung unterschieden werden. Abb. 6 zeigt die in der Praxis oft anzutreffende Vermischung beider Prinzipien. Die Objektgliederung findet sich z. B. in der Aufteilung der Verwaltungsarbeiten nach Arbeitern und Angestellten oder in der Aufteilung der Sozialbetriebe. Die schematische Darstellung gibt natürlich keine Vorstellung von der Gewichtung der einzelnen Abteilungen. In der Praxis hat meist die Personalabteilung mit ihren Untergliederungen für Arbeiter und Angestellte ein starkes historisch gewachsenes Übergewicht. Die neu hinzukommenden Aufgaben wurden in die bestehende Organisation eingefügt, wobei sie oft nicht den ihrer Bedeutung entsprechenden Rang einnehmen. Abb. 6 macht dies z. B. für die Aufgabe der Personalplanung deutlich.

Die traditionelle Aufteilung des Personalwesens nach Abteilungen für Arbeiter und für Angestellte ist durch die Entwicklung praktisch überholt, da eine immer größere Angleichung der Rechte der Arbeiter an die der Angestellten gegeben ist. Außerdem sind die Grenzen innerhalb der Betriebe fließend geworden, wenn wir an die modernen Formen der Automatisierung denken. Das hat z. B. dazu geführt, bestimmten Facharbeitergruppen angestelltenähnliche Rechte zu geben und sie oft sogar offiziell zu Werksangestellten zu ernennen. So bleibt praktisch die abrechnungstechnische Unterscheidung zwischen Arbeitern und Angestellten entsprechend ihrer Tätigkeit im Sinne der Rentenversicherung, wie dies auch § 6 BetrVG festlegt.

3.4.1 *Funktionale Gliederung*

Ein Ergebnis aus dem Erfahrungsbericht des Studienkreises für betriebliche Personal- und Sozialpolitik e. V. „Der neue Betrieb" war, daß das zur Zeit vorherrschende, meist nach Belegschaftsgruppen gegliederte Organisationsschema offensichtlich nicht dazu geeignet ist, den neuen Aufgaben des Personalwesens gerecht zu werden. Viele Leiter des Personalbereichs sehen vielmehr die Lösung des Problems nur darin, daß die einzelnen Teilaufgaben als selbständige Aufgabenkomplexe gesehen und angegangen werden [217, S. 101]. So darf es nicht geschehen, daß z. B. die Personalplanung nur als eine von vielen Stellen gesehen wird. Diese Aufgabe muß mit den anderen Schwerpunktaufgaben des modernen Personalwesens das Gliederungsgerüst der Personalverwaltung bestimmen. Dazu gehören Personalbeschaffung, Personaleinsatz, Personalentwicklung, Aus- und Fortbildung, Sozialwesen. Dementsprechend sollte die Personalverwaltung geordnet werden. Abb. 7 mag dieses Gliederungsprinzip veranschaulichen.

Die Bezeichnung „Leiter des Personalwesens" ist nach der in dieser Arbeit verwendeten Definition des Begriffes Personalwesen nicht ganz korrekt, weil wir das Personalwesen umfassender sehen, als es mit den Aufgaben der dargestellten Abteilungen übereinstimmt. Es bestehen aber keine Bedenken, in der Praxis so zu verfahren, da jeder weiß, daß darunter nur die Verwaltungsaufgaben im engeren und weiteren Sinne verstanden werden können.

Abb. 7 zeigt die Organisation nach dem funktionalen Modell. Ihr großer Vorteil ist, daß für die Schwerpunktaufgaben entsprechende Fachkräfte eingestellt werden können. Damit besteht die Gewähr, daß die vielfältigen Tätigkeiten der Personalverwaltung systematisch und intensiv ausgeführt werden. Im übrigen macht die Abbildung deutlich, daß die funktionale

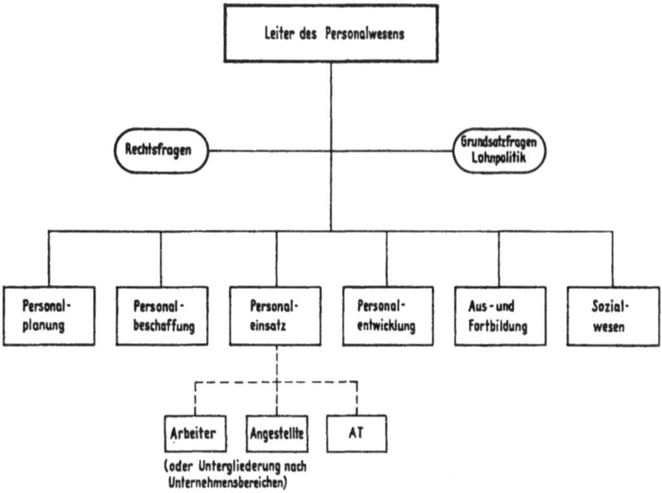

Abb. 7: Funktionale Gliederung — vgl. [217, S. 103]

Gliederung nicht absolut durchgeführt wurde. Sie bezieht sich praktisch nur auf die erste Stufe unterhalb des Leiters. In der nachfolgenden Stufe ist z. B. im Personaleinsatz wieder eine Objektgliederung vorgesehen. In unseren bisherigen Ausführungen haben wir den Begriff Personaleinsatz noch nicht verwendet. Hierunter werden im wesentlichen die Verwaltungsarbeiten im engeren Sinne verstanden, die sich mit der Einstellung, Versetzung und Entlassung von Mitarbeitern befassen, mit Fragen der Lohn- und Gehaltsfestsetzung, Verwaltung der Personalakten usw. Wir haben hier gewissermaßen die traditionelle Tätigkeit, wie sie in kleineren Betrieben und oft auch Betrieben mittlerer Größe als Personalverwaltung verstanden wird.

3.4.2 *Objekt- oder divisionale Gliederung*

Wenn die Betriebsaufgaben nach Objekten aufgeteilt sind, können darunter z. B. Erzeugnisgruppen, Absatzgebiete, Kundengruppen, Mitarbeitergruppen verstanden werden. Ist ein Unternehmen vom Aufbau her nach Objekten gegliedert und haben diese Bereiche eine Kosten- und Gewinnverantwortung, spricht man von der divisionalen Organisation. Wie schon an anderer Stelle erwähnt, kennt die Praxis in der Regel eine gemischte Ordnung nach funktionalen und divisionalen Prinzipien. So gibt es häufig eine funktionale Grundstruktur, die durch Objektgliederungen unterbrochen ist, wie das vor allem in Industriebetrieben der Fall ist, in denen die Fertigung z. B. nach Objekten aufgegliedert ist, während die übrigen Bereiche nach Funktionsschwerpunkten geordnet sind.

Wenn auch in der Praxis noch selten anzutreffen, ist die Objektgliederung der Personalverwaltung von ihrer grundsätzlichen Seite her ein in jüngster Zeit diskutierter beachtlicher Vorschlag. Er geht von den Erfahrungen mit jeder funktionalen Gliederung aus. Von einer bestimmten Größe ab stößt sie auf Schwierigkeiten. Denken wir an Betriebe mit vielen Tausend Mitarbeitern, ist die Gefahr nicht zu vermeiden, daß die Arbeiten zu einer Bürokratisierung und Betriebsentfremdung führen. Auf diesen Umstand weist *Helmut Frey* im Hinblick auf die moderne Personalarbeit hin, die eine intensivere Beschäftigung mit dem Menschen im Betrieb, mit dem Bewerber und mit dem sachlichen und persönlichen Umfeld am Arbeitsplatz als bisher verlangt. Dazu sei eine funktional organisierte Personalabteilung, deren Gliederung sich lange Zeit bewährt und die Wirksamkeit der früher vernachlässigten Personalabteilungen erhöht habe, bei größeren Betrieben jedoch nur bedingt fähig. „Das ist eine zwangsläufige Folge der funktionalen Arbeitsteilung: Ein Mitarbeiter nimmt zunächst als Bewerber mit einem Spezialisten der Anwerbung Kontakt auf. Bei Dienstantritt begrüßt ihn ein anderer Angehöriger der Personalabteilung. Rückfragen über Vertragsbedingungen richtet er an den Sachbearbeiter, der seine Unterlagen verwaltet. In Abrechnungsfragen ist die Lohn- und Gehaltsbuchhaltung zuständig. Ausbildungsangelegenheiten bearbeitet ein Ausbildungsfachmann“ [47, S. 319].

Den Forderungen nach einer intensiven Fach- und Mitarbeiternähe kann man nach *Frey* dadurch entsprechen, daß für jeden Mitarbeiter im Betrieb ein allzuständiger Gesprächspartner in der Personalabteilung vorhanden ist. Soll dieser Gedanke organisatorisch konsequent realisiert werden, bedarf es einer Umstrukturierung der funktional orientierten Gliederung der

Personalverwaltung. *Frey* schlägt hierfür eine Aufgliederung der Mitarbeiter in entsprechende Bereiche von 200 bis 400 Mitarbeitern vor, also z. B. für einzelne Betriebe und Hauptabteilungen wie Verkauf, Rechnungswesen usw. Für jede Personalgruppe ist ein Personalreferent oder Gruppenleiter zuständig, der federführend alle Personalfragen von der Einstellung bis zum Ausscheiden bearbeitet und auch für alle Mitarbeiter des Bereiches zuständig ist, also sowohl für Lohnempfänger, Tarifangestellte und leitende Mitarbeiter. Der notwendige Schriftverkehr, die Verwaltung von Unterlagen, Karteiführung wird von den jeder Gruppe zugeteilten Mitarbeitern erledigt. Dasselbe trifft für die EDV-Vorgaben zu, wenn unterstellt wird, daß das Personalrechnungswesen auf elektronische Datenverarbeitung umgestellt ist. Der Leiter der Personalverwaltung hat dann im wesentlichen koordinierende Aufgaben und ist ferner zuständig für die Vorbehaltsaufgaben, die z. B. für Anstellungen, Umstufungen, Versetzungen, Kündigungen, Vertragsänderungen festgelegt sind.

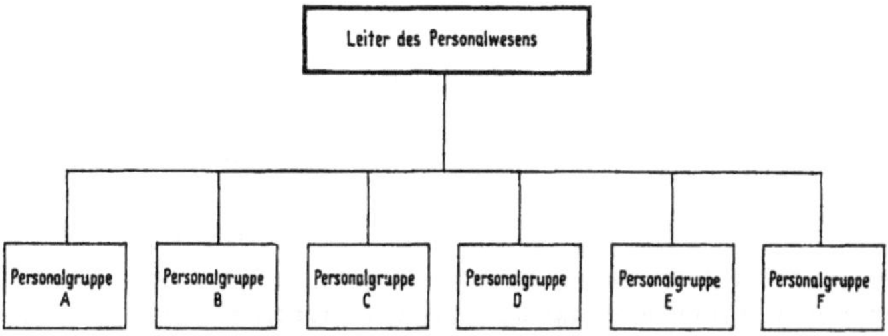

Abb. 8: Divisionale Gliederung

Abb. 8 zeigt das Schema einer divisionalen Gliederung, wie sie zuvor skizziert wurde. Entscheidend ist noch, daß die Trennung von Stabs- und Linienfunktionen, wie sie bei der funktionalen Gliederung möglich ist, ganz aufgegeben wurde. Die hier notwendigen Aufgaben sind aber nicht weggefallen, sondern auf die einzelnen Leiter der Gruppenverwaltungen aufgeteilt. Diese bearbeiten neben ihren Bereichsaufgaben je nach Leistung einzelne Spezialgebiete wie Arbeitsbewertung, Arbeitsrecht, Personalmarketing, Ausbildungswesen u. a.

Wie *Frey* formuliert, wird bei einer derartigen Gliederung der Personalverwaltung jeder Leiter einer Gruppenverwaltung zu einem „kleinen Personalleiter". Sein Ermessensspielraum ist natürlich durch Richtlinien, Personalhandbuch, Formularwesen, Einkommensplan, Wochenbericht, Stellenplan und Arbeitsbeschreibungen festgelegt, so daß er weiß, in welchem Rahmen er selbständig entscheiden und unterschreiben kann [47, S. 321]. Diese Regelung setzt allerdings voraus, worauf *Frey* nicht besonders hingewiesen hat, daß es eine zentrale Personalplanung gibt. Es ist denkbar, daß sie mit der zentralen Unternehmens- oder Betriebsplanung verbunden ist. Deren Aufgabe wäre in erster Linie die mittel- und langfristige Planung und die Koordination der kurzfristigen Planung bei den einzelnen Gruppenverwaltungen.

Die divisionale Gliederung stellt hohe Ansprüche an die Leiter der Gruppenverwaltungen oder Personalreferenten. Es soll jedoch im konkreten Falle nicht schwergefallen sein, geeignete Mitarbeiter zu finden, weil diese Positionen recht attraktiv sind. Der „kleine Personalleiter" hat eine umfassende Aufgabe gegenüber den Mitarbeitern. Diese wiederum können sich in allen Fragen an ein und denselben Mitarbeiter in der Personalverwaltung wenden. Die Organisationsform bietet die Möglichkeit, „bei der Personalauslese und Stellenbesetzung individuelle Maßarbeit zu leisten, einen ganz persönlichen Kontakt zu den Mitarbeitern seines Betreuungsbereiches zu halten und die Vorgesetzten in ihrer Führungsfunktion zu unterstützen. Es hat sich gezeigt, daß die Mitarbeiter einen solchen ständigen Gesprächspartner in der Personalabteilung suchen und gern von der neuen Möglichkeit Gebrauch machen" [47, S. 321].

Die erörterten Grundmodelle sind nur in größeren Unternehmen anzuwenden. So berichtet *Frey* von einem Beispiel aus der Praxis eines Großbetriebes der chemischen Industrie mit knapp 3000 Mitarbeitern. Die für den großen Betrieb geltenden Erkenntnisse haben selbstverständlich ebenso Bedeutung für Betriebe kleinerer Größenordnung. Es ist deshalb dem mehrfach zitierten Erfahrungsbericht über die Organisation des Personalwesens in einem modernen Unternehmen nur zuzustimmen, daß auch für den Kleinbetrieb die Forderung gilt, alle Personalverwaltungsaufgaben zusammenzufassen und einen möglichst großen Teil dieser Aufgaben auf einen qualifizierten Personalfachmann zu delegieren und, wenn es die Größenordnung verträgt, eine besondere Personalstelle einzurichten [217, S. 87 ff.]. Betriebe, die in größere Dimensionen hineinwachsen, brauchen statt der Personalstelle eine Abteilung Personalverwaltung oder Personalwesen in dem vorhin erläuterten Sinne. Als Zwischenstufe für eine weitere Ausdehnung des Bereiches Personalverwaltung kann eine Stabsstelle für den Leiter des Personalwesens zweckmäßig sein, die sich mit den besonderen Fragen der Personalplanung, der Arbeitsbewertung, des innerbetrieblichen Informationswesens wie überhaupt der Erarbeitung von Grundsätzen und Richtlinien zur Personalführung befaßt [217].

3.5 Führung und Leitung der Personalverwaltung

Für die organisatorische Eingliederung der Personalverwaltung in den Betriebsaufbau ist nicht nur die Abteilungsgliederung, d. h. die Ausgliederung und Zusammenfassung von Verwaltungsfunktionen im Personalbereich, wichtig; ebenso spielt eine Rolle, wie die Personalverwaltung im Rahmen der obersten Führungsorganisation des Betriebes bzw. des Unternehmens eingegliedert ist. Die Betriebsgröße hat hierbei ein besonderes Gewicht. Es läßt sich feststellen, daß bei nicht genügender Beachtung des Faktors Personal auch bei Großbetrieben organisatorische Formen gewählt werden, die der Bedeutung des Personalwesens für den modernen Betrieb nicht gerecht werden. Das gilt insbesondere für die immer noch zurückhaltende Einstellung gegenüber der Eingliederung der Personalaufgaben in den Verantwortungsbereich der obersten Geschäftsführung [67].

Generell darf gesagt werden, daß in den 40er und 50er Jahren Personalabteilungen erst in Betrieben mit mehr als 1500—2000 Beschäftigten anzutreffen waren. Ihre Leiter waren in der Regel in der dritten oder zweiten Stufe der Betriebshierarchie eingegliedert. Es bedarf keiner Frage, daß es für die Bedeutung des Personalwesens wichtig ist, möglichst in der Spitze der Betriebshierarchie angesiedelt zu sein, weil damit am ehesten zum Ausdruck kommt, welche Bedeutung ihm für die betriebliche Arbeit beigemessen wird. Es sollte deshalb die unmittelbare

Unterstellung unterhalb der Geschäfts- oder Betriebsleitung und bei Großbetrieben ihre Eingliederung gefordert werden. Gehen wir hiervon aus, bieten sich in der Praxis verschiedene Möglichkeiten an. Es wird dabei zweckmäßig unterschieden zwischen der Ein-Mann-Geschäftsführung und der mehrköpfigen Geschäftsführung.

3.5.1 *Das Personalwesen bei Ein-Mann-Geschäftsführung*

Wird ein Betrieb nur von einem Geschäftsführer geleitet, wie das bei kleinen und mittleren Betriebsgrößen anzutreffen ist, haben wir unterhalb der Geschäftsführung üblicherweise mehrere Abteilungen. Gehen wir davon aus, daß der Betrieb so groß ist, daß er über die Personalstelle hinaus bereits eine eigene Personalverwaltung braucht, ist diese neben den übrigen Abteilungen unterhalb der Geschäftsleitung einzufügen. Abb. 9 zeigt ein entsprechendes Schema. Je nach der Einstellung des Geschäftsführers werden die Grundsätze der Personalpolitik in mehr oder weniger nachdrücklicher Weise von ihm formuliert. Häufig ist es allerdings so, daß er sich darum weniger kümmert, so daß auch diese Aufgabe vom Leiter der Personalverwaltung wahrgenommen wird, der sich dann zum „Personalchef" entwickeln kann. Die Funktionen können sich dabei unter Umständen so verwischen, daß die Mitarbeiter ihn auch tatsächlich für die Personalführung verantwortlich sehen. In einem solchen Falle bedarf es eines besonderen Vertrauensverhältnisses zwischen dem Leiter der Personalverwaltung und dem Geschäftsführer, damit die Einheit des Personalwesens erhalten bleibt.

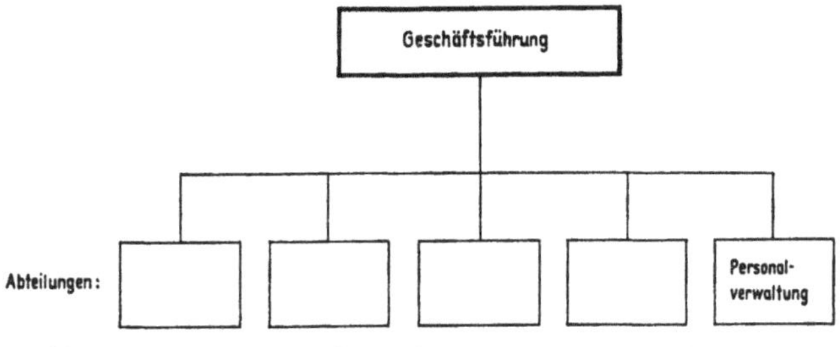

Abb. 9: Personalverwaltung bei Ein-Mann-Geschäftsführung

Bei größeren Unternehmungen mit einer einköpfigen Geschäftsführung kann es zweckmäßig sein, daß sich der Leiter der Unternehmung eine Stabsabteilung für Personalfragen angliedert. Deren Aufgabe ist es dann, die Geschäftsführung in den Grundsatzfragen der Personalpolitik, vielleicht auch der Personalplanung und der Personalforschung, zu unterstützen. In der Praxis besteht hierbei häufig die Gefahr, daß solche Stabsstellen schnell eingerichtet, später aber nicht mehr in der ursprünglich gedachten Weise vom Geschäftsführer unterstützt werden. Dadurch kann ein Konfliktstoff, vor allem zwischen dem Leiter der Personalverwaltung und der Stabsstelle entstehen, der vermieden werden sollte.

3.5.2 *Das Personalwesen bei mehrköpfiger Geschäftsführung*

Bei der mehrköpfigen Leitung unterstellen wir die kollegiale Geschäftsführung. Besteht sie aus zwei Mitgliedern, ist eine Möglichkeit gegeben, die Personalverwaltung funktional beiden Geschäftsführern unmittelbar zu unterstellen. Ein solches Verfahren ist in der Praxis gelegentlich anzutreffen. Es hat aber immer wieder Schwierigkeiten mit sich gebracht, die sich aus dem zweifachen Unterstellungsverhältnis ergeben, das gerade für Personalfragen besonders problematisch sein kann. Unterstellen wir im Industriebetrieb z. B. die Gliederung der Geschäftsführung in ein technisches und ein kaufmännisches Ressort, ist es oft anzutreffen, daß der Leiter des technischen Ressorts die Personalpolitik und Personalführung ziemlich allein bestimmt: Der Leiter der Personalverwaltung hat es dann nicht leicht, sich hier Gehör zu verschaffen. In gleicher Weise ist das natürlich auch gegenüber dem Leiter des kaufmännischen Ressorts gültig. Hier spielen die Fragen allerdings keine so große Rolle, weil die Zahl der Mitarbeiter meist geringer ist als im technischen Sektor.

Abb. 10 zeigt die bei einer mehrköpfigen Leitung bei Betrieben mittlerer Größe am häufigsten anzutreffende Regelung, daß nämlich die Personalverwaltung dem kaufmännischen Geschäftsführer unterstellt ist. Im Prinzip gelten hier die gleichen Anmerkungen wie vorhin. Da der Techniker im Industriebetrieb in der Regel mit einer größeren Zahl von Menschen zu tun hat als etwa sein kaufmännischer Kollege, betrachtet er die Fragen der Personalpolitik und Personalführung mehr oder weniger als alleinigen Bestandteil seines Aufgabengebietes, bei dem er keiner Unterstützung bedarf. Die wissenschaftliche Betriebsführung hat das ihre dazu beigetragen, die Techniker in diesem Gefühl zu bestärken. So haben wir in der Praxis oft unausgesprochen den Zustand, daß der technische Geschäftsführer das Erscheinungsbild des Personalwesens wesentlich beeinflußt, während sich der Kaufmann im Grunde nur auf die

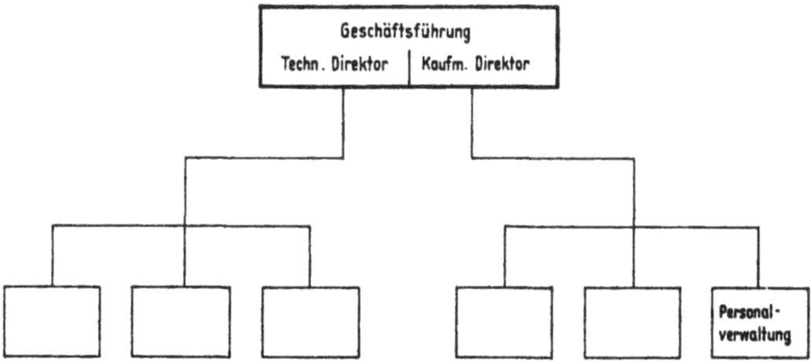

Abb. 10: Personalverwaltung bei zweiköpfiger Geschäftsführung

Verwaltungsaufgaben beschränkt. Es bedarf hier des besonderen Geschicks des Leiters der Personalverwaltung, sich mit seinen Vorstellungen gegenüber der Geschäftsführung durchzusetzen. Eine wesentliche Voraussetzung ist, daß eine klare Regelung von Aufgaben, Verantwortung und Kompetenzen besteht. Eine Stellenbeschreibung oder Dienstanweisung für den Leiter der Personalverwaltung ist deshalb besonders wichtig.

Besteht eine Geschäftsführung aus mehr als zwei Mitgliedern, kann in gleicher Weise verfahren werden wie bei einer zweiköpfigen Geschäftsführung. Von einer bestimmten Betriebsgröße an ist es aber empfehlenswert, daß bei mehrköpfigem Gremium ein Mitglied ausschließlich mit den Personalfragen beauftragt wird. Das gilt insbesondere dort, wo wir Betriebe mit mehreren tausend Beschäftigten haben. Abb. 11 zeigt eine entsprechende Eingliederung, wobei der Einfachheit halber drei

Hauptabteilungen oder Abteilungen auf der nächsten Stufe der Betriebshierarchie unterstellt werden.

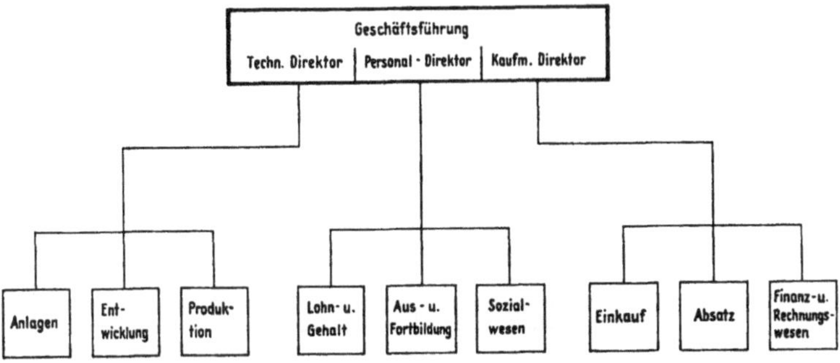

Abb. 11: Personalverwaltung bei mehrköpfiger Geschäftsführung

Ist das Personalwesen in einer solchen Weise in der Geschäftsführung vertreten, braucht es keine besondere Verwaltungsspitze mehr, da diese wie bei den übrigen Aufgabenbereichen durch ein Mitglied der Geschäftsführung verkörpert wird. Diese Regelung ist in den Mitbestimmungsbetrieben durch das Gesetz vorgeschrieben, das einen Arbeitsdirektor im Vorstand fordert. Es gibt aber unabhängig davon eine größere Zahl von Unternehmungen, die nicht unter das Mitbestimmungsgesetz fallen, aber dennoch ein Mitglied in der mehrköpfigen Geschäftsführung ausschließlich mit den Aufgaben des Personalwesens beauftragt ist.

Ein Problem besonderer Art ist mit einer mehrstufigen Unternehmensgliederung gegeben, z. B. in Konzernen mit selbständigen Tochtergesellschaften. Hier bedarf es einer Aufgabenteilung zwischen der Hauptverwaltung und den Verwaltungen der nachgeordneten rechtlich oder organisatorisch selbständigen Betriebe. Es geht dabei wieder um die Kernfrage, wieviel wird zweckmäßigerweise zentralisiert und welche Funktionen sollen dezentral wahrgenommen werden [119, S. 75]; [200, S. 172]; [229].

Schlußwort

Der erste Abschnitt über die Grundlagen des betrieblichen Personalwesens vermittelt eine Vorstellung von der Vielfalt des Wissens über den arbeitenden Menschen. Die enge Verflechtung des Personalwesens mit den anderen Funktionsbereichen im Betrieb fordert von denjenigen, die darin verantwortlich tätig sind, überdies ein gutes Verständnis für die zentralen Probleme des Betriebes schlechthin. Die anschließend erörterten Hauptgebiete geben einen Überblick über die für die Praxis wichtigen Fragen der Personalpolitik, Personalführung und Personalverwaltung, die sich mehrfach wechselseitig durchdringen. Im letzten Abschnitt über die Aufgaben- und Abteilungsgliederung werden die Möglichkeiten und Schwierigkeiten aufgezeigt, die mit der Aufbauorganisation des betrieblichen Personalwesens verbunden sind.

Aus den Ausführungen des vorliegenden Buches wird augenfällig, wie sehr die Gestaltung des Personalwesens im Betriebe und die damit verbundenen laufenden Arbeiten nicht nur von sachlichen, sondern auch personellen Voraussetzungen abhängig sind. Zu den sachlichen Erfordernissen zählen einmal Größe und Art des Betriebes. Wie bereits erwähnt, kann das Personalwesen in kleineren und mittleren Betrieben nicht so ausgebaut sein wie in großen Betrieben. Ebenso ist von Bedeutung, ob es sich um Betriebe der Grundstoffindustrie, der verarbeitenden Industrie oder um Betriebe des Handels, der Banken und Versicherungen oder anderer Dienstleistungsbereiche handelt. Gegenüber den mehr oder weniger anlageintensiven Industriebetrieben sind die Dienstleistungsbetriebe in der Regel personalintensiv. Eine Rolle spielt auch, ob die Betriebe viele dezentral gelegene Arbeitsplätze, wie z. B. ein Handelsfilialbetrieb oder wenige zentral gelegene Arbeitsstätten, haben. Die andere wichtige sachliche Voraussetzung ist der betriebswirtschaftliche „Zustand“ des Betriebes, insbesondere im Hinblick auf Planung, Organisation, Rechnungs- und Informationswesen sowie die Instrumente der Revision und Kontrolle. Je nach ihrem Entwicklungszustand gibt es Auswirkungen auf die Praxis des Personalwesens. Unzureichende organisatorische Regeln in bezug auf Abgrenzung von Aufgaben, Verantwortung und Kompetenz oder mangelhafte Information erschweren z. B. die Personalführung. Hat der Betrieb keine oder ungenügende Planungen für seine Investitionen und ihre Finanzierung, ist eine entsprechende Personalplanung nicht möglich.

Zu den personellen Voraussetzungen gehört, daß an die für das Personalwesen Verantwortlichen neben besonderen Anforderungen an die menschliche Qualifikation hohe fachliche Ansprüche zu stellen sind. Ursprünglich wurden in erster Linie Erfahrung in Verwaltungstechnik und arbeitsrechtliche Kenntnisse verlangt. Inzwischen sind die Aufgaben im Personalwesen weit darüber hinausgewachsen. Sie verlangen neben volkswirtschaftlichen und betriebswirtschaftlichen Kenntnissen ebenso soziologische und psychologische Grundkenntnisse [217, S. 79]. Zu den personellen Fakten gehört aber ebenso, daß sich im Personalwesen, wie kaum in einem andern betrieblichen Bereich, das individuelle Verhalten aller Beteiligten auswirkt. Es ist also nicht nur die subjektive Einstellung der für die Maßnahmen im Personalwesen Verantwortlichen von Einfluß, sondern ebenso die Haltung derer, über die entschieden wird. Bei allen Beteiligten wirkt sich die Eigenart des Menschen aus, sich in seinem Handeln von Überzeugungen leiten zu lassen, bei denen häufig die Erfahrungen aus dem Elternhaus und die späteren „eigenen Lebenserfahrungen“ als Maßstab zur Beurteilung von Problemen des betrieblichen Personalwesens genommen werden.

Von nicht geringer Bedeutung sind aus der Vergangenheit überkommene Einstellungen zum Betrieb. Sie lassen sich vereinfacht so charakterisieren, daß die Betriebe in der Wirtschaft in Theorie und Praxis immer noch zu sehr in ihrer technischen und wirtschaftlich-kalkulatorischen Sphäre und zu wenig in ihrer sozialen-gesellschaftlichen Sphäre gesehen werden. „Der Grundirrtum im Studium und im Beurteilen des menschlichen Verhaltens im Betrieb lag und liegt bis heute darin, daß Überlegungen, ‚Logik‘ und ‚Gesetzmäßigkeiten‘ der technischen und wirtschaftlichen ‚Sphäre‘ auf die menschliche ‚Sphäre‘ angewendet wurden und werden. Das gedankliche Instrumentarium des technischen und wirtschaftlichen Denkens vermag aber die menschlich-gesellschaftlichen Tatbestände und ‚Gesetzmäßigkeiten‘ ganz einfach nicht zu erfassen“ [56, S. 78]. Es darf allerdings gesagt werden, daß wir uns in einem Wandlungsprozeß befinden und den subjektiven Belangen des arbeitenden Menschen in zunehmendem Maße neben den technischen und ökonomischen Erfordernissen Rechnung getragen wird. Nicht zuletzt ist die Entwicklung zum funktionsgerechten Aufbau und Ausbau des betrieblichen Personalwesens ein Zeichen hierfür. Kennzeichnend ist aber, daß wir in einer Entwicklungsphase stehen, in der sich manche Betriebe bereits dem Ziel nähern, aber viele doch noch eine Strecke des Weges bis dahin zurücklegen müssen.

Wie alle sozialen Prozesse ist auch das betriebliche Personalwesen von der jeweiligen Situation und von der Haltung der handelnden Menschen abhängig; im Betriebe sind dies sowohl die für die Betriebsführung und im Rahmen der Mitbestimmung Verantwortlichen als auch alle andern Betriebszugehörigen. Das Personalwesen selbst ist integraler Bestandteil der zentralen Betriebsaufgabe, innerhalb derer wirtschaftliche, technische und personelle Erfordernisse aufeinander abzustimmen sind.

Literatur

[1] *Abraham, Karl:* Die Problematik des modernen Betriebes. In: Kölner Zeitschrift für Soziologie. N. F. 1950/51, S. 76/77

[2] *Alex, Laszló, Heinrich Heuser* u. *Helga Reinhardt:* Das Berufsbildungsgesetz in der Praxis. Eine Repräsentativbefragung von Auszubildenden. Hrsg.: Der Bundesminister für Bildung und Wissenschaft. Bonn 1973

[3] *Altmann-Gottheimer, Elisabeth:* Leitfaden durch die Sozialpolitik. Leipzig 1923

[4] *Amonn, Alfred:* Wirtschaftsordnung und Wirtschaftszustand. In: Vollbeschäftigung, Inflation und Planwirtschaft. Hrsg. Albert Hunold. Erlenbach-Zürich 1951, S. 16—42

[5] *Arbeit und Lohn als Forschungsobjekt der Betriebswirtschaftslehre.* Vorträge der Tagung des Verbandes der Hochschullehrer für Betriebswirtschaft e. V. vom 24. bis 27. Mai 1961 in Mannheim. In: Zeitschrift für Betriebswirtschaft, Sonderdr. Wiesbaden 1962

[6] *Arbeitsgemeinschaft für betriebliche Altersversorgung e. V. (ABA).* (Hrsg.): Dokumentation: Die flexible Altersgrenze in der betrieblichen Altersversorgung. In: Mitteilungsblatt, Folge 3. Heidelberg 1973.

[7] *Arbeitskreis für Arbeitsstudien des Deutschen Gewerkschaftsbundes.* (Hrsg.): „afa-Informationen"

[8] *Aubel, Peter van:* Die Wirtschaftlichkeit gemeindlicher Monopolbetriebe. In: Die wirtschaftliche Betätigung der Gemeinden. Die Probleme der gemeindlichen Eigenwirtschaft unter besonderem Blickpunkt der Gegebenheiten des rheinisch-westfälischen Industriegebietes. Hrsg.: *P. H. Seraphim.* Bochum o. J., S. 42—58

[9] *Ausschuß für soziale Betriebsgestaltung bei der Bundesvereinigung der Deutschen Arbeitgeberverbände.* (Hrsg.): Arbeitsberichte.

[10] *—:* Neue Schwerpunkte betrieblicher Sozialpolitik. Köln 1963

[11] *Barnard, Chester I.:* "Organization and Management, Selected Papers". Dt.: Organisation und Management. Ausgewählte Aufsätze. Stuttgart 1969

[12] —: *"The Functions of the Executive."* Dt.: Die Führung großer Organisationen. Essen 1970

[13] *Beller, Anton, Hans Friedrichs, Renate Haack* u. *Horst v. Katte:* Die Personalarbeit in kleinen und mittleren Industrieunternehmen. Hrsg.: Studienkreis für betriebliche Personal- und Sozialpolitik e. V. „Der neue Betrieb". Düsseldorf 1964

[14] *Bendixen, Peter:* Neuere Organisationsforschung in praktischer Sicht. Bemerkungen zu einem Buch von *Jürgen Wild.* In: Zeitschrift für Betriebswirtschaft, 39. Jg. 1969, S. 600—604

[15] *Berger, Roland:* Marketing in der Personalpolitik. Pflege der "human relations" als Arbeitsprogramm. In: Der Volkswirt, Heft 11, 1968, S. 26—27

[16] *Blake, Robert R.* u. *Jane S. Mouton:* The Managerial Grid. Dt.: Verhaltenspsychologie im Betrieb. Das Verhaltensgitter, eine Methode zur optimalen Führung in Wirtschaft und Verwaltung. Düsseldorf-Wien 1969

[17] *Bleicher, Knut:* Führungsstile, Führungsformen und Organisationsformen. In: Zeitschrift für Organisation. 38. Jg. 1969, S. 31—40

[18] *Blume, Otto:* Normen und Wirklichkeit einer Betriebsverfassung. Tübingen 1964

[19] *Böhrs, Hermann:* Arbeitsleistung und Arbeitsentlohnung. Wiesbaden 1958

[20] —: Die menschliche Arbeitsleistung und die Möglichkeiten ihrer Messung. In: Arbeit und Lohn als Forschungsobjekt der Betriebswirtschaftslehre. Vorträge der Tagung des Verbandes der Hochschullehrer für Betriebswirtschaft e. V. vom 24. bis 27. Mai 1961 in Mannheim. Zeitschrift für Betriebswirtschaft, Sonderdruck, S. 67—79, Wiesbaden 1962

[21] —: Arbeitsstudien in der Betriebswirtschaft. Wiesbaden 1967

[22] *Böhrs, Hermann, Erwin Bramesfeld, Hans Euler* u. *Kurt Pentzlin:* Einführung in das Arbeits- und Zeitstudium. Band 1 der Schriftenreihe: Grundlagen des Arbeits- und Zeitstudiums. Hrsg.: *Erwin Bramesfeld, Hans Euler u. Kurt Pentzlin.* 2. Aufl. München 1954

[23] *Bolsenkötter, Heinz:* Zum Begriff der Wirtschaftlichkeit. In: Aktuelle Fragen der Wirtschaftlichkeit aus Kommunalwirtschaft und Verwaltung. Hrsg.: WIBERA Wirtschaftsberatung Aktiengesellschaft, Düsseldorf, Stuttgart-Köln 1964, S. 15—30

[24] *Bornemann, Ernst:* Sozialpsychologische Probleme der Führung. In: Kölner Zeitschrift für Soziologie und Sozialpsychologie. 14. Jg., 1962, S. 105—123

[25] —: Betriebspsychologie. In: Die Wirtschaftswissenschaften, Reihe A, Nr. 47. Hrsg.: *Erich Gutenberg*. Wiesbaden 1967

[26] *Briefs, Goetz:* Betriebsführung und Betriebsleben in der Industrie. Berlin 1934

[27] *Bühring, Lars, Dieter Diehr, Günther Esters* u. a.: Die betrieblichen Unfallkosten im eisen- und metallverarbeitenden Bereich. Schriftenreihe des Forschungsinstituts der *Friedrich-Ebert-Stiftung*. A. Sozialwissenschaftliche Schriften. Hannover 1968

[28] *Büttner, Hans Wolfgang:* Was ist Arbeitswirtschaft? In: Der Betrieb, 17. Jg., 1964, S. 1417—1421

[29] *Busse von Colbe, W., G. Laßmann* u. *W. Schubert* (Hrsg.): Leitungsorganisation und Personalführung. Zeitschrift für betriebswirtschaftliche Forschung, Sonderh. 1, 1972

[30] *Carell, Erich:* Arbeit. In: Handwörterbuch der Sozialwissenschaften, Bd. 1
Stuttgart-Tübingen-Göttingen 1956, S. 229—234

[31] *de Chalendar, Jacques:* Die Neuordnung der Zeit. Aldingen 1972

[32] *Comelli, Gerhard:* Personalmarketing: Der Arbeitsmarkt ist leergefegt ... In: Absatzwirtschaft, Nr. 1, 1970, S. 21—35

[33] *Dahrendorf, Ralf:* Sozialstruktur des Betriebes. Wiesbaden 1959

[34] —: Industrie- und Betriebssoziologie. Berlin 1962

[35] *Daul, Hellmuth:* Von der Mitarbeiter-Beurteilung zur systematischen Personalentwicklung. In: Bürotechnik und Organisation, 19. Jg., Heft 6, 1971, S. 570—575

[36] *Deutsches Industrieinstitut.* (Hrsg.): Berichte zur Sozialpolitik. Heft Nr. 15, Jg. 4, 1970; Heft Nr. 9, Jg. 5, 1971; Heft Nr. 10, Jg. 6, 1972

[37] *Deutsches Institut für Betriebswirtschaft.* (Hrsg.): Betriebliche Sozialarbeit heute. Ergebnisse des Gedanken- und Erfahrungsaustausches unter Praktikern. Düsseldorf-Wien 1962

[38] —: Fehlzeiten im Betrieb. Düsseldorf-Wien 1962

[39] *Dirks, Heinz:* Die Personalbeurteilung im Betrieb. 2. Aufl., Düsseldorf 1962

[40] *Ebers, Wolfram, Kurt Albaum, Hans Euler* u. a.: Begriffsbestimmungen aus Lohntechnik und Arbeits- und Zeitstudium. 2. Aufl., Düsseldorf 1967

[41] *Ehrenberg, Herbert* u. *Franz Spiegelhalter:* Lohnpolitik heute. Eine Auseinandersetzung. Stuttgart 1963

[42] *Fäßler, Klaus:* Betriebliche Mitbestimmung. Verhaltenswissenschaftliche Projektionsmodelle. Wiesbaden 1970

[43] *Fayol, Henri:* Allgemeine und industrielle Verwaltung. München-Berlin 1929

[44] *Fischer, Guido:* Grundlage und Gestaltung der betrieblichen Partnerschaft. Veröffentlichungen der AGP. Untersuchungen und Berichte. Reihe II; Heft 3, 3. Aufl., Hilden 1967

[45] —*:* Grundlagen der betrieblichen Personalpolitik und Personalplanung. In: Rationelle Personalführung. Schriftenreihe: Schriften zur Unternehmensführung. Hrsg.: *H. Jacob.* Bd. 5, Wiesbaden 1968

[46] *Freundl, Stefan:* Taschenbuch für Personalplanung und Stellenausschreibung. Heidelberg 1967

[47] *Frey, Helmut:* Personalpolitik — ein neues Organisationsmodell. In: Der Arbeitgeber, 25. Jg., Heft 7, 1973, S. 319—321

[48] *Fried, Helmut:* Die Stellenanzeige — ein Mittel der Personalwerbung. Hrsg.: Forschungsstelle für Betriebswirtschaft und Sozialpraxis. München 1963

[49] *Friedrichs, Hans, Ulrich Gries, Renate Haack* u. *Wolfgang Habbel:* Ursachen und Auswirkungen der Fluktuation. Düsseldorf 1962

[50] *Friedrichs, Hans, W. Hacker, E. Lange* u. a.: Fehlzeiten im Betrieb. Hrsg.: Deutsches Institut für Betriebswirtschaft e. V. Düsseldorf-Wien 1962

[51] *Friedrichs, Hans:* Zum Inhalt von Grundbegriffen im Personalwesen. In: Personal, 22. Jg., Heft 7, 1970, S. 212—215

[52] —*:* Stand und künftige Entwicklung der betrieblichen Personalpolitik. In: Personal, 23. Jg., Heft 3, 1971, S. 78—83

[53] —*:* Moderne Personalführung. München 1973

[54] *Frühwacht, M.:* Leistungszulagen für Zeitlöhner aufgrund persönlicher Bewertung. *REFA:* Schriftenreihe Arbeitsstudium, Industrial Engincering, Grundlagen und Methoden, Bd. 15. Berlin-Köln-Frankfurt/M. o. J.

[55] *Fürstenberg, Friedrich:* Probleme der Lohnstruktur. Die wirtschaftliche und soziale Bedeutung der Lohnunterschiede. Tübingen 1958

[56] *Gasser, Christian:* Unternehmensführung im Strukturwandel — Krise der Dynamik? Düsseldorf-Wien 1972

[57] *Gaugler, Eduard:* Elemente des kooperativen Führungsstils. In: Verantwortliche Betriebsführung, Festschrift für Guido Fischer. Stuttgart 1969, S. 114—128

[58] *Gaugler, Eduard* u. *Horst Kuchinka:* Mitarbeiterbeteiligung und Steuerrecht. Veröffentlichungen der AGP. Untersuchungen und Berichte. Reihe 2; Heft 11. Köln 1972

[59] *Gaul, Dieter:* Der Arbeitsvertrag mit Führungskräften. 3. Aufl., München 1973

[60] *Geck, L. H. Adolph:* Soziale Betriebsführung. München und Berlin 1938

[61] *—:* Soziale Betriebsführung. Zugleich Einführung in die betriebliche Sozialpolitik. 2. erw. Aufl., Essen 1953

[62] *Gellermann, Saul W.:* Motivation und Leistung. Düsseldorf-Wien 1972

[63] *Gesundheits- und Sozialministerium Nordrhein-Westfalen* (Hrsg.): Analyse und Prognose der Arbeitsmarktentwicklung in Nordrhein-Westfalen. Düsseldorf 1970

[64] *Giese, Fritz:* Handwörterbuch der Arbeitswissenschaft. 10 Bde. Halle 1925—1932

[65] *Goossens, Franz:* Personalleiter-Handbuch — zugleich eine Einführung in die Betriebspersonallehre und die Betriebssoziallehre. 5. Aufl. München 1970

[66] *—:* Formulare in der Personalverwaltung. In: Personal. 22. Jg., Nr. 7/1970, S. 202–205; 22. Jg., Nr. 8/1970, S. 235–237; 23. Jg., Nr. 1/1971, S. 14–15

[67] *—:* Ergebnisse aus Betriebsumfragen: Die Einordnung der Personalfunktion in der Unternehmensleitung. In: Personal, 25. Jg., Heft 3, 1973, S. 107—110

[68] *Gottschalk, Helmut* u. *Gustaf-Adolf Werner:* Altersversorgung in Mittel- und Kleinbetrieben. München 1971

[69] *Graf, Otto:* Arbeitsphysiologie. Wiesbaden 1960

[70] *Grillo, Elmer V.:* Kontrolltechniken zur Leistungssteigerung im Büro. Hrsg.: Deutsches Institut für Betriebswirtschaft. München 1966

[71] *Grochla, Erwin:* Unternehmungsorganisation. Neue Ansätze und Konzeptionen. Reinbek bei Hamburg 1972

[72] *Gutenberg, Erich:* Planung im Betrieb. In: Planungsrechnung und Rationalisierung. Theorie und Praxis der Plankostenrechnung. Bericht über die „Dritte Plankostentagung in Düsseldorf" am 28. und 29. Oktober 1952. Hrsg.: Arbeitsgemeinschaft Planungsrechnung e. V. (AGPLAN) in Gemeinschaft mit der Zeitschrift für Betriebswirtschaft. Wiesbaden 1953, S. 13—28

[73] *—:* Betriebswirtschaftslehre, Bd. 1: Die Produktion. 17. Aufl. Berlin - Heidelberg - New York 1970

[74] *Haberkorn, Kurt:* Der Sozialbericht. Aufgaben, Voraussetzungen und Gestaltungsmöglichkeiten. Essen 1965

[75] *Hacker, W., A. Horstkotte, H.-Th. Metze* u. a.: Betriebliche Sozialarbeit heute. Hrsg.: Deutsches Institut für Betriebswirtschaft e. V. Düsseldorf - Wien 1962

[76] *Hackstein, R., H. K. Nüssgens* u. *P. H. Uphus:* Personalwesen als eine primäre Führungsaufgabe. In: Fortschrittliche Betriebsführung, 19. Jg., Nr. 4, 1970, S. 88—96

[77] *Hackstein, R., H. K. Nüssgens* u. *P. H. Uphus:* Personalwesen in systemorientierter Sicht. In: Fortschrittliche Betriebsführung, 20. Jg., Nr. 1, 1971, S. 27—41

[78] *Hagner, G. W.:* Personalwirtschaft im Personal-Management-System. In: Fortschrittliche Betriebsführung, 20. Jg., Heft 1, 1971, S. 13—19

[79] *Hagner, G. W.* u. *H. Weng:* Arbeitsschwierigkeit und Lohn. Darstellung und Anleitung für das Anwenden der Arbeitsbewertung nach Rangreihen. Köln 1951

[80] *Harms, Bernhard:* Arbeit. In: Handwörterbuch der Staatswissenschaften, Bd. 1, 4. Aufl., Jena 1923, S. 368—387

[81] *Hartmann, Heinz:* Funktionale Autorität. Systematische Abhandlung zu einem soziologischen Begriff. Stuttgart 1964

[82] *Hartmann, Robert S.:* Die Partnerschaft von Kapital und Arbeit. Köln - Opladen 1958

[83] *Hasenack, Wilhelm:* Methoden- und Entwicklungsprobleme der Betriebswirtschaftslehre. In: Aktuelle Betriebswirtschaft. Festschrift für Konrad Mellerowicz. Berlin 1952, S. 1—27

[84] *Hauck, Roland:* Sozialpolitik der Unternehmen unter dem Einfluß der Mitbestimmung der Arbeitnehmer. Köln u. Opladen 1963

[85] *Hax, Karl:* Betriebliche Sozialpolitik als Teilbereich der Unternehmungspolitik. In: Zeitschrift für handelswissenschaftliche Forschung, 7. Jg., 1955, S. 1—21

[86] *—:* Planung und Organisation als Instrument der Unternehmensführung. In: Zeitschrift für handelswissenschaftliche Forschung, 11. Jg., 1959, S. 605—615

[87] *—:* Wandlung der betrieblichen Personalpolitik unter dem Einfluß des Industrialisierungsprozesses. In: Zeitschrift für handelswissenschaftliche Forschung, 14. Jg., 1962, S. 415—428

[88] *—:* Personalpolitik und Mitbestimmung. Köln u. Opladen 1969

[89] *Hegner, Kurt:* Vorkalkulation von Bearbeitungszeiten. Berlin 1924

[90] *Heissmann, Ernst:* Betriebliche Altersversorgung. München 1969

[91] *Hellpach, Willy:* Sozialpsychologie. 3. Aufl., Stuttgart 1951

[92] *Hennig, Karl-Wilhelm:* Betriebswissenschaften. In: Handwörterbuch der Betriebswirtschaft, Bd. 1, 3. Aufl., Stuttgart 1956, S. 1025—1026

[93] *Hillert, Alfred:* Gleitende Arbeitszeit — ein Weg mit Zukunft. Bad Wörishofen 1971

[94] *Hippenstiel, Jürgen:* Die Gehaltsfindung bei den außertariflichen Angestellten in der Bundesrepublik Deutschland. Diss. Innsbruck 1971

[95] *Höhn, Reinhard:* Führungsbrevier der Wirtschaft. Bad Harzburg 1967

[96] *—:* Stellenbeschreibung und Führungsanweisung. Die organisatorische Aufgabe moderner Unternehmensführung. 4. Aufl., Bad Harzburg 1970

[97] *Hofer, Christian:* Berufsbildung. Kein Hebel zur Gesellschaftsveränderung. In: Der Arbeitgeber, 24. Jg., Heft 1, 1972, S. 9

[98] *Hueck, Alfred* u. *Hans Carl Nipperdey:* Lehrbuch des Arbeitsrechts, Bd. 1, 7. Aufl., Berlin - Frankfurt 1963

[99] *Industrieroboter statt Hilfsarbeiter.* In: Frankfurter Allgemeine Zeitung vom 4. 4. 1973, S. 33

[100] *Industrieroboter — Helfer in der Serienfertigung.* In: Frankfurter Allgemeine Zeitung vom 6. 6. 1973, S. 33

[101] *Institut für angewandte Arbeitswissenschaft e. V.* (Hrsg.): Handbuch des Prämienlohns, Teil 1 und 2. Rodenkirchen / Köln 1970

[102] *Institut Mensch und Arbeit* (Hrsg.): Taschenbuch Mensch und Arbeit für Führungskräfte im Betrieb. München 1973

[103] *Jaeggi, Urs u. Herbert Wiedemann:* Der Angestellte im automatisierten Büro. Betriebssoziologische Untersuchung über die Auswirkungen der elektronischen Datenverarbeitung auf die Angestellten und ihre Funktionen. 2. Aufl. Stuttgart - Berlin - Köln - Mainz 1963

[104] *Kilger, Wolfgang:* Der Faktor Arbeit im System der Produktionsfaktoren. In: Arbeit und Lohn als Forschungsobjekt der Betriebswirtschaftslehre. Vorträge der Tagung des Verbandes der Hochschullehrer für Betriebswirtschaft e. V. vom 24. bis 27. Mai 1961 in Mannheim. Zeitschrift für Betriebswirtschaft, Sonderdr. S. 44—58, Wiesbaden 1962

[105] *Kisker, Klaus Peter:* Vermögenskonzentration und Vermögenspolitik im Spätkapitalismus. In: Gewerkschaftliche Monatshefte, 23. Jg., Heft 2, 1972, S. 101—109

[106] *Kluth, Heinz:* Soziologie der Großbetriebe. Stuttgart 1968

[107] *Knaup, Werner:* Kooperative Führungsversuche: Lauter Neubau-Ruinen? In: PLUS — Zeitschrift für Führungspraxis, 7. Jg., Heft 5/1973, S. 19—25

[108] *König, René, Peter Atteslander, Heiner Treinen* u. *Hans-Wolfgang Stieber:* Betriebssoziologische Mikroanalyse. In: Kölner Zeitschrift für Soziologie und Sozialpsychologie. N.F. 8. Jg., 1956, S. 46—91

[109] *Kommunale Gemeinschaftsstelle für Verwaltungsvereinfachung* (Hrsg.): Sachliche Verwaltungsreform im kommunalen Personalamt. Köln 1953

[110] —*:* Personalwirtschaft. Grundlagen wirtschaftlicher Personalführung. Köln 1969

[111] —*:* Automation und Personalwesen. Köln 1970

[112] —*:* Stellenplan; Stellenbewertung. 5. Aufl., Köln 1970

[113] *Konferenz zur Förderung der verbundenen Wissenschaften vom Menschen:* Synthetische Anthropologie. Vorträge und Diskussionsberichte. Bonn 1950

[114] *Kosiol, Erich:* Leistungsgerechte Entlohnung. Überarb. u. erw. 2. Aufl. der „Theorie der Lohnstruktur". Wiesbaden 1962

[115] —*:* Die Idee des Leistungslohnes und ihre Verwirklichung. In: Arbeit und Lohn als Forschungsobjekt der Betriebswirtschaftslehre. Vorträge der Tagung des Verbandes der Hochschullehrer für Betriebswirtschaft e. V. vom 24. bis 27. Mai 1961 in Mannheim. Zeitschrift für Betriebswirtschaft, Sonderdr. S. 80—90, Wiesbaden 1962

[116] —*:* Organisation der Unternehmung. Wiesbaden 1962

[117] —*:* Organisation — der Weg in die Zukunft. In: Zeitschrift für Organisation, 42. Jg., 1973, Heft 1, S. 3—11

[118] Arbeitskreis *Krähe* der *Schmalenbach - Gesellschaft:* Unternehmungsorganisation. Aufgaben- und Abteilungsgliederung in der industriellen Unternehmung. 4. überarb. Aufl., Köln und Opladen 1963

[119] —*:* Konzernorganisation. 2. Aufl., Köln und Opladen 1964

[120] —*:* Die Organisation der Geschäftsführung — Leitungsorganisation. 2. neubearb. u. erw. Aufl., Opladen 1971

[121] *Kraepelin, Emil:* Die Arbeitskurve. Leipzig 1902

[122] *Kroeber - Keneth, Ludwig:* Warum Arbeitskräfte wechseln. Düsseldorf 1960

[123] —*:* Die Auslese der Begabten. Ketzergedanken über den Nachwuchs und die Erfolgreichen. Düsseldorf - Wien 1966

[124] *Leber, Georg:* Vermögensbildung in Arbeitnehmerhand — ein Problem und sein Echo. Hrsg.: Europäische Verlagsanstalt. Frankfurt/M. 1964

[125] *Lersch, P.:* Aufbau der Person. 7. Aufl., München 1956

[126] *Likert, Rensis:* "New patterns of Management" (1961). Dt.: Unternehmensführung. Bern und Stuttgart 1972

[127] *Loew, Konrad:* Personalplanung. Bergisch-Gladbach 1971

[128] *Lotz, Kurt:* Personalplanung im Unternehmen. In: Zeitschrift für betriebswirtschaftliche Forschung, 14. Jg., 1962, S. 398—414

[129] *—:* Gedanken zur Personalwirtschaft wachsender Industrieunternehmen. In: Zeitschrift für betriebswirtschaftliche Forschung, 16. Jg., 1964, S. 298—307

[130] *Mahlberg, Walter:* Betriebsbegriffe und Systeme der Betriebswirtschaftslehre: Die Betriebsplanung, Grundriß der Betriebswirtschaftslehre. Bd. 2, Leipzig 1927

[131] *Manthey, Heinz:* Auswahlkriterien für leitende Angestellte und ihre betriebliche Stellung. In: Leitungsorganisation und Personalführung. Zeitschrift für betriebswirtschaftliche Forschung, Sonderheft 1, 1972, S. 47—55

[132] *Marx, August:* Die Personalplanung in der modernen Wettbewerbswirtschaft. Baden-Baden 1963

[133] *—: (Hrsg.):* Einflußgrößen der menschlichen Arbeitsergiebigkeit. In: Personalführung, Bd. 1: Beiträge zur Problematik menschlicher Arbeitsleistung im Betrieb. Wiesbaden 1969, S. 17—36

[134] *—:* Partizipativer Führungsstil und Arbeitsverhalten. In: Personalführung, Bd. 3: Motivation und Stimulanz menschlicher Arbeitsergiebigkeit. Hrsg.: *August Marx.* Wiesbaden 1971, S. 17—33

[135] *Maucher, Herbert:* Zeitlohn, Akkordlohn, Prämienlohn. 2. Aufl., Neuwied / Rhein - Berlin 1965

[136] *Maus, Heinz* u. *Friedrich Fürstenberg* (Hrsg.): Industriesoziologie I. Vorläufer und Frühzeit 1835—1934. 2. Aufl., Neuwied / Rhein - Berlin 1966

[137] *Meier, Albert:* Organisation der Unternehmungsführung. Stuttgart 1965

[138] *Mellerowicz, Konrad:* Unternehmenspolitik, Bd. 1; Unternehmenspolitik, Bd. 2. Freiburg im Breisgau 1963 Unternehmenspolitik, Bd. 3. Freibung im Breisgau 1964

[139] *—:* Allgemeine Betriebswirtschaftslehre, Bd. 5: Die betrieblichen sozialen Funktionen. Berlin - New York 1971

[140] *Merle, Günter:* Der freiwillige soziale Aufwand in der Industrie und seine betriebswirtschaftliche Behandlung. Berlin - New York 1963

[141] *Meyer, Paul:* Betriebliche Personalplanung. Grundlagen und Praxis. Wiesbaden 1968

[142] *Michel, Ernst:* Sozialgeschichte der industriellen Arbeitswelt. 3. Aufl., Frankfurt/M. 1953

[143] *Minta, Helmut:* Das gegenwärtige und zukünftige Angebot (ausländischer Arbeitnehmer). In: Der Arbeitgeber, 25. Jg., Heft 5, 1973, S. 169—170

[144] *Mitteilungen aus der Arbeitsmarkt- u. Berufsforschung.* Hrsg.: *Karl Martin Bolte, Hans Büttner, Theodor Ellinger* u. a. Stuttgart - Berlin - Köln - Mainz, Heft 1/1971

[145] *Mohri, Shigetaka:* Die Sozialordnung in der modernen Unternehmung. In: Verantwortliche Betriebsführung. Festschrift für *Guido Fischer.* Stuttgart 1969, S. 210—219

[146] *Müller, Alfred:* Vermögensbildung in Arbeitnehmerhand. Durch Tarifvertrag oder Gesetz — individuell oder kollektiv? In: Gewerkschaftliche Monatshefte, 23. Jg., Heft 2, 1972, S. 93—100

[147] *Müller-Armack, Alfred:* Genealogie der Wirtschaftsstile. Stuttgart 1944

[148] *Müller-Hagen, Dorothee:* Minderung der Fluktuation. Bergisch-Gladbach 1970

[149] *Müller-Nobiling, Hans-Martin:* Zur Interdependenz von Organisation und Personalwirtschaft. In: Zeitschrift für Organisation, 38. Jg., 1969, S. 321—329

[150] *Münke, Stephanie:* Die mobile Gesellschaft. Einführung in die Sozialstruktur der BRD. Stuttgart - Berlin - Köln - Mainz 1967

[151] *Münsterberg, Hugo:* Psychologie und Wirtschaftsleben. Ein Beitrag zur angewandten Experimental-Psychologie. Leipzig 1912

[152] *Neuloh, Otto:* Die deutsche Betriebsverfassung und ihre sozialen Formen bis zur Mitbestimmung. Tübingen 1956

[153] —*:* Der Arbeitsunfall und seine Ursachen. Ein Beitrag zur Unfallverhütung und Produktivitätssteigerung mit den Ergebnissen einer Untersuchung in der Eisen- und Stahlindustrie. Stuttgart und Düsseldorf 1957

[154] —*:* Der neue Betriebsstil. Untersuchungen über die Wirklichkeit und Wirkungen der Mitbestimmung. Tübingen 1960

[155] —*:* Personalknappheit als Arbeitsmarktproblem. In: Zeitschrift für handelswissenschaftliche Forschung, 14. Jg., 1962, S. 383—398

[156] *Nutzhorn, Horst:* Leitfaden der Personalbeurteilung. Hrsg.: *RKW - Rationalisierungs-Kuratorium der Deutschen Wirtschaft e. V.* Berlin - Köln - Frankfurt/M. 1965

[157] *Oldendorff, A.:* Sozialpsychologie im Industriebetrieb. Köln 1970

[158] *Opitz, Hans-Joachim:* Der Verwaltungsbegriff in der Betriebswirtschaftslehre. Freiburg/Schweiz 1955

[159] *Paul, Hermann:* Deutsches Wörterbuch. 5. völlig neubearb. u. erw. Aufl. von Werner Betz. Tübingen 1966

[160] *Pentzlin, Kurt:* Arbeitsrationalisierung. München 1954

[161] —*:* Über die Motivierung der Mitarbeiter. In: Rationalisierung, 24. Jg., Heft 3, 1973, S. 69—70

[162] *Peter, E.:* Die Kosten der Fluktuation. In: Wirtschafts-Praxis, Nr. 187, 1963. Blattei-Handbuch — Teil B, Mitarbeiter-Betreuung, Personalverwaltung 13

[163] *Pfeffer, Marina Elisabeth:* Kleines Wörterbuch zur Arbeits- und Sozialpolitik. Freiburg 1972

[164] *Potthoff, Erich:* Das Personalwesen in der Betriebswirtschaft. In: Die Wirtschaftsprüfung, 1. Jg., Heft 6, 1948, S. 84—90

[165] —*:* Die Organisation des Personalwesens in der industriellen Unternehmung. In: Zeitschrift für handelswissenschaftliche Forschung, 2. Jg., 1950, S. 555—574

[166] —*:* Theorie und Praxis der sozialen Betriebspolitik. Stuttgart und Düsseldorf 1953

[167] —*:* Die Sozialberichterstattung. In: Der Betrieb, 9. Jg., 1956, S. 1018—1019

[168] —*:* Die funktionelle Organisation im wachsenden Industriebetrieb. In: Zeitschrift für betriebswirtschaftliche Forschung, 16. Jg., 1964, S. 280—297

[169] —*:* Personalpolitik, Personalführung und Personalverwaltung. In: Der Betrieb, 18. Jg., Heft 1, 1965, S. 1—3

[170] —*:* Personalwesen. In: Handbuch der Wirtschaftswissenschaften, Bd. 1: Betriebswirtschaft, 2. überarb. u. erw. Aufl., Köln und Opladen 1966, S. 81—110

[171] —*:* Unternehmungsorganisation. In: Handbuch der Wirtschaftswissenschaften, Bd. 1, Köln u. Opladen 1966, S. 43—80

[172] —*:* Stabsstellen in der Unternehmensorganisation. In: Zeitschrift für betriebswirtschaftliche Forschung, 19. Jg., 1967, S. 685—703

[173] —: Knistern im Vorstand. In: PLUS - Zeitschrift für Unternehmensführung, 3. Jg., Heft 2, 1969, S. 37—39

[174] —: Personalwesen, Organisation des. In: Handwörterbuch der Organisation. Stuttgart 1969, S. 1296—1305

[175] *Pro und Contra:* In: PLUS - Zeitschrift für Unternehmensführung, 1. Jg., Heft 1, 1967, S. 15

[176] *Randall, Clarence B.:* Führungsmethoden können keine Wunder wirken. Berlin - Köln - Frankfurt 1963

[177] *Raschke, Harald:* Taschenbuch für Bewerberauslese. Heidelberg 1969

[178] *Rationalisierungs-Kuratorium der Deutschen Wirtschaft (RKW)* (Hrsg.): Der Unfallursachen-Katalog als betriebliches Hilfsmittel für die Untersuchung des Arbeitsunfalles. Hannover u. Frankfurt/M. 1961

[179] —: Anpassung der Arbeitsanforderungen. (Schriftenreihe „Ältere Arbeitnehmer"), Berlin - Köln - Frankfurt/M. 1966

[180] —: Methoden der Aus- und Weiterbildung älterer Arbeitskräfte. (Schriftenreihe „Ältere Arbeitnehmer"). Berlin — Köln — Frankfurt/M. 1967

[181] —: *Reihe* Arbeitsphysiologie — Arbeitspsychologie. Einzeltitel z. B.:
— Beleuchtung im Betrieb
— Farbe im Betrieb
— Das Sehen bei der Arbeit
— usw.

[182] *Verband für Arbeitsstudien — REFA — e. V.* (Hrsg.): Fortschrittliche Betriebsführung. Zeitschrift für die Unternehmensleitung

[183] —: Methodenlehre des Arbeitsstudiums.
Teil 1: Grundlagen
Teil 2: Datenermittlung
Teil 3: Kostenrechnung Arbeitsgestaltung
Teil 4: Anforderungsermittlung (Arbeitsbewertung)
2. Aufl., München 1972

[184] *Reichwein, Roland:* Funktionswandlungen der betrieblichen Sozialpolitik. Eine soziologische Analyse der zusätzlichen betrieblichen Sozialleistungen. Köln und Opladen 1965

[185] *Remane, Adolf:* Sozialleben der Tiere. Stuttgart 1971

[186] *Riniotis, Thomas:* Personalwesen (personnel management), seine Organisation und sein Wesen unter besonderer Berücksichtigung

der Rationalisierungsanforderungen in Industriebetrieben. Diss. Köln 1967

[187] *Rippe, Wolfgang:* Organisation und Personalwesen. In: Werner-Studien-Reihe. Düsseldorf 1971

[188] *Rippel, Kurt:* Betriebliche Arbeitsmarktforschung. Möglichkeiten und Beispiele betrieblicher Arbeitsmarktuntersuchungen. Baden-Baden und Bad Homburg v. d. H. 1967

[189] *Rosenstiehl, Lutz, von:* Motivation im Betrieb, München-Augsburger Studienreihe für Psychologie im Betrieb. Hrsg.: Julius Zwick, Bd. 1, 2. Aufl., München 1972, S. 52

[190] *Rüthers, Bernd:* Arbeitsrecht und politisches System BRD : DDR. Bd. 3 der „Schriften zum Arbeitsrecht". Frankfurt/M. 1972

[191] *Schall, Wolfgang:* Führungstechnik und Führungskunst in Armee und Wirtschaft. Bad Harzburg 1965

[192] *Scharmann, Theodor:* Teamarbeit in der Unternehmung. Theorie und Praxis der Gruppenarbeit. Bern und Stuttgart 1972

[193] *Schleßmann, Karl:* Der Personalleiter. Leitbild, Stellung und Probleme. Heidelberg 1965

[194] *Schmalenbach, Eugen:* Neue Aufgaben der Betriebswirtschaftslehre. In: Betriebswirtschaftliche Beiträge. 1. Lfg. S. 3—9. Bremen-Horn, Hamburg, Hannover-Döhren 1947

[195] *—:* Pretiale Wirtschaftslenkung. Bd. 1: Die optimale Geltungszahl. Bremen 1947

[196] *Schneider, Dieter:* Unternehmensziele und Unternehmensrechnung. In: Das Rechnungswesen als Instrument der Unternehmensführung. Bielefeld 1969, S. 11—23

[197] *Schoeck, Helmut:* Kleines soziologisches Wörterbuch. Freiburg - Basel - Wien 1969, S. 283—311

[198] *Schönfeld, Hanns-Martin:* Führungsausbildung im Betrieb. Die innerbetriebliche Ausbildung von Führungskräften und Führungsnachwuchs. Wiesbaden 1961

[199] *—:* Die Personalplanung, ein vernachlässigter Teil der betrieblichen Planung. In: Zeitschrift für Betriebswirtschaft, 33. Jg., 1963, S. 141—156

[200] *Schreiber, Hanns E.:* Personalpolitische Überlegungen bei der Einführung einer betrieblichen Divisionalisierung. In: Personalführung, Bd. 3: Motivation und Stimulanz menschlicher Arbeitsergiebigkeit. Wiesbaden 1971, S. 169—180

[201] *Seyffert, Rudolf:* Der Mensch als Betriebsfaktor. Eine Kleinhandelsstudie. Stuttgart 1922

[202] *—:* Über Begriff, Aufgaben und Entwicklung der Betriebswirtschaftslehre, 4. Aufl. Stuttgart 1957

[203] *Siegert, Werner:* Taschenbuch für Erfolgskontrolle der Personalarbeit mit Hilfe von Kennziffern. Heidelberg 1967

[204] *Simon, Herbert:* Das Verwaltungshandeln (Eine Untersuchung der Entscheidungsvorgänge in Behörden und privaten Unternehmen) Stuttgart 1955

[205] *Söntgerath, Alfred:* Pädagogische Psychologie. Eine Einführung. Stuttgart — Berlin — Köln — Mainz 1965

[206] *Staehle, Wolfgang:* Kennzahlen und Kennzahlensysteme als Mittel der Organisation und Führung von Unternehmen. Wiesbaden 1969

[207] *Statistisches Bundesamt Wiesbaden* (Hrsg.): Fachserie M: Preise, Löhne, Wirtschaftsrechnungen. Reihe 15: Arbeitnehmerverdienste in Industrie und Handel. 1. Arbeiterverdienste. Stuttgart und Mainz, Juli 1972

[208] *—:* Fachserie M: Preise, Löhne, Wirtschaftsrechnungen. Reihe 15: Arbeitnehmerverdienste in Industrie und Handel. 2. Angestelltenverdienste. Stuttgart und Mainz, Juli 1972

[209] *—:* Voraussichtliche Bevölkerungsentwicklung bis 1985. In: Wirtschaft und Statistik, Heft 2 u. 6/73. Stuttgart und Mainz 1973

[210] *Stearns, Peter N.:* Die Herausbildung einer sozialen Gesinnung im Frühindustrialismus. Ein Vergleich der Auffassungen französischer, britischer und deutscher Unternehmer. In: Soziologie und Sozialgeschichte. Sonderh. 16, Kölner Zeitschrift für Soziologie und Sozialpsychologie, 1972, S. 320—342

[211] *Steinbacher, Franz:* Die Gesellschaft. Einführung in den Grundbegriff der Soziologie. Stuttgart — Berlin — Köln — Mainz 1971

[212] *Stöcker, Georg W., Heinz Dirks:* Bewertungsverfahren im Angestelltenbereich. Hrsg.: Deutsche Gesellschaft für Personalführung, 2. Aufl., Neuwied — Berlin 1970

[213] *Stöhr, Rudolf W.* (Hrsg.): Unternehmensführung auf neuen Wegen. Wiesbaden 1967

[214] *Strüber, Heinz:* Folgen der „flexiblen Altersgrenze“ für die Betriebe. In: Personal, 25. Jg., Heft 1, 1973, S. 2—5

[215] *Studienkreis für betriebliche Personal- und Sozialpolitik e. V.* „Der neue Betrieb“ (Hrsg.): Die Personalarbeit in kleinen und mittleren Industrieunternehmen. Essen 1964

[216] Studienkreis für betriebliche Personal- und Sozialpolitik e. V. „Der neue Betrieb“ im Auftrage des *Rationalisierungs-Kuratoriums* der *Deutschen Wirtschaft* e. V. *(RKW)* (Hrsg.): Die Personalabteilung. Förderung des funktionsgerechten Aufbaues von Personalabteilungen. Neuwied — Berlin 1967

[217] Studienkreis für betriebliche Personal- und Sozialpolitik e. V. „Der neue Betrieb“ (Hrsg.): Die Organisation des Personalwesens in einem modernen Unternehmen. Bearbeiter: Friedrichs, Hans, Alfred Scherpf u. Helmut Witte. Neuwied und Berlin 1968

[218] *Taylor, Frederick Winslow:* On the Art of Cutting Metals. Dt. Über Dreharbeit und Werkzeugstähle. Berlin 1907

[219] *—:* Shop Management. Dt.: Die Betriebsleitung. Berlin 1909

[220] *Timme, Heinz:* Führung am Arbeitsplatz. Psychologische Grundlagen der Führung und praktische Hinweise für Vorgesetzte in Betrieben und Büros in unterrichtsähnlicher Darstellung (teilprogrammiert) zum Zwecke des Selbststudiums und als Lehrunterlage. München 1968

[221] *Treier, Peter:* Arbeitswissenschaft — Neue Notwendigkeiten. In: Der Arbeitgeber, 25. Jg., Heft 5, 1973, S. 166

[222] *Ulich, Eberhard:* Über Fehlzeiten im Betrieb. Eine Sammlung von Untersuchungsergebnissen und Erfahrungen. Schriftenreihe des *RKW*. Köln und Opladen 1965

[223] *Ulrich, Hans:* Die Unternehmung als produktives soziales System. Grundlagen der allgemeinen Unternehmungslehre. Band. 1 der Schriftenreihe: „Unternehmung und Unternehmungsführung“. Hrsg.: Institut für Betriebswirtschaft der Hochschule St. Gallen, 2. Aufl. 1970

[224] *Ulrich, Hans* u. *Robert Staerkle:* Personalplanung. Hrsg.: *RKW*. Köln und Opladen 1965

[225] *Vogel, Johannes:* Appraisalprogramm für leitende Angestellte. In: Personalführung, Bd. 1: Beiträge zur Problematik menschlicher Arbeitsleistung im Betrieb. Wiesbaden 1969, S. 61—77

[226] *Wächter, Hartmut:* Neue Anforderungen an das Personalwesen durch den Einsatz von Computern. In: Personal, 23. Jg., Heft 2, 1971, S. 53—56

[227] *Wagemann, Ernst:* Berühmte Denkfehler der Nationalökonomie. München 1951

[228] *Wallichs, Adolf:* Aus der Geschichte der Betriebswissenschaft. In: Wirtschaftliche Fertigung und Forschung. Festschrift für Adolf Wallichs zum 80. Geburtstag. München 1949, S. 11—33

[229] *Weichelt, Dieter:* Die Organisation des Personalwesens in der geographisch dezentralisierten Unternehmung. Diss. Winterthur 1968

[230] *Wenzel, Burckhard:* Human Resource Accounting. In: RDO — Rechnungswesen, Datentechnik, Organisation. 18. Jg., 1972, S. 287—290

[231] *Wiese, Leopold von:* Einführung in die Sozialpolitik. 2. Aufl., Leipzig 1921

[232] —*:* Wandel und Beständigkeit im sozialen Leben. Berlin 1964

[233] —*:* Das Ich und das Kollektiv. Berlin 1967

[234] *Willeke, Eduard:* Arbeitsmarkt. In: Handwörterbuch der Sozialwissenschaften, Bd. 1, Stuttgart - Tübingen - Göttingen 1956, S. 321—332

[235] *Winkler, Paul:* Sozialversicherung. Datenaustausch Unternehmen — Behörden. In: Der Arbeitgeber, 25. Jg., Heft 6, 1973, S. 227—231

[236] *Wistinghausen, Jochen* (Hrsg.): Handbuch der Verwaltungs- und Organisationspraxis. Neuwied 1963

[237] —*:* Betriebliche Sozialleistungen. Umfang — Art — Entwicklung. In: Soziale Betriebs-Praxis, Erg.-Lfg. Nr. 113, 14. 12 72, Teil I. A. Neuwied 1972

[238] *Wunderlich, Dieter:* Bessere Arbeitsgestaltung durch Tätigkeitswechsel — Job Rotation, Job Enlargement und Job Enrichment —. In: Personal, 25. Jg., 1973, Heft 1, S. 5—7

[239] *Zander, Ernst:* Organisation des Personalwesens. Baden-Baden 1969

[240] —*:* Handbuch der Gehaltsfestsetzung, 3. Aufl. Heidelberg 1972

[241] *Zimmerer, Carl:* Das Personal als Aktivum und Passivum in der Bilanz. In: Neue Betriebswirtschaft, 20. Jg., Heft 3, 1967, S. 24—25

Sachregister

(Die kursiv gedruckten Zahlenangaben bedeuten eine ausführlichere Darstellung in gesonderten Kapiteln. Ä, ö, ü wurden sortiert wie ae, oe, ue.)

Personenregister

Bei Fragen zur Produktsicherheit wenden Sie sich bitte an:
If you have any questions regarding product safety,
please contact:

Walter de Gruyter GmbH
Genthiner Straße 13
10785 Berlin
productsafety@degruyterbrill.com